실무에서 바로 써먹는
경리·회계 업무지식

실무에 강한 경리·회계 담당자는 따로 있다!

실무에서 바로 써먹는 경리·회계 업무지식

유양훈 지음

일에일북스

실무에서 꼭 필요한
경리·회계 업무지식을 익히자

경리·회계라는 단어를 들으면 사람들은 먼저 숫자에 대한 복잡함을 떠올리고 수학처럼 막연하게 거부감을 느낀다. 하지만 회계는 숫자를 통해 정보를 전달하는 것일 뿐, 수학과는 전혀 다른 분야다. 따라서 이러한 거부감을 가질 필요가 전혀 없다.

경리·회계 업무는 작은 규모의 회사에서도 필요로 하는 중요한 업무이므로, 담당자가 아니어도 기본적으로 알아두면 매우 실용적이다. 기초뿐만 아니라 좀 더 깊이 들어가 회계학까지 공부하게 되면 사회생활을 하면서 회계학만큼 중요한 고급정보를 가져다주는 것이 없다는 점도 깨달을 것이다. 직접 사업을 하는 경영자뿐만 아니라 회사에 근무하는 근로자도 본인이 근무하는 회사의 경영 상태를 파악하고 그동안의 실적을 알 수 있는 객관적인 자료로 회계를 이용한다. 또 재테크로 주식투자를 할 때 좀 더 적극적으로 투자하기 위해서는 회사의 경영 상태나 실적 등을 파악해야 하는데, 회계는 이러한 정보를 파악하는 기초적인 언어다. 즉 회계는 영어만큼이나 사회생활을 하는 데 유용하다.

이 책은 경리·회계 업무를 하기 위해서 회계학에 대해 전혀 모르는 사람도 쉽게 접근할 수 있기를 바라는 마음으로 쓰게 되었다. 실제로 학부생 시절 공학을 전공해서 대학을 졸업할 때까지 회계와 관련된 책을 접할 기회가 없었고, 차변과 대변이라는 용어도 들어보지 못했다.

대학을 졸업한 후 회계와 관련된 공부를 시작하면서 회계학이 너무나 생소했는데, 이때 참고용으로 회계와 관련된 기초적인 내용을 담고 있는 실용서를 읽으면서 회계학에 좀 더 쉽게 다가갈 수 있었다. 이러한 경험 때문에 기회가 된다면 경리·회계 업무에 대해 기초적이지만 핵심적인 사항을 알 수 있는 실용서를 쓰고 싶었다. 그래서 이 책을 쓸 때는 어려운 용어와 내용을 최대한 쉽게 서술하려 했고, 일반인들이 실생활에서 궁금해하는 사례를 들어 좀 더 친근하게 읽을 수 있도록 했다.

회계학은 처음 공부할 때는 그 의미가 실질적으로 와닿지 않는 경우가 많다. 특히 비용과 관련된 인식과 측정에 대한 부분에서는 단순히 계정분류만을 신경쓰게 된다. 그러나 세법에서 제한하고 있는 여러 부분의 연결고리를 이어가다 보면 자연스럽게 사회생활에서 접하는 경리·회계와 관련된 사항을 이해할 수 있을 것이다.

예를 들면 접대비나 판공비 사용에 대한 적격증빙은 회계에서 중요하게 다루지 않는다. 하지만 이러한 부분을 제대로 확인하지 않으면 회계학상으로는 손실이 발생했지만 세금을 내야 하는 상황이 발생할 수 있다. 사업자나 근로자가 출장경비 등을 사용할 때 회계부서에서 관련 증빙서류를 정확히 챙기도록 요청하는 경우가 있는데, 모두 이러한 세금적인 측면에서 강조되기 때문이다. 또한 접대비는 한도 규정이 있기 때문에 경영상 여러 가지로 고려해야 할 점들이 있다.

이처럼 회계와 세법 간의 여러 상충되는 내용을 비교하다 보면 회계에 대해 좀 더 이해할 수 있을 것이다. 즉 회계를 여러 가지 측면에서 바라보는 힘을 기르는 것이 중요하다.

처음부터 이 책의 모든 내용에 대해 한 문장씩 확실히 이해하려 하면 금방 지친다. 전체적으로 한 번 통독한 후 관심 있는 분야에 대해 다시 한번 정독하다 보면 자연스럽게 경리·회계에 가깝게 다가갈 수 있을 것이다.

이 책은 회계를 전문적으로 다룬 책이 아니다. 경리·회계 업무를 처음 접하는 사람들에게 '경리·회계 업무란 이런 것이다'라고 맛보기 정도로 보여주는 것이라고 생각하면 될 것이다. 이 책을 통해 독자들이 경리·회계에 대해서 좀 더 자세하게 공부하고 싶다는 마음이 든다면 필자로서는 너무나 보람차고 기쁠 것이다.

이 책이 나오기까지 도와주신 강상미, 오진옥 님, 그리고 원앤원북스 관계자분들에게 감사의 말씀을 전한다.

마지막으로 나의 가족 시내, 성우 그리고 성재에게 이 책을 바친다.

유양훈

2장 실무에서 바로 써먹는 회계지식 10가지

3장 실무에서 바로 써먹는 증빙에 대한 모든 것

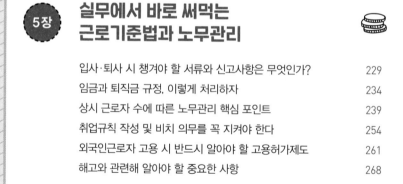

6장 실무에서 바로 써먹는 세금의 모든 것

7장 실무에 강한 경리·회계 담당자는 따로 있다

경리 · 회계 업무와 친숙해지기 위해서 가벼운 마음으로 읽어보면 좋을 내용을 다룬다. 전반적인 경리업무에 대한 흐름을 훑어보고, 단순하게 암기하기보다는 사업자등록부터 현금영수증 등 실생활에서 많이 접하는 단어를 위주로 읽다 보면 조금씩 경리업무에 대해 이해하게 될 것이다.

실무에서
바로 써먹는
경리·회계
기초지식 7가지

1장

경리업무의 정의와
그 흐름에 대해 알아보자

회사 조직을 위해 이전에는 없던 것들을 본인이 공부하고 개발해
새로운 시스템을 만든다면 유능한 경리 담당자로 인정받을 것이다.

경리(經理)란 사전적으로 '일을 경영하고 관리하는 것'을 말하며, 물자의 관리나 금전의 출납 등을 맡아보는 사무 또는 그 부서나 사람을 의미한다. 그러나 구체적으로 경리업무를 설명하려면 경리 담당자의 업무가 매우 다양해서 한마디로 규정하기 어렵다. 경리업무를 크게 구분해보면 협의의 경리업무, 자금업무, 회사 총무 및 경영관리 업무로 나눌 수 있다.

다양한 경리업무들 중에 핵심은 사업체 규모에 맞는 재무 및 세무 백데이터를 만들어가는 것, 즉 경영 활동을 기록하는 것이다. 경리 담당자는 기업 활동과 성과를 숫자로 정확하게 기록·보고·관리해야 한다. 기록은 회계라는 언어로 나타낸다.

일반적으로 창업 초기 또는 소규모 사업장의 경우 한두 명의 주주들이 회사를 설립하고 그들이 직접 경영에 참여하기 때문에 장부에 기록하는 목적이 국세청에 하는 세무보고용 신고서나 재무제표를 만들기 위한 역할에 치중될 수밖에 없다. 그래서 경리는 매월 있는 각종 세무신고 일정을 위주로 업무가 이루어진다.

먼저 간단히 연간 세무신고 일정을 확인해보자. 꼼꼼히 볼 필요는 없다. 어차피 특정 업종에만 해당하는 세무신고가 많기 때문에 전체적으로 세무신고가 얼마나 많고 다양한지 맛보기만 하자.

도표 1-1. 연간 세무신고 일정 요약표

월	일	신고내용	준비서류
1	10	원천세 신고 · 납부	급여명세서
		원천세 반기별 신고 · 납부	7~12월분 급여명세서
		4대보험료 고지 납부	
	15	일용직근로내역확인서 제출	
	25	부가가치세 2기 확정 신고 · 납부	매입 · 매출세금계산서, 신용카드
	31	근로소득 간이지급명세서 제출	
		일용근로자 근로소득 지급명세서 제출	
2	10	원천세 신고 · 납부	급여명세서
		면세사업자 사업장 현황신고	
		4대보험료 고지 납부	
	15	일용직근로내역확인서 제출	
	28	배당, 연금, 기타 소득 등 지급명세서 제출 (근로소득 제외)	인적사항 확인(주민번호, 주소)
3	10	원천세 신고 · 납부	급여명세서
		근로소득 지급명세서 제출(연말정산)	직원별 소득공제 내역서(연말정산용)
		4대보험료 고지 납부	
	15	일용직근로내용확인서 제출	
	31	12월 말 결산법인 법인세 신고 · 납부	
4	10	원천세 신고 · 납부	급여명세서
		4대보험료 고지 납부	
	15	일용직근로내용확인서 제출	
	25	부가가치세 1기 예정 신고 · 납부	매입 · 매출세금계산서, 신용카드, 사업용계좌내역, 일반증빙내역
	30	일용근로자 근로소득 지급명세서 제출	인적사항 확인(주민번호, 주소)
		12월 말 결산법인 법인세할 주민세 신고 · 납부	

월	일	신고내용	준비서류
5	10	원천세 신고 · 납부	급여명세서
		4대보험료 고지 납부	
	15	일용직근로내용확인서 제출	
	31	개인사업자 종합소득세 확정 신고 · 납부	종합소득세 신고 안내
		개인사업자 종합소득세할 주민세 신고 · 납부	
6	10	원천세 신고 · 납부	급여명세서
		부가가치세 주사업장 총괄납부 승인신청 및 포기신고	
		4대보험료 고지 납부	
	15	일용직근로내용확인서 제출	
	30	원천세 반기별 납부 승인신청	
		간이과세 포기 신고	
7	10	원천세 신고 · 납부	급여명세서
		원천세 반기별 신고 · 납부	1~6월분 급여 명세서
		4대보험료 고지 납부	
	15	일용직근로내용확인서 제출	
	25	부가가치세 1기 확정 신고 · 납부	매입 · 매출세금계산서, 신용카드, 사업용계좌내역, 일반증빙내역
	31	일용근로자 근로소득 지급명세서 제출	인적사항 확인(주민번호, 주소)
		재산할 사업소세 신고 · 납부	
		근로소득 간이지급명세서 제출	
8	10	원천세 신고 · 납부	급여명세서
		4대보험료 고지 납부	
	15	일용직근로내용확인서 제출	
	31	12월 말 결산법인 법인세 중간예납 신고 · 납부	
		균등할 주민세 납부	

월	일	신고내용	준비서류
9	10	원천세 신고 · 납부	급여명세서
		4대보험료 고지 납부	
	15	일용직근로내용확인서 제출	
10	10	원천세 신고 · 납부	급여명세서
		4대보험료 고지 납부	
	15	일용직근로내용확인서 제출	
	25	부가가치세 2기 예정 신고 · 납부	매입 · 매출세금계산서, 신용카드, 사업용계좌내역, 일반증빙내역
	31	일용근로자 근로소득 지급명세서 제출	인적사항 확인(주민번호, 주소)
11	10	원천세 신고 · 납부	급여명세서
		4대보험료 고지 납부	
	15	일용직근로내용확인서 제출	
	30	개인사업자 종합소득세 추계액 신고 및 중간예납(납부)	
12	10	원천세 신고 · 납부	급여명세서
		4대보험료 고지 납부	
	15	종합부동산세 납부 또는 신고납부	
		일용직근로내용확인서 제출	
	31	원천세 반기별 납부 승인신청	
		간이과세 포기 신고	

무척 다양한 세무신고가 있다는 점에 놀랐을 것이다. 그리고 처음 들어본 것들이 대부분일 것이다. 너무 걱정하지 말고 처음에는 원천세 신고와 부가세 신고, 그리고 법인 및 소득세 신고 등을 위주로 경리업무의 흐름을 파악해보자. 현재 담당 회사에 해당되지 않는 세무 일정도 많을 것이다. 세금과 관련된 신고 및 납부 기한이 다양하다

도표 1-2. 경리업무

구분 기준	업무내용
일일업무	• 자금 집행: 매출대금 회수 및 매입대금 지급 • 기래명세표 발주서 작성 및 관리 • 전표·분개장·일일자금일보 등 작성 및 관리 • 현금·보통예금 정리 및 관리
월별업무	• 급여 관리 및 원천세 신고 및 납부 • 4대보험 및 고정 지출 확인 • 월말 외상매출금 및 외상매입금 잔액 확인 • 월차 결산 • 월 자금조달 계획 수립 및 보고
분기별업무	• 부가가치세 신고 및 납부 • 분기별 결산 • 분기별 경영성과 확인 및 보고
연간업무	• 장부마감 및 최종 결산 • 연말정산 • 법인세·소득세 신고 • 회계감사 준비 • 경영 실적 보고 및 분석 • 차기 연도 경영계획 수립 및 보고 • 송년회·시무식 시행 • 여름휴가 계획안 수립 • 성희롱 예방교육 등 각종 의무교육 시행 • 직무교육 계획 및 시행

는 점을 확인해보는 정도면 좋을 것 같다.

〈도표 1-2〉에 경리업무를 다시 일일업무와 월별, 연도별 기준으로 간단히 정리해보았으니 참고하기 바란다.

넓은 의미에서의 경리업무

경리업무는 일반적으로 말하는 경영관리업무, 총무업무와 중첩되는
경우가 많고, 회사 규모에 따라 본인이 해야 하는 업무를 한정하기
가 어렵다. 이에 따라 〈도표 1-3〉에서 총무업무에 대해 월별 기준으
로 구분해보았다. 이러한 총무업무는 모든 경우에 적용되는 것이 아
닌 일반적으로 발생 가능한 내용을 정리한 것으로 생각하고 참고하
자. 회사 조직을 위해 회사에는 없던 업무들을 본인이 공부하고 개
발해 새로운 시스템을 만들어간다면 경리 담당자로서 유능하다고
인정받을 수 있을 것이다.

도표 1-3. **월별업무**

1월	2월	3월	4월
• 시무식 • 인사정책 수립 • 고용계획 작성 • 노사협의회 개최 • 인사관계 서류 점검 및 정리 • 직무교육 및 직업훈련 계획 • 설날 휴일 근무대책 • 승진발령 • 인사평가 및 성과평가, 임금인상 확인	• 승진자 교육 • 개인별 경력개발 계획 수립	• 신년도 임금 인상 대책 보고 • 단체협약 체결 및 신고	• 취업규칙 변경 및 신고 • 사원 건강검진 실시 • 관리자 성과관리 교육 • 조직 및 직제 개편 및 인사이동

5월	6월	7월	8월
• 인사제도 검토 • 신입사원 채용계획 수립 • 제도개선 전문위원회 개최	• 상반기 인사평가 실시 • 업무활동 보고 • 건강검진 결과 보고 • 정기노사협의회 • 신입사원 서류 및 면접 전형	• 여름휴가 계획 • 사내 제규정 검토 • 성과관리 운영기준 발표 • 신입사원 합격자 발표	• 직장 질서 확립 및 대책

9월	10월	11월	12월
• 사내 체육대회 및 야유회 • 산재보험 변경사항 신고	• 정기 노사협의회 개최 • 제도개선 전문위원회 개최	• 차기 예산편성 • 중기 인적자원 계획 수립 • 다음 해 인건비 계획 수립 • 직무 재검토 및 설계	• 하반기 인사 평가 실시 • 차기 사업계획 수립 및 발표 • 노사협의회 개최 • 송년회 개최 • 종무식

매일 해야 하는 업무와
월별로 해야 하는 업무는 무엇인가?

경리·회계 담당자로서 매일 해야 하는 업무와 월별로 해야 하는 업무를
정확히 파악하는 것은 무엇보다 중요하다.

처음 경리업무를 접하는 경우, 회사 내에 전임자나 사수가 있어서
규정된 업무를 그대로 인수인계할 수 있다면 먼저 해당 업무를 숙달
하는 게 중요할 것이고, 새로 회사가 설립되어 혼자 경리업무를 맡
아야 한다면 어려움이 매우 많을 것이다.

후자의 경우에는 먼저 내부적 통제를 위한 업무와 국세청 및 4대
보험공단에 신고해야 하는 업무로 나누어서 접근하면 좋다. 여기서
내부적 통제를 위한 업무는 자금 흐름이나 거래내역에 대해서 최대
한 객관적인 증빙 및 결재 흐름에 맞춰 관련 서류를 정비해 기록 및
보관하는 것이다.

매일 해야 하는 업무

회사에 출근해 매일 해야 하는 업무에 대해서 먼저 알아보자. 우리 회사의 제품이나 용역을 제공하는 상대 거래처, 즉 매출처에서 주문서 등을 보내면 영업부서 등에서 확인하고, 납품부서에서 거래명세표를 작성해 해당 납품인수증 등을 받아 회계 담당자에게 주도록 한다. 납품이 되는 시점에 세금계산서를 발급해야 한다.

세금계산서 발행

- 세금계산서는 원칙적으로 재화 또는 용역의 공급시기에 교부해야 한다.
- 따라서 발급시기에 세금계산서를 발급하지 않고, 그 이후에 세금계산서를 발급했다 하더라도 가산세가 적용되며, 거래 상대방은 매입세액 공제를 받지 못하는 불이익이 있다.
- 재화의 공급시기는 인도시점이며, 용역의 공급시기는 용역제공 완료일이다.

세금계산서 발행은 매우 중요하며 발행 관련 원칙뿐만 아니라 특례 또한 중요하다. 또한 관련 가산세 부담도 있기 때문에 따로 장을 나누어 구체적으로 알아보도록 하자.

해당 매출건별로 주문장(발주서), 거래명세표, 매출세금계산서 등을 정리해놓도록 하자. 구매와 관련해서는 구매부서에서 상대 거래처에 발주서를 보낼 것이며, 해당 제품 등이 우리 회사 측에 인도된

도표 1-4. 일일자금현황표

일 일 자 금 현 황 표
20X5년 11월 05일 현재

담당	검토	승인

1. 자금운용

구분		전일잔액	증가액	감소액	금일잔액	비고
현금		2,198,444	0	185,480	2,012,964	
예금	신한은행(90)	1,509,685	9,000,000	8,807,293	1,702,392	
	신한은행(80)	0	0	0	0	
	우리은행(85)	0	0	0	0	
	우리은행(15)	0	0	0	0	
	우리은행(85)	0	0	0	0	
	우리은행(35)	0	0	0	0	
	기업은행(18)	-981,358,084	0	9,517,900	-990,875,984	(10억 마이너스 대출)
	국민은행(59)	0	0	0	0	
	농 협(58)	0	0	0	0	
	외환은행(302)	0	0	0	0	
	계	-977,649,955	9,000,000	18,510,673	-987,160,628	
정기예금		20,000,000				

2. 가지급금

구분	현재잔액	구분	현재잔액
대표이사	1,446,360	–	
부사장	464,000		–
김○○ 차장	500,000		–
	–		
	–		
	–		
	2,410,360		–

3. 가수금

구분	증감변동액	현재잔액
사장님		1,009,495,700
		–
	–	–
계	–	1,009,495,700

4. 매출채권

구분	현재잔액		비고
(주)ABC(받을어음)	–		–
		0	–
계	–		–

5. 매입채무

구분	현재잔액	비고
단기차입금	999,358,084	기업은행
단기차입금	320,000,000	(주)한국
계	1,319,358,084	

6. 매입채무내역

적요	지급일	금액

7. 대여금 내역

적요	금액
(주)제주도대여금	0

8. 자금운용 거래내역

입금		금액	출금		금액
	적요	금액		적요	금액
예금	예금대체(기업–신한)	9,000,000	예금	예금대체(기업–신한)	9,000,000
현금		–	현금	법인카드 사용대금(9/13~10/12)	8,807,293
예금		–	현금	명함대금(정○○ 사장 외 3명)	115,500
예금		–	현금	법인상호 변경 및 주식수 변경 법무대행 비용 및 세금	400,900
현금		–	예금	예금대체, 명함, 법무대행 비용 송금수수료	1,500
예금		–	예금	시설팀 A/S 자재 택배비	89,500
예금		–	예금	카니발 차량 주유대 및 주차비	61,000
예금		–	예금	업무시 식대(정○○ 사장)	11,600
예금		–	예금	법인등기부등본 발급수수료	1,600
현금		–	예금	한국프로젝트 자재대금 (RS232C–F통신모듈)	21,780
현금		–	예금		
예금		–	예금		
예금		–	현금		
예금		–	현금		
예금		–	예금		
	합계	9,000,000		합계	18,510,673

시점에 관련 세금계산서 또는 계산서가 함께 도착할 것이다. 이때도 해당 매입건별로 발주서, 거래명세표, 매입세금계산서 등을 정리해 놓아야 한다.

간혹 소기업의 경우 세금계산서만을 모아놓는 경우가 있으나, 회계감사나 세무조사 때 해당 거래가 실제 발생한 거래인지 확인하기 위해 거래명세표, 내부결재서류 등을 요구하는 경우도 있다. 따라서 이러한 서류를 함께 기록하고 관리해야 한다.

마지막으로 보통예금, 시재(현금) 관리를 잘해야 한다. 매일 보통예금의 입출금을 기록·관리하고, 전날의 시재 마감액과 오늘의 시재금액을 확인하고 기재해놓도록 하자. 내용을 다시 정리해보면 매출과 매입에 대해서 관련 서류를 정리하고, 보통예금 등을 잘 기록하고 관리하는 것이 경리업무의 가장 큰 틀이자 하루의 중요 업무다.

매월 해야 하는 업무

월별 업무에 대해서 좀 더 구체적으로 알아보자. 먼저 1월은 경리팀에서 해야 하는 가장 중요한 2가지 업무가 있는 달이다.

첫째, 급여신고 및 원천징수분 소득세 등의 납부다. 매월 신고하는 업체의 경우 반복적인 업무일 수 있겠지만, 소기업인 경우 반기 원천세 신고를 신청한 곳도 많기 때문에 6개월치의 급여신고를 1월에 하게 된다.

둘째, 부가가치세 확정신고다. 학원이나 병원 등 면세사업자가 아닌 부가가치세 과세사업자인 경우 반드시 해야 하는 중요한 세무신고다. 사업자등록증상에서 별도로 면세사업자라고 되어 있지 않으면 모두 이에 해당한다. 부가가치세로서 매출이 확정되며, 그동안 받았던 세금계산서와 계산서가 국세청에 신고된다. 이는 결국 중요한 적격증빙 사업비용으로 인정받는다. 즉 법인세·소득세 신고 때 세금 계산의 기준이 되는 이익 산정(매출 − 비용 = 이익)에 중요한 틀이 완성되는 것이다. 대부분의 사업장은 매출과 중요 매입, 그리고 인건비가 결정되면 이익의 규모가 파악될 것이다. 실제로 국세청에서도 이러한 기준으로 법인세·소득세 신고의 적정성을 파악한다.

2월에는 지급명세서 제출 및 건강보험, 고용·산재보험 보수총액

도표 1-5. 부가세신고

구분	과세대상기간		신고 기한	신고대상자
1기	예정신고	1.1.~3.31.	4월 25일까지	법인
	확정신고	1.1.~6.30.	7월 25일까지	법인 및 개인
2기	예정신고	7.1.~9.30.	10월 25일까지	법인
	확정신고	7.1.~12.31.	1월 25일까지	법인 및 개인

※ 법인은 1년에 4번 신고, 개인은 1년에 2번 부가세를 신고한다.

신고를 해야 한다. 그리고 연말정산을 해야 하는 달이다. 지급명세서란 소득자(종업원 등)의 인적사항, 지급액, 원천징수세액 등을 기재한 자료로 상시근로자의 경우에는 지급일이 속하는 연도의 다음 해 3월 10일까지, 일용근로자의 경우에는 매분기 다음 달 말까지 관할 세무서에 제출해야 한다. 기타·연금·이자·배당소득에 대해서는 다음 해 2월 말일까지 신고해야 한다.

지급명세서를 제출하지 않는 경우에는 미제출 금액의 1%를 가산세로 부담해야 한다. 이는 매우 큰 금액이 될 수 있기에 매우 중요한 신고다. 만약 매월 3천만 원 정도의 급여가 나가는 회사에서 지급명세서 제출을 깜박 잊고 신고하지 않으면, 1년 급여 3억 6천만 원의 1%, 즉 360만 원을 가산세로 부담해야 한다. 인건비 신고는 반복적으로 하니 깜박하지 않고, 부가세나 법인세 신고 또한 언론 등에서 언급되기에 잘 잊어버리지 않는다. 하지만 지급명세서 신고는 납부할 금액도 없고 신고만 하면 될뿐더러, 1년에 한 번만 하기 때문에 깜박 잊어버리는 경우가 실무상 종종 있다. 하지만 정말 중요하므로 잊지 말아야 한다.

지급명세서 신고는 2월부터 3월까지 소득별로 이루어진다. 2월에는 연말정산이 있다. 경리로서 직원들이 가장 중요하게 생각하는 부분이라는 점을 꼭 생각하고, 회사 내 서비스 차원에서 새로 바뀐 연말정산 등에 대해 미리 공부해서 직원들이 물어보는 내용을 답변할 수 있으면 분명 유능한 직원으로의 이미지 변신도 가능할 것이다.

3월에는 가장 중요한 법인세 신고가 있다. 경리 초보자의 경우 담당 세무회계사무소에 대부분 업무를 맡길 수밖에 없다. 하지만 최소한 미리 3월 말까지 납부해야 할 예상 법인세는 3월 초에 파악해서 자금 계획을 세워야 한다. 이는 2월부터 미리 담당 세무회계사무소에 문의를 하고 관심을 가져야 최대한 빨리 해당 업무를 이끌어낼 수 있다.

5월은 종합소득세 신고 기간이다. 이때는 회사 대표자와 같은 임원의 경우 타 소득(부동산임대 또는 금융소득종합과세 등)도 있을 수 있으므로 미리 확인해야 한다. 5월 초가 되면 대표자 등에게 종합소득세 신고 기간인데 혹시 도와드릴 것이 있는지 물어보도록 하자.

7월이 되면 부가가치세 신고 준비와 여름휴가 계획을 세워야 한다. 가장 먼저 대표자나 임원들에게 휴가 계획을 물어본 후, 이를 각 부서장에게 알려주는 것도 업무 센스 중 하나다.

12월에는 송년회 준비 및 사업계획서 작성 보고 등이 이루어진다. 그와 함께 다음 해 1월 초 시무식 준비도 해야 한다. 일반적으로 송년회는 부서별로 회식을 하고, 1월 시무식만 전체 간담회 형식으로 진행하기도 한다.

도표 1-6. **채용관리**

구분	내용
인원수급의 예측	• 퇴사예정자 수의 예측 • 요구되는 인원수의 예측 • 기존 직원의 초과근로 여부 확인
채용방식의 결정	• 정기채용 • 수시채용 • 계약사원 또는 비정규직 채용 여부
기타	• 신규 채용 시 각 대상자별 국가의 고용지원 혜택(노동부 등) 여부 검토 • 세미나 및 설명회 등 적극적인 구인활동

경리 담당자는 회사의 채용계획 및 관리를 할 수도 있다. 채용관리는 최적의 인적요소를 부서별로 배치할 수 있도록 미리 계획하고 관리하는 것이다.

그중에서 회사의 효율적 인력 구성을 파악하는 방법으로는 2가지가 있다. 첫째, 금액기준 방법이다. 시장상황에 따른 목표매출액에 대응하는 비용계획을 예측해 추정인건비를 산출한 다음, 인건비 상승 및 여러 제반요건을 검토해 1인당 평균인건비로 직종 및 직급별 수급인원을 도출하는 방법이다. 둘째, 시간기준 방법이다. 특정 노동활동별로 소요되는 인원 및 시간을 기준으로 평균 활동시간을 구해 직종 및 직급별 수급인원을 도출하는 것이다.

홈택스와 4대사회보험 정보연계센터를 최대한 활용하자

세무는 홈택스와 126번 전화를, 노무는 4대사회보험정보연계센터 홈페이지를 통해 정보를 확인하는 습관을 들이면 매우 좋다.

경리업무를 하다 보면 업무와 관련해 사소한 것을 찾는 데 많은 시간을 소모하는 경우가 많다. 또한 정확한 정보가 맞는지 확인하다 보면 하루가 다 가고, 그나마 잘못된 정보를 가지고 업무를 하면 세무나 노무 관련 가산세를 납부해야 할 수도 있다.

홈택스 활용법

홈택스(Hometax)는 인터넷을 통해 세금신고·납부, 민원증명 발급 등을 편리하게 이용할 수 있는 국세종합서비스다. 특히 상단의 메뉴를

홈택스 홈페이지(www.hometax.go.kr)

도표 1-7. 홈택스 민원증명

주요 민원증명	납세증명서, 사업자등록증명, 휴업사실증명, 폐업사실증명, 소득금액증명, 납세사실증명, 부가가치세과세표준증명, 부가가치세면세사업자수입금액증명, 표준재무제표증명(개인/법인), 사업자단위과세적용종된사업장증명, 연금소득자등의소득공제명세서, 모범납세자증명, 소득확인증명서(재형저축가입용)

보면 크게 개인사업자, 법인사업자, 세무대리인, 개인, 정부기관으로 나뉜다. 경리 담당자가 근무하고 있는 회사가 개인사업자면 개인사업자로, 법인사업자인 경우에는 법인사업자로 로그인해 세무 관련 업무를 보면 된다.

소규모 사업자 또는 새로 사업을 시작하는 경우 홈택스를 통한 세금신고를 해보는 것도 비용 절약 및 사업의 중요한 지식을 경험하는 측면에서 매우 좋다. 홈택스에서 각종 세금을 신고할 수 있도록 되어 있다. 특히 전자신고를 하면 일정 금액(1만~2만 원)을 세액공제해주는 경우도 있으므로 이용해보도록 하자.

홈택스를 통해서 세금납부도 할 수 있으며, 그동안 납부했던 세금이력도 실시간으로 확인할 수 있다. 은행을 방문할 필요 없이 계좌이체로 세금을 납부할 수 있다.

전자고지를 받거나 홈택스로 세금신고를 한 납세자는 자동으로 입력된 납부 관련 정보를 확인하고, 은행 계좌내역을 입력해 간편하게 납부할 수 있다. 홈택스를 통해 민원증명도 손쉽게 발급받을 수 있다. 특히 영문으로 된 사업자등록증도 발급이 가능하다.

4대사회보험 정보연계센터, 대법원 인터넷등기소

4대사회보험 정보연계센터는 사업장 기준과 개인 기준으로 나뉜다. 경리 담당자는 사업장 회원으로 가입해 현재 근무하고 있는 회사의 4대보험 관련 업무 현황 및 신고 업무 등을 실시간으로 확인할 수가 있다.

마지막으로 회사와 관련해 법인등기부등본이나 부동산등기부등본 같은 것은 확인할 수 있어야 한다. 대법원 인터넷등기소에서 등기부등본 정도는 떼어보도록 하자. 거래처인 상대 회사의 상호만 알면 언제든지 확인해볼 수 있다.

4대사회보험 정보연계센터(www.4insure.or.kr)

대법원 인터넷등기소(www.iros.go.kr)

매출 발생 시 처리해야 하는
업무는 무엇인가?

상거래에서 수익을 인식하는 시기인 매출 시기는 매우 중요하다.
왜냐하면 세금계산서를 발행하는 시기와 거의 일치하기 때문이다.

경리업무에서 매출 처리가 가장 중요하기 때문에 집중도 측면에서
이를 다루어보고자 한다. 회사에서 매출이 발생한 경우 처리해야 하
는 업무에 대해서 살펴보자. 상품 또는 제품 매출 시에는 '매출'이라
는 계정과목으로 처리한다. 수출매출, 국내매출, 제품매출, 상품매
출 등으로 자세히 구분할 수도 있다. 이는 내부적 관리 측면 등에 따
라 세분화해 기장할 수 있다. 매출 항목은 업종별로 다를 수 있다. 일
반적으로 완성된 상품을 사다가 파는 유통업의 경우 상품매출이라
고 하고, 제조업에서는 여러 원재료 등을 사서 제조해 판매하는 경
우 제품매출이라고 한다. 부동산임대업을 하는 경우에는 매출을 임
대료수입이라고 하고, 건설업의 경우 공사수입으로 표기하기도 한다.

거래명세표와 세금계산서 교부

매출 시에는 거래명세표와 세금계산서를 상대 거래처에 교부해야 한다. 매출의 품목, 수량, 단가 등을 기재하며, 이러한 거래명세표는 거래처가 해당 제품을 수령했는지 확인하는 내용 같은 것들도 포함 될 수 있다.

거래명세표는 세법상 적격증빙이 아니지만, 실거래를 확인할 수 있는 보조수단이자 실제 상거래에서 많이 사용된다. 예를 들면 세금 계산서 발행 규정에는 A업체(판매처)와 B업체(매입처)가 한 달 동안 10번의 상거래를 한 경우, 판매처인 A업체는 매월 한 번만 해당 매 출건에 대해서 한 장으로 발행할 수 있도록 하고 있다. 즉 일주일 만 에 수차례 거래를 한 경우 매번 세금계산서를 발행하기 어려운 점을 감안한 것이다. 하지만 이때 실제 상품을 납품했는지 확인하기 위해 서로 거래명세표 등을 주고받는다. 일부 반품이 있을 수 있고, 거래 가 많이 발생하면 할인도 가능하다.

거래명세표는 세금계산서처럼 고정된 형식이 있는 것은 아니나, 일반적으로 세금계산서상의 필수 기재사항과 유사하게 만들어진다. 공급하는 자의 사업자번호와 상호·주소 등이 기재되고, 어떤 물건 을 언제 납품했는지 등이 나타난다. 또한 누가 언제 상품을 납품했 고 누가 수령했는지까지 확인할 수 있다.

이러한 거래명세표는 차후에 납품 지체에 따른 손해배상으로 인 한 다툼 등에 중요한 증거자료로 활용되곤 한다. 특히 제조업의 경 우 일정 납기를 맞추지 못할 때 해당 납기 이후 지체상금이 발생하

도표 1-8-1. 거래명세표(공급자 보관용)

거래명세표(공급자 보관용)							
공급받는자	상 호 (법인명)		공급자	등록번호			
	사업장 주 소			상 호 (법인명)		성 명	
	전 화			사업장 주 소			
	합계금액 (VAT포함)			전 화		팩스	
월	일	품목	규격	수량	단가	공급가액	세액
인 수 자		㉑	납 품 자		㉑	미 수 금	

도록 계약하는데, 이때 해당 공급계약서와 거래명세표가 중요한 판단기준이 될 것이다.

따라서 경리 담당자는 이러한 점을 중요하게 생각해야 한다. 특히 납기가 중요한 제품의 경우 이를 꼼꼼히 확인해서 구매부와 납품부서에 강조하고 교육해야 한다.

도표 1-8-2. **거래명세표**

| No. _____ | 거 래 명 세 표 | | | | | | | | | | | | | | | | | | | | | |

20 년 월 일		공급자	등록번호																				
			상호(법인명)				성명			㊞													
_____ 귀하			사업장 주소																				
아래와 같이 계산합니다.			업 태				종목																
			전 화 번 호																				

| (공급가액 + 세액) | 원(₩　　　　　　　　) |

품명	규격	수량	공급가액										세액								
			십	억	천	백	십	만	천	백	십	일	억	천	백	십	만	천	백	십	일
계																					

* 본 거래명세서는 사업자가 월합계표에 의한 세금계산서를 발행할 경우 거래 시마다 사용하는 계산서 이며 월합계로 세금계산서를 작성할 때 반드시 포함시켜야 한다.

매출에 대한 구체적인 업무로는 어떤 것이 있나?

이제 조금 어렵지만 매출에 대한 구체적인 업무를 알아보자. 상품 등을 판매한 것을 매출이라고 하며, 상거래에서 수익을 인식하는 시기인 매출 시기는 매우 중요하다. 왜냐하면 세금계산서 발행시기와 거의 일치하기 때문이다. 세금계산서를 잘못 발행하면 가산세를 내야 할 수도 있기 때문에 경리 담당자는 업무처리를 매우 꼼꼼히 해야 한다.

일반적인 경우 매출 인식시기(매출기록)는 상품 등의 인도일자다. 즉 결제를 받는 날에 세금계산서를 발행하는 것이 아니다. 이때 매출은 어떤 금액으로 해야 할까? 당연히 판매가격에서 해야 하는데, 이때 특별한 경우로 매출에누리나 매출환입은 매출에서 차감해야 한다. 따라서 매출에누리 및 매출환입이 발생한 경우 마이너스 수정 세금계산서를 발행해야 하며, 매출액에서 차감하는 형식으로 손익계산서를 작성해야 한다.

매출할인의 경우 매출항목에서 차감하는 시기는 당초 매출이 이루어진 시기가 아닌 실제 매출할인이 발생한 회계연도(사업연도, 귀속연도)에 차감한다. 즉 반품·하자·할인(약관이나 규정에 해당되는 것) 등으로 인한 경우 마이너스 세금계산서만 발행 가능하다.

구체적인 예를 들어보겠다. 장동건 씨는 사과 100만 원어치를 팔았다. 그런데 일주일 후 상품의 일부에 하자가 있어 사과 20만 원어치를 돌려받았다. 매출환입이 발생한 것이다. 만약 장동건 씨가 사과를 돌려받지 않고 그냥 20만 원을 깎아준다고 했다면 이는 매출에

누리로 처리한다. 용어만 다를 뿐 둘 다 회계상 처리는 동일하다.

기업회계기준이나 법인세법 모두 매출액에서 차감형식으로 처리하고, 부가가치세법상 부가가치세 과세표준에서 차감한다. 지금 단계에서는 조금 이해하기 어려울 수 있는데, 결국 경리 담당자는 기존에 발행했던 매출세금계산서 100만 원은 그대로 두고 마이너스 수정세금계산서 20만 원을 발행하면 된다. 그러면 자동으로 매출에서 차감으로 처리될 것이다.

사업자가 본인의 재화 판매 촉진을 위해서 거래 상대자의 판매실적(공급 이후)에 따라 재화 또는 용역의 공급 없이 판매장려금을 금전으로 지급(또는 수령)하는 경우 당해 판매장려금에 대해 부가가치세가 과세되지 않으며, 당초 공급한 과세표준에서 판매장려금 상당액을 공제해서도 안 된다. 즉 금전으로 지급한 판매장려금은 당초 공급가액에서 공제하지 않으므로 수정세금계산서를 발행하면 안 되며, 결국 매출은 그대로이고 판매장려금(판매촉진비)으로 비용처리를 한다.

과세표준에 포함하지 않는 것

- 에누리액 및 환입된 재화의 가액
- 공급받는 자에게 도달하기 전에 파손 또는 멸실된 재화의 가액
- 국고보조금
- 공급대가의 지급지연으로 인해 지급받는 이자로, 계약 등에 의해 확정된 대가의 지급지연으로 인해 지급받는 연체이자

매출 용어의 구분

- 상품매출: 도·소매업의 경우 판매를 목적으로 구입한 상품을 판매하는 것
- 제품매출: 제조회사가 제조한 제품을 판매하는 것
- 용역수입: 용역매출, 서비스매출이라고도 하며 용역(서비스)을 제공하고 그에 따른 대가를 지급받는 것
- 공사수입: 건설회사에서 건설용역을 제공하는 것

예를 들어 삼성전자에서 냉장고를 하이마트를 통해 최종소비자에게 판매하는 경우, 삼성전자는 하이마트에 냉장고를 판매할 때 '제품매출'로 인식하고, 하이마트는 최종소비자에게 판매할 때 '상품매출'로 인식한다.

경리·회계 담당자는 사업자등록증과 친하게 지내야 한다

사업자등록은 사업장마다 해야 하며 사업을 시작한 날로부터 20일 이내에 구비서류를 갖추어 사업장 소재지 관할세무서 민원봉사실에 신청한다.

경리·회계 담당자는 거래처들과 처음 거래할 때 항상 사업자등록증을 먼저 받는 습관을 가져야 한다. 상대 사업자에 대한 기초적인 정보를 확인할 수 있기 때문이다. 사업자등록을 통해서 회사의 실체를 파악하고 대표자가 누구인지, 회사의 위치는 어떤지, 거래하는 업종이 무엇인지 등을 확인할 수 있다. 또한 사업자등록증을 기준으로 세금계산서를 발행한다.

모든 사업자는 사업을 시작할 때 반드시 사업자등록을 해야 한다. 기본적으로 사업자등록을 어떻게 하는지와 어떤 정보를 확인할 수 있는지 알아보자.

사업자등록증을 신청하려면?

사업자등록은 언제 하는지가 중요하다. 사업자등록은 세법에서 규정하고 있는 제도로 관련 세법을 검토해보면 사업개시일 20일 이내에 하도록 하고 있다. 사업개시일이란 재화 또는 용역의 공급을 개시한 날로 정의하고 있다. 쉽게 말하면 가게를 오픈하려고 임대차계약을 하거나, 인테리어 공사를 하는 시점이 아닌 실질적으로 물건을 팔기 시작하는 시점이다. 실무상 사업자등록을 하려면 가장 중요한 사업장에 대한 증빙서류가 있어야 하는데, 일반적으로 사업장을 임차하기 때문에 임대차계약서가 필요하다. 본인 소유 건물에서 사업을 한다면 부동산등기부등본을 가지고 가면 된다.

사업자등록증 신청을 위한 준비서류

- 사업자등록신청서 및 대표자 신분증
- 임대차계약서 사본(사업장을 임차한 경우)
- 사업허가증·등록증 또는 신고필증 사본(허가를 받거나 등록 또는 신고를 해야 하는 사업의 경우)
- 동업계약서(2인 이상 공동으로 사업하는 경우)

사업자등록증 발급 기간은 보통 3일 이내이나, 세무서에서 사업장을 확인해야 하는 경우에는 더 소요될 수 있다. 사업자등록증을 즉시 발급해주지 않고 발급 기간을 두는 이유 중 하나는 가짜 사

사 업 자 등 록 증
(법인사업자)

등록번호 : 105-00-99304

법인명(단체명) : 유진세무회계사무소
대　표　자 : 유양훈

개 업 년 월 일 : 2014년 03월 05일　법인등록번호 : 1
사업장 소재지 : 서울특별시 마포구 독막로

본 점 소 재 지 : 서울특별시 마포구 독막로

사 업 의 종 류 : 업태 도소매　　종목 물류중개컨설팅업

교 부 사 유 : 정정

사업자단위과세 적용사업자 여부 : 여(　) 부(v)
전자세금계산서 전용메일주소 :

2014 년 11 월 21 일

마 포 세 무 서 장

사업자등록증(법인사업자)

사 업 자 등 록 증
(일반과세자)

등록번호 : 106-00-55118

상　　　　호 : 유진세무회계사무소
성　　　　명 : 유양훈　　　　생 년 월 일 :
개 업 년월일 : 2009 년 07 월 12 일
사업장소재지 : 서울특별시 용산구 효창원로

사 업 의 종 류 : 업태 서비스　　종목 축구컨설팅

교 부 사 유 : 정정
공 동 사 업 자 :

사업자단위과세 적용사업자 여부 : 여(　) 부(v)
전자세금계산서 전용메일주소 :

2014 년 04 월 15 일

용 산 세 무 서 장

사업자등록증(일반과세자)

도표 1-9. 인허가 업종

민원사무명	근거법규	소관부처	비고
건강기능식품일반판매업	건강기능식품에 관한 법률	보건소 보건위생과	신고
건설기계매매업	건설기계관리법	구청 건설관리과	등록
건축사	건축사법	구청 건설관리과	등록
결혼중개소	결혼중개업의 관리에 관한 법률 시행규칙	구청 지역경제과	신고
경비업	경비업법 제4조	지방경찰청	허가
고시원, 전화방, 화상대화방, 수면방, 휴게텔, 콜라텍	다중이용업소의 안전관리에 관한 특별법	소방서 예방과	완비증명
공인중개사	공인중개사의 업무 및 부동산거래 신고에 관한 법률	구청 지적과	등록
관광숙박업	관광진흥법 제4조	구청 문화체육과	등록
교습소	학원의 설립·운영 및 과외교습에 관한 법률	교육청 평생교육체육과	신고
노래연습장업	음악산업진흥에 관한 법률	구청 문화체육과	등록
다단계 판매업	방문판매 등에 관한 법률	구청 지역경제과	등록
단란주점 영업	식품위생법 제22조 제1항	보건소 보건위생과	허가
담배수입판매업	담배사업법 제13조	구청 지역경제과	등록
대부중개업	대부업 등의 등록 및 금융이용자 보호에 관한 법률	구청 기업지원과	등록
독서실	학원의 설립·운영 및 과외교습에 관한 법률	교육청 평생교육체육과	등록
동물병원 개설	수의사법 제17조 제3항	구청 지역경제과	신고
목욕탕	공중위생관리법 제3조	보건소 보건위생과	신고
미용업(일반, 피부, 종합, 네일 아트 포함)	공중위생관리법 제3조	보건소 보건위생과	신고
보험대리점	보험법	금융감독원	등록
비디오방	영화 및 비디오물의 진흥에 관한 법률, 시행령	구청 문화체육과	등록
산후조리원	모자보건법	보건소 보건지도과	신고
안경업소 개설	의료기사법 제12조의 3항	보건소 의약과	등록

민원사무명	근거법규	소관부처	비고
이용업	공중위생관리법 제3조	보건소 보건위생과	신고
인쇄소	인쇄문화산업진흥법	구청 문화체육과	등록
일반여행업	관광진흥법 제4조	구청 문화체육과	등록
학원	학원의 설립·운영 및 과외교습에 관한 법률	교육청 평생교육체육과	등록

업자를 확인하려는 데 있다. 대표적으로 개별소비세 과세대상인 유흥업소의 경우 매우 높은 세가 부담이 되기 때문에 바지사장을 내세워 개별소비세 과세대상이 아닌 일반음식점으로 사업자등록을 하고 신용카드 단말기를 설치한 뒤, 실질적으로 유흥업소 소비자들이 카드로 결제하려고 하면 몰래 일반음식점 단말기로 결제한다.

사업개시일로부터 20일 이내에 사업자등록을 하지 않으면 공급가액의 1%에 해당하는 금액의 가산세를 물어야 하는 불이익을 받게 된다. 공급가액이란 부가가치세(10%)가 포함된 매출액에서 부가가치세를 제외한 금액을 의미한다. 즉 사업자등록을 하지 않고 한 달 정도 사업을 했는데 한 달 매출이 1,100만 원이라고 하면 공급가액은 1천만 원이고 부가가치세가 포함된 1,100만 원을 공급대가라고 하며, 가산세는 10만 원이 된다. 하지만 그보다 더 큰 불이익은 매입세액을 공제받을 수 없다는 것이다. 즉 사업자등록을 하지 않으면 세금계산서를 교부받을 수 없어 상품을 구입할 때 부담한 부가가치세를 공제받지 못하게 된다. 관할관청의 허가·신고·등록 대상 업종인 경우에는 사업자등록을 할 때 허가·신고·등록증 사본을 제출해야 한다. 단, 허가·신고·등록 전에 사업자등록을 신청하는 경우

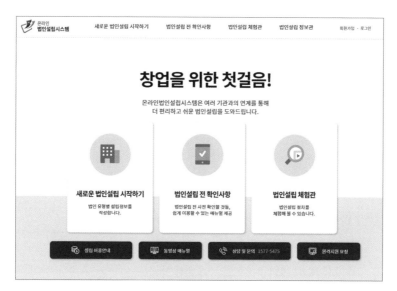

온라인법인설립시스템(www.startbiz.go.kr)

에는 허가·등록 신청서 사본 또는 사업계획서를 제출하고 추후 허가·신고·등록증 등의 사본을 제출할 수 있다. 관할관청의 허가·신고·등록 대상인지 여부는 온라인법인설립시스템 홈페이지(www.startbiz.go.kr)에서 확인할 수 있으며, 주요 인허가 업종은 〈도표 1-9〉를 참조하면 된다.

일반과세자로 해야 하나, 간이과세자로 해야 하나?

부가가치세가 과세되는 사업의 과세유형에는 일반과세자와 간이과세자가 있는데, 사업자등록 신청을 할 때 둘 중 하나를 선택해야 한다. 일반과세자와 간이과세자는 세금의 계산방법 및 세금계산서 발행 가능 여부 등의 차이가 있으므로 어느 유형이 자신의 사업에 적합한지 살펴본 후 사업자등록을 해야 한다.

일반과세자

일반과세자는 10%의 세율이 적용되는 반면, 물건을 구입하면서 교부받은 매입세금계산서에 기재된 부가가치세(매입세액) 전액을 공제받을 수 있고 세금계산서를 발행할 수 있다.

연간 매출액이 8천만 원(2021년 개정, 기존에는 4,800만 원) 이상일 것으로 예상되거나 간이과세자로 사업자등록을 할 수 없는 업종 또는 지역에서 사업을 하고자 하는 경우에는 반드시 일반과세자로 사업자등록을 해야 한다.

도표 1-10. 일반과세자와 간이과세자의 차이점

구분	일반과세자 1년간 매출액 8천만 원 이상이거나 간이과세 배제되는 업종·지역인 경우	간이과세자 1년간 매출액 8천만 원 미만이고 간이과세 배제되는 업종·지역에 해당되지 않는 경우
매출세액	공급가액×10%	공급대가×업종별 부가가치율×10%
세금계산서 발급	발급의무 있음	발급할 수 없음
매입세액 공제	전액공제	매입세액×업종별 부가가치율
의제매입세액 공제	모든 업종에 적용	음식점업

※ 광업·제조업·도매업·전문직사업자·다른 일반과세 사업장을 이미 보유한 사업자·간이과세 배제기준
(종목·부동산매매업·과세유흥장소·지역)에 해당되는 사업자 등은 간이과세 적용 배제.

간이과세자

간이과세자는 0.5~3%의 낮은 세율이 적용되어 부가가치세에 대한 부담은 적지만, 매입세액의 5~30%만 공제받을 수 있고 세금계산서를 발행할 수 없다.

주로 소비자를 상대하는 업종으로 연간 매출액이 8천만 원에 미달할 것으로 예상되는 소규모사업자의 경우에 간이과세자로 등록한다. 그러나 주의할 점이 있다. 초창기 인테리어 등과 같이 목돈이 들어가는 투자는 부가가치세 환급이 안 되므로 매우 신중하게 검토해야 한다는 것이다.

부가가치세법 제61조 【간이과세의 적용 범위】

① 직전 연도의 공급대가의 합계액이 8천만 원부터 8천만 원의 130퍼센트에 해당하는 금액까지의 범위에서 대통령령으로 정하는 금액에 미달하는 개인사업자는 이 법에서 달리 정하고 있는 경우를 제외하고는 제4장부터 제6장까지의 규정에도 불구하고 이 장의 규정을 적용받는다. 다만, 다음 각 호의 어느 하나에 해당하는 사업자는 간이과세자로 보지 아니한다. 〈개정 2020. 12. 22.〉

1. 간이과세가 적용되지 아니하는 다른 사업장을 보유하고 있는 사업자

2. 업종, 규모, 지역 등을 고려하여 대통령령으로 정하는 사업자

3. 부동산임대업 또는 「개별소비세법」 제1조제4항에 따른 과세유흥장소(이하 "과세유흥장소"라 한다)를 경영하는 사업자로서 해당 업종의 직전 연도의 공급대가의 합계액이 4천800만원 이상인 사업자

과세유형 전환

일반과세자 또는 간이과세자로 사업자등록을 했다고 해서 그 유형이 변하지 않고 계속 적용되는 것은 아니며, 사업자등록을 한 해의 부가가치세 신고실적을 1년으로 환산한 금액을 기준으로 과세유형을 다시 판정한다.

즉 간이과세자로 사업자등록을 했다고 하더라도 환산한 1년간의 매출액이 8천만 원 이상이면 등록일이 속하는 과세기간의 다다음 과세기간부터 일반과세자로 전환되며 8천만 원 미만이면 계속 간이과세자로 남는다.

확정일자도 함께 받아보자

사업장 건물이 경매 또는 공매되는 경우 임차인이 상가건물임대차보호법의 보호를 받기 위해서는 반드시 사업자등록을 하고 확정일자를 받아야 한다. 주택의 경우에는 바로 주민센터에 가서 확정일자를 받는다. 마찬가지로 사업자도 사무실을 월세로 계약하더라도 일정 보증금이 있기 때문에 임대차계약서 원본을 가지고 세무서에 가서 사업자등록 신청과 함께 확정일자를 받으면 된다.

건물을 임차하고 사업자등록을 한 사업자가 확정일자를 받아놓으면 임차한 건물이 경매나 공매로 소유권이 넘어가도 확정일자를 기준으로 후순위권리자에 우선해 보증금을 변제받을 수 있다.

확정일자를 신청하려면 사업자등록신청서, 임대차계약서 원본, 본인 신분증을 지참해 관할세무서 민원실에 가서 신청하면 된다.

현금영수증 가입의무자인지
발행의무자인지 확인하자

국세청에 현금영수증 발급거부 신고가 되면 매우 골치 아파진다.
다시 말해 소비자가 현금영수증 발급 요청을 하면 무조건 해줘야 한다.

경리 담당자는 당해 회사가 세무적으로 어떤 협력의무를 부담하고 있는지를 항상 머릿속에 생각하고 있어야 한다. 그중 중요한 부분이 당해 회사가 현금영수증 가맹점 가입 및 발급의무를 가지고 있는지에 대한 것이다.

국세청에서는 음식점이나 전문직 업종 등 소비자들이 현금으로 결제하는 비중이 높은 업종을 대상으로 세원 노출을 위해서 현금영수증 의무 발행 제도를 시행하고 있다. 소비자들에게는 소득공제 혜택을 주고, 사업자들에게는 발행하지 않으면 세무조사나 무거운 과태료를 부과함으로써 세원 노출이 꽤 많이 이루어졌다. 다음은 국세청에서 안내용으로 나온 현금영수증 발급의무 관련 자료다.

도표 1-11. 현금영수증 발급의무

1. 발급의무금액 확대

• 현금영수증 의무발행업종 사업자는 건당 거래금액이 10만 원 이상인 재화 또는 용역을 공급하고 거래대금을 현금으로 받은 경우 거래 상대방의 발급 요구와 관계없이 현금영수증을 의무적으로 발급해야 합니다.

2. 발급의무 업종

• 소득세법시행령 별표3의 3에 규정된 현금영수증 의무발행업종 사업자가 그 대상입니다.

▌현금영수증 의무발행업종

사업 서비스업	변호사업, 공인회계사업, 세무사업, 변리사업, 건축사업, 법무사업, 심판변론인업, 경영지도사업, 기술지도사업, 감정평가사업, 손해사정인업, 통관업, 기술사업, 측량사업, 공인노무사업
보건업	종합병원, 일반병원, 치과병원, 한방병원, 요양병원, 일반의원(일반과, 내과, 소아청소년과, 일반외과, 정형외과, 신경과, 정신건강의학과, 피부과, 비뇨기과, 안과, 이비인후과, 산부인과, 방사선과 및 성형외과), 기타의원(마취통증의학과, 결핵과, 가정의학과, 재활의학과 등 달리 분류되지 아니한 병과), 치과의원, 한의원, 수의업
숙박 및 음식점업	일반유흥주점업(「식품위생법 시행령」 제21조제8호다목에 따른 단란주점영업 포함), 무도유흥주점업, 일반 및 생활 숙박시설 운영업, 출장음식 서비스업, 기숙사 및 고시원 운영업(고시원 운영업에 한정)
교육 서비스업	일반교습학원, 예술학원, 외국어학원 및 기타교습학원, 운전학원, 태권도 및 무술교육기관, 기타 스포츠 교육기관, 기타 교육지원 서비스업, 청소년수련시설 운영업(교육목적용으로 한정), 기타 기술 및 직업훈련학원, 컴퓨터학원, 기타 교육기관
그 밖의 업종	가전제품 소매업, 골프장 운영업, 골프연습장 운영업, 장례식장 및 장의관련 서비스업, 예식장업, 부동산중개업 및 대리업, 부동산투자자문업, 산후조리원, 시계 및 귀금속 소매업, 피부미용업, 손·발톱관리 미용업 등 기타 미용업, 비만관리센터 등 기타 신체관리 서비스업, 마사지업(발마사지업 및 스포츠마사지업으로 한정), 실내건축 및 건축마무리 공사업(도배업만 영위하는 경우 제외), 인물사진 및 행사용 영상촬영업, 결혼상담 및 준비서비스업, 의류임대업, 의약품 및 의료용품 소매업, 포장이사운송업, 자동차 부품 및 내장품 판매업, 자동

그 밖의 업종	차 종합 수리업, 자동차 전문 수리업, 전세버스 운송업, 가구 소매업, 전기용품 및 조명장치 소매업, 의료용기구 소매업, 페인트·창호 및 기타 건설자재 소매업, 주방용품 및 가정용 유리·요업제품 소매업, 안경 및 렌즈 소매업, 운동 및 경기용품 소매업, 예술품 및 골동품 소매업, 중고자동차 소매업 및 중개업, 악기 소매업, 자전거 및 기타 운송장비 소매업, 체력단련시설 운영업, 묘지분양 및 관리업, 장의차량 운영업, 독서실 운영업, 두발 미용업, 철물 및 난방용구 소매업, 신발 소매업, 애완용동물 및 관련용품 소매업, 의복 소매업, 컴퓨터 및 주변장치, 소프트웨어 소매업, 통신기기 소매업
통신판매업	전자상거래 소매업(제1호부터 제5호까지의 규정에 따른 업종에서 사업자가 공급하는 재화 또는 용역을 온라인 통신망을 통하여 소매하는 경우에 한정)

※ 업종은 한국표준산업분류를 따르며, 밑줄 친 업종은 2021년 1월 1일 거래분부터 발급의무 시행

3. 발급 시 유의사항

• 거래 상대방이 현금영수증 발급을 요청하지 않아 인적사항을 모르는 경우에도 거래일로부터 5일 이내 국세청 지정코드(010-000-1234)로 현금영수증을 자진 발급해야 합니다.

4. 발급의무 위반 시 불이익

• 2013년 1월 1일부터는 현금영수증 가맹점에 가입하지 않은 경우에도 10만 원 이상 현금거래에 대해서는 발급의무가 있으며, 현금영수증 의무발행업종 사업자는 10만 원 미만의 현금거래에 대해서도 거래 상대방의 현금영수증 발급요구 시 발급을 거부할 수 없도록 하고 있습니다.

▌현금영수증 발급의무 위반 시 불이익

구분	일반가맹점	의무발행가맹점
발급 의무	상대방의 발급 요청이 있는 경우 발급거부 금지	• (10만 원 이상) 상대방 요청이 없어도 발급의무 • (10만 원 미만) 상대방 요청이 있는 경우 발급의무
위반 시 불이익	• (가산세) 거부금액의 5% *건별 금액이 5천 원 미만인 경우 5천 원 • (과태료) 발급거부 또는 허위발급 금액의 20%(2회 이상 위반 시)	• (10만 원 미만) 일반가맹점과 동일 • (10만 원 이상) 미발급 금액의 20% (2018년 이전 과태료 50%) 가산세 부과

만약 근무하는 회사가 언급된 업종에 해당되면 자세히 읽어보고 이에 맞게 실행해야 한다. 그렇지 않으면 가산세가 거래금액의 20%다. 개인사업자의 경우 현금 매출 1천만 원을 누락 신고했다가 차후에 걸리면 현금영수증 가산세 20%와 종합소득세(또는 법인세) 및 주민세, 가산세까지 1천만 원을 세금으로 내야 할 수도 있다.

현금영수증 가맹점으로 가입한 사업자는 소비자가 현금영수증 발급을 요청하는 경우 그 발급을 거부하거나 사실과 다르게 발급해서는 안 된다. 특히 가맹점으로 가입해야 하는 현금영수증 의무발행업종 사업자는 10만 원 이상의 현금거래 시 소비자가 발급을 요청하지 않더라도 발급해야 한다. 다만 소비자의 신분인식 수단을 모르는 경우에는 국세청 지정코드(010-000-1234)로 발급해야 한다.

가장 중요한 사항은 국세청에 현금영수증 발급거부 신고가 들어오면 안 된다는 점이다. 소비자가 현금영수증 발급 요청을 하면 무조건 해줘야 한다. 따로 요청하지 않아도 발급해야 하는 업종도 있다.

현금영수증 미발급 신고는 소비자 입장에서 매우 간편히 할 수 있다. 전화할 필요도 없이 홈택스(www.hometax.go.kr)로 쉽게 제보할 수 있으므로 괜히 현금영수증 발행을 소극적으로 하면 안 된다. 세무서로부터 한 달 이내로 전화가 올 것이다. 저자인 본인도 세무사지만 세무서에서 전화가 오면 괜히 마음이 불편하다. 사업자 입장에서는 더더욱 괴로울 것이다.

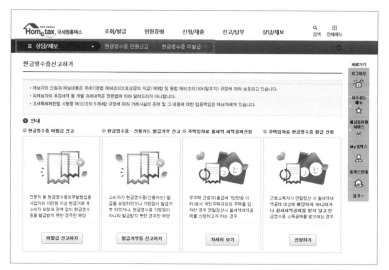

현금영수증 발급거부 신고

현금영수증 발급 시스템

현금영수증 발급방법

1. 홈택스: 전자세금계산서, 계산서처럼 발급이 가능하다.

2. 신용카드 단말기: 신용카드 가맹점과 현금영수증 가맹점으로 동시에 가입하고 사업장에 설치된 신용카드 단말기를 이용해 발급한다.

3. 국세청 상담센터 126번: 국번 없이 126번(① - ①)으로 전화하면 가맹점에 가입 및 현금영수증을 발급할 수 있다.

경리·회계 담당자는 창업자로서의 마인드를 가져야 한다

경리·회계 담당자는 본인이 회사의 대표라는 생각으로 창업 단계부터 경영 전반에 대한 기본적인 지식을 공부하고 익혀야 한다.

경리 담당자는 회사의 총괄적인 업무를 하게 된다. 다시 말하면 영업·기술·제조 부서와 긴밀하게 대화하고 소통하는 것이 필요하며 사내 정치도 할 줄 알아야 한다. 그러기 위해 경리·회계 담당자는 본인이 회사의 대표라는 생각으로 창업 단계부터 경영 전반에 대한 기본적인 지식을 공부하고 익혀야 한다.

가장 좋은 방법은 창업 절차부터 전체적으로 이해하고 상상하면서 내가 만약 현재 회사와 같은 업종의 회사를 설립한다면 어떻게 해야 할지 적어보는 것이다. 회사 설립 후에 어떻게 기술개발을 해서 영업해야 할지, 영업은 주로 어디에 가서 해보면 좋을지 등을 공부해야 한다. 더 나아가 자금이 부족하면 국가의 보조금이나 대

도표 1-12. **창업 계획**

계획	미리 준비할 사항
1. 개업 예정일	• 개업 예정일 예측해 개업 준비
2. 자금계획	• 사업에 필요한 자금 준비
3. 영업전략	• 사업아이템 선정 • 점포·사무실 준비(입지 분석) • 사업타당성 분석 • 고객관리
4. 직원관리	• 직원 고용과 관리, 해고
5. 은행거래	• 은행거래, 수표, 어음 등
6. 세금문제	• 사업자등록 신청 절차, 부가가치세, 소득세, 원천징수 등

출은 어떻게 받으면 좋은지까지 생각하다 보면 부서별 입장을 헤아릴 수 있고, 사내 정치 또한 자연스러워져 즐거운 회사 생활을 보낼 뿐만 아니라 더 나아가 회사의 중요한 역할을 수행하는 CFO 등의 임원 또는 대표로 성장할 수도 있을 것이다.

〈도표 1-13〉의 모든 단계에 대해서 한 번씩 고민하고 공부해보자. 특히 미래의 CFO까지 생각한다면 자금(대출 및 투자), 영업, 인력관리, 세금에 대해서는 반드시 공부를 계속해야 한다.

도표 1-13. **창업준비 10단계**

단계	검토해야 할 사항
I. 창입환경 검토	창업환경과 전망, 창업자 적성검사(창업자의 능력, 자질, 경험), 가정환경, 창입의지, 창입 경영이론 학습, 가족협력 등의 어부를 검토한다.
2. 아이템 선택	창업트렌드를 분석해 자신에 맞는 아이템이면서 성장성·안정성 있는 후보 아이템(3~5개)을 선정하고, 꾸준히 시장조사를 한 후 최종 아이템을 선택한다.
3. 사업타당성 검토	사업의 성공 가능성에 대한 정보를 파악하기 위해 선택한 아이템에 대한 상품성, 시장성, 수익성, 안전성(위험요소) 등을 자세하게 검토한다.
4. 시장조사 분석	시장규모 및 경쟁상대 제품의 경쟁력과 유사제품을 분석하고, 목표고객 및 수요층의 니즈를 분석한다. 소비자 구성분포와 변화추세를 조사하고 수요를 예측한다.
5. 상권·입지 선정	입지선정 이유와 경쟁점포 극복방안, 상권 내의 가시성·경제성·편의성 등을 분석하고 유동인구와 배후상권, 도로구조도 분석한다.
6. 자금계획 수립	창업자금의 용도를 시설자금과 운전자금으로 구분하고 자세하게 조사해 자금의 용도와 조달 가능한 자금규모를 결정한다. 창업을 추진하기 위해서 세부적인 자금의 용도와 조달 가능한 자금규모를 결정한다.
7. 사업계획서 작성	사업의 개요와 내용, 시장조사 분석, 마케팅계획, 자금수지 계획, 사업추진 일정 등을 나타내는 자료. 구체적인 내용으로 작성하고 예상매출액, 매출원가, 영업이익, 당기순이익, 손익분기점 등을 산출한다.
8. 인테리어 공사 및 종업원 채용	고객 편의와 상품을 돋보이게 할 수 있는 디스플레이 전략을 세우고, 고객의 접근성에 유익한 매장의 인테리어를 한다. 고객친화력이 높은 채용관리 시스템을 가동하고, 고객서비스 경쟁력 강화를 위한 반복 교육을 실시한다.
9. 행정 절차	사업자등록, 별도의 영업신고, 소방설비 신고, 인허가사항(법인사업자, 개인사업자) 등에 대해 자세히 검토한다.
10. 창업 및 경영	디스플레이, 간판, 집기 설치, 개업식, 창업 홍보, 업무활동, 영업활동, 인력관리, 경영 계수관리, 주기적 점검 및 보안을 실시한다.

도표 1-14. 계획단계에서 체크해야 할 사항

업무구분	체크해야 할 사항
1. 경쟁관계	• 비교되는 제품이나 서비스를 제공하는 경쟁업체의 강점에 대한 현실적인 평가는 되어 있는가? • 자사 제품과 서비스를 선택할 수 있을 정도로 차별화되어 있는가?
2. 입지·판매 방법	• 품목은 무엇이며, 주 고객은 누구인가? • 어떤 방법으로 어떤 가격과 조건에 팔 것인가? • 시장조사 결과를 반영해 적합한 상권과 입지를 결정했는가?
3. 상품·재료 매입	• 무엇을 어디에서 매입할 것인가? • 어떤 조건으로 매입할 것인가?
4. 설비구입·제조방법	• 무엇을 제조하고, 무엇을 외주로 줄 것인가? • 기계는 어디에서 구입하고, 어떤 설비로 제조할 것인가?
5. 지식·기술·자격	• 기술자나 자격자, 책임자는 누구로 할 것인가? • 해당 분야의 지식이나 경력이 풍부한가?
6. 종업원 확보	• 가족만으로 운영이 가능하겠는가? • 종업원은 어떻게 채용할 것인가?
7. 사업의 형태	• 개인 사업으로 할 것인가, 법인으로 할 것인가? • 프랜차이즈창업과 독립창업 중 어떤 형태로 할 것인가?
8. 사업계획서	• 사업계획서를 작성해보았는가? • 시설자금 및 운영자금은 얼마나 들어갈 것인가?
9. 손익예상	• 매출은 얼마나 될 것인가? • 원가·판관비·당기순이익 규모는 산출했는가?
10. 자금조달	• 즉시 준비할 수 있는 자금은 얼마나 되는가? • 필요한 운용자금은 적기에 조달이 가능한가?
11. 세금문제	• 사업자등록은 언제 할 것인가? • 직접 기장할 것인가, 세무대리인에게 맡길 것인가?
12. 개업예정일	• 상호는 정하고 사업자등록은 했는가? • 개업일은 언제가 제일 좋을 것인가?

경리업무를 하다 보면 회계 용어를 자주 접할 수밖에 없다. 너무 어렵게 느껴지는 주제가 있다면 처음에는 생략하고, 차후에 궁금해지면 다시 한 번 자세히 읽어보는 방법도 좋다. 관리회계, 재무회계 등 가끔 들어볼 수 있는 용어부터 원가회계, 결산 등에 대해서 다루었으니 부담 없이 읽어보면 경리업무에 도움이 될 것이다.

2장

실무에서
바로 써먹는
회계지식
10가지

회계란 무엇이고
어떤 역할을 하는가?

회계란 정확하고 객관적으로 공통된 언어에 의해서 기록되고 정리되어야 한다.
이때 사용되는 공통된 언어가 기업회계기준이다.

사람들이 회계에 대해서 가장 먼저 떠올리는 것은 '숫자'와 '복잡하다'라는 것이다. 특히 회계학을 전공하지 않은 사람들은 숫자에 대해서 복잡하다는 선입견이 있는 것 같다. 그런데 사회생활을 하다 보니 영어와 함께 가장 중요한 것이 회계라는 생각이 든다. 재테크를 위한 주식투자의 경우 회사의 경영 상태나 실적 등을 파악하는 데 회계만큼 객관적인 자료가 없기 때문이다. 회계는 경영적인 측면에서의 또 다른 언어다.

회계(accounting)는 회계 실체의 거래를 기록하는 것이다. 흔히 경리, 장부기장, 부기(book-keeping) 등을 회계라고 알고 있는데, 이는 회계의 일부만을 강조한 개념이다. 좀 더 포괄적으로 정의하면 회계는 정보이용자가 합리적인 판단이나 의사결정을 할 수 있도록 경제적 정보를 식별하고 측정해 전달하는 과정이다.

여기서 정보이용자는 모든 사람이 될 수 있다. 국가는 국세청, 국민건강보험공단 등 여러 기관을 통해서 국민에게서 세금 및 준조세 성격의 분담금을 징수한다. 이러한 돈은 국민을 위해서 다양한 곳에 사용되는데, 과연 어디서 얼마만큼의 돈을 걷어서 어디에 얼마만큼 지출했는지를 알 수 있는 방법으로 회계가 사용된다. 이때 정보이용자는 국민이 될 수도 있고, 국세청 등의 정부기관 입장에서는 공무원이 될 수도 있고, 해외에서 대한민국 채권에 투자한 외국인이 될 수도 있다. 국민은 과연 국가가 제대로 돈을 지출했는지 알고 싶을 것이고, 해외에 있는 투자자들은 대한민국이라는 국가의 재정상태가 어떤지 알고 싶을 것이다. 이처럼 돈과 관련된 정보를 파악하는 데 사용되는 언어가 바로 회계다.

회계, 돈과 관련된 정보를 파악하다

회계의 목적은 기업의 재무 상태와 성과에 대한 정보를 투자자와 채권자 등 기업 외부의 정보이용자들에게 제공하는 것이다. 기업 외부의 정보이용자들은 회계 정보를 이용해 보다 효율적인 기업을 찾고 구분한다.

즉 기업 외부의 정보이용자들은 자신들이 가지고 있는 돈 또는 그 외 경제적인 자산을 좀 더 가치 있는 기업에 투자하며, 이로써 자원

한국회계기준원(www.kasb.or.kr)의 회계기준 자료

의 효율적인 배분이 이루어진다. 이때 기업 내부의 정보이용자로는 대표적으로 '주주'를 꼽을 수 있다.

주주들에게 기업 경영을 수탁받은 경영자는 기업 경영을 통해서 얻은 경제적인 효과 등을 주주들에게 정확하고 객관적으로 보고할 수 있는 자료를 만들기 위한 언어로 '회계'를 이용한다. 따라서 회계란 정확하고 객관적으로 공통된 언어에 의해서 기록되고 정리되어야 한다. 이때 사용되는 공통된 언어가 기업회계기준이다.

기업회계기준은 주제별로 별도의 장을 구성하며, 각 장은 본문과 부록으로 구성된다. 각 항목별로 구체적인 회계처리에 대해 궁금한 경우 이를 찾아보면 된다. 기업회계기준 등에 대해서 다양한 정보를 제공하고 있는 한국회계기준원 홈페이지(www.kasb.or.kr)를 직접 방문해보면 실제 어떤 식으로 정리가 되어 있는지 확인할 수 있다.

보통 회계원리, 중급회계 등의 교과목이 이러한 기업회계기준을 풀어서 예제 등을 통해 설명해주는 과정이다. 즉 이는 언어를 배우는 과정이라고 할 수 있다. 모든 언어가 그렇듯이 문법만을 배운다고 이를 사용할 수 있는 것은 아니다. 실제 사례 등을 통해 계속 반복해서 접해봐야 회계학적 마인드가 쌓일 수 있다. 그러기 위해서는 분개부터 차근차근 직접 손으로 써보면서 계정과목에 대해 이해할 필요가 있다.

분개(journalizing)란 구체적인 계정과목과 금액을 정하는 것을 말하며, 거래에 대한 최초의 회계 기록이다. 분개 기록의 형식은 차변에 기록할 계정에 대해서는 왼쪽에 표시하고, 대변에 기록할 계정에 대해서는 오른쪽에 각각 계정과목과 금액을 표시한다. 이때 거래의 이중성의 원칙에 따라 차변금액과 대변금액은 반드시 일치해야 한다. 이에 대해서는 별도의 장에서 구체적으로 알아보도록 하자.

회계의 분류는
어떻게 해야 하는가?

정보이용자를 기준으로 회계를 분류한다. 크게 재무회계와 관리회계,
그리고 세무회계로 나눌 수 있으며 각 부분마다 그 목적은 조금씩 다르다.

회계란 정보이용자들이 합리적인 의사결정을 할 수 있도록 기업 실
체의 경제적 활동을 측정·기록하고 이에 관한 정보를 수집·요약해
정보이용자에게 전달하는 과정이다. 이때 정보이용자를 기준으로
크게 재무회계와 관리회계, 그리고 세무회계로 분류한다.

재무회계(financial accounting)란 외부 정보이용자의 경제적 의사
결정에 도움을 주도록 하는 외부보고를 목적으로 한 회계를 말한다.
투자자(자본), 채권자(부채), 정부(세금)가 주된 이용자다.

재무회계에서 정보이용자에게 정보를 제공할 때는 재무제표라는
형식을 이용한다. 재무제표는 일정한 규칙에 따라 통일된 양식으로
작성되며, 기업의 재무 상태와 경영성과 등의 정보를 제공한다. 보

도표 2-1. 회계 분류

구분	재무회계	관리회계	세무회계
목적	외부보고	내부보고	세무보고
정보 이용자	투자자, 채권자 등 외부 정보이용자	경영자, 관리자 등 내부 정보이용자	과세관청
작성 원칙	한국채택국제회계기준	경제학, 통계학, 심리학 등 다양한 학문	법인세법의 규정
정보의 내용	과거지향적 정보	과거·미래지향적 정보	과거지향적 정보
보고의 형태	재무제표	일정한 형식이 없음	세무조정계산서
분석 기법	회계개념	다양한 의사결정기법	세법의 규정
정보의 형태	주로 화폐적 정보	화폐적·비화폐적 정보	화폐적 정보

통 재무회계를 알기 위해서는 회계원리부터 시작해 중급회계와 고급회계를 공부하게 된다. 회계원리는 부기의 원리부터 계정과목별 기초적인 지식을 공부하고, 중급회계에서는 보다 깊이 있게 각 계정과목별 처리방법 등에 대해서 공부한다. 실질적으로 회계학적 마인드를 갖추기 위해서는 최소한 중급회계까지는 공부를 해야 한다.

관리회계(managerial accounting)란 내부 정보이용자의 관리 측면에서 회계학적 도구를 통해 의사결정에 도움을 주기 위한 내부보고용 회계를 말한다. 즉 기업 경영자 입장에서 기업 통제와 방향 설정, 장기적인 시설 투자 등을 위한 의사결정에 유용한 정보를 얻기 위해 작성된다. 관리회계는 원가관리회계라는 교과목을 통해서 공부하게 된다. 보통 회계원리를 공부한 후 원가관리회계와 중급회계를 동시에 진행하면서 공부한다.

세무회계(tax accounting)란 기업회계상 산정된 이익을 기초로 조세부담능력의 기준이 되는 과세소득과 세액의 산정에 관한 재무적 정보를 전달한다. 기업회계와 세무회계는 그 목적에 차이가 있는데, 기업회계는 자산의 과대평가를 금하는 데 비해 세무회계는 항상 과소평가를 금지함으로써 공평한 과세 측면의 부당한 감소를 방지한다. 이처럼 둘은 회계원칙상 상호 모순되고 대립되기도 한다.

회계감사는 무엇인가?

모든 학문이나 새로운 정보 체계를 처음 접하면 매우 어렵게 느껴진다. 회계의 분류가 아직 생소하겠지만, 구체적인 내용을 접하면 점점 큰 그림이 보일 것이다.

회계감사(audit)는 회계법인 소속의 공인회계사(CPA)가 하는데, 이때 재무회계 측면에서의 적정성 여부를 판단한다. 회사의 재무 상태 등에 대한 내용이 기장을 통해서 재무제표가 완성되는데, 이에 대해서 회계감사를 한다면 회계사가 재무회계 측면에서 과연 적정하게 기장 등을 했는지 감사한다고 보면 된다. 그런데 재무회계 측면을 통해서 완성된 재무제표, 특히 손익계산서상의 이익에 대해서 세금을 과세하는 것은 아니다. 즉 국가에서는 세무회계 측면에서 다시 바라보고 과세를 한다. 이러한 부분은 세무조정을 통해서 법인세 신고를 하게 되는데, 이는 세무회계 측면에서 회계를 다시 조정한다고 보면 된다. 결국 세무회계의 가장 큰 정보이용자는 국가, 즉 국세청이 되는 것이다.

재무회계상의 기업회계기준 등에 맞게 재무제표가 완성되어도 다양한 목적을 위한 국세 행정, 공평과세, 효율적인 배분 등을 위해 만들어진 세법과는 상충되는 부분이 있다. 이러한 부분을 조정해 기업회계기준과 세법과의 차이를 찾아서 세법에 맞게 조정하는 것이 바로 세무회계라고 생각하면 된다. 따라서 세무회계는 재무회계를 통한 결산 등이 이루어지지 않으면 나타날 수 없다.

계정과목이란 무엇이고
어떤 역할을 하는가?

계정과목을 분류하는 이유는 정확한 기업의 상태를 나타내기 위한 것이며,
이러한 계정과목을 통해서 기업이 어떠한 상태인지 알 수 있다.

거래의 발생과 더불어 나타나는 거래의 8요소의 내용을 조직적이고
체계적으로 기록하고 계산하기 위한 최소단위를 '계정(account)'이라
고 한다. 이러한 계정의 명칭을 '계정과목'이라고 하며, 이러한 계정
과목은 종류나 성질이 다른 다양한 거래를 일관된 기준으로 정리할
수 있도록 하는 기본단위가 된다.

원래는 회사가 상황에 맞춰 계정과목을 임의로 만들어 쓸 수 있
게 하는 것이 바람직할 수 있지만, 그렇게 되면 각 회사마다 자산·
부채·자본·수익·비용에 대해 서로 다른 명칭을 사용할 수 있고, 그
로 인해 금융기관이나 세무서, 각종 회사와 관련된 이해관계자들에
게 많은 혼란을 줄 수 있기 때문에 유사한 항목에 대해서는 명칭을

통일해 사용하고 있다. 예를 들어 직원들과의 식대 지출에 대해서 일반적으로 복리후생비 계정과목을 사용하는데, A회사의 경우 부서별로 '영업본부 직원 회식비' 계정과 '경영지원본부 직원 회식비' 계정 등으로 나눌 수 있을 것이다. 하지만 이러한 경우 내역이 불필요하게 복잡해지고 세분화되어 큰 실익이 없다. 경영관리 측면에서 필요하다면 당연히 내부적인 관리회계 측면에서 별도로 관리하면 될 것이다.

한편 계정과목은 회계원칙에 따라 항목을 분류한 임의적인 약속으로 법적근거나 강제성을 가지는 것은 아니기 때문에 회사의 사정이나 중요도에 따라서 계정을 묶어서 사용하거나 세분화할 수도 있으며, 마땅한 계정과목이 없는 경우 새로 설정하는 것도 가능하다. 그러나 이 과정에서 지켜야 할 것은 적합한 계정과목을 선택해서 한번 사용한 경우 지속적으로 사용해야 결산 시에 항목별로 정확한 집계가 가능하다는 점이다.

계정과목은 본래 그 회계상의 거래를 가장 잘 나타낼 수 있는 것으로 결정해야 한다. 따라서 그 계정과목을 보고 어떤 일이 발생했는지를 알아야 할 정도로 정확하게 거래의 실질 내용이 가장 잘 반영될 수 있는 방향으로 설정해야 한다.

또한 그 거래내용을 가장 잘 반영하고 있다고 해도 회사마다 제나름대로의 계정과목을 만들고, 그 계정과목이 내부에서만 사용되는 것이 아니라 외부에 발표되는 재무제표에까지 사용된다면 같은 사건이 발생한다고 해도 계정과목의 명칭이 달라질 수 있어 기업 간의 비교가 어려워질 것이다. 따라서 기업 간의 비교가 가능하도록 일정한 기준에 따라서 설정해야 하며, 그 기준을 제공해주는 것이 바로 '기업회계기준'이다.

계정과목 설정 원칙은 기업회계기준

일반적인 계정과목 설정의 원칙으로 기업회계기준에 규정된 계정과목을 우선적으로 사용해야 하고, 계정과목은 계정의 성격을 명확히 표시해야 한다. 또한 계정과목의 내용은 단순해야 하고, 한 계정과목에 성질·종류가 다른 항목을 함께 기록해서는 안 된다.

일단 설정한 계정과목은 특별한 사유가 없는 한 임의로 변경해서는 안 된다. 이는 비교가능성의 원칙에 어긋나기 때문이다.

계정과목 관련 원칙

• 기업회계기준 준거원칙: 기업회계기준에 규정된 계정과목을 우선적으로 사용해야 한다.

• 명확성 원칙: 계정과목은 계정의 성격을 명확히 표시해야 한다.

• 단순성 원칙: 계정과목의 내용은 단순해야 하고, 한 계정과목에 성질·종류가 다른 항목을 함께 기록해서는 안 된다.

• 중요성 원칙: 거래의 빈도가 많고 금액이 큰 것은 세분하고, 빈도가 적고 금액이 작은 것은 보고에 지장 없는 한 적절히 통합해야 한다.

• 계속성 원칙: 일단 설정한 계정과목은 특별한 사유가 없는 한 함부로 변경해서는 안 된다. 비교가능성의 원칙에 어긋나기 때문이다.

도표 2-2. 계정 인식

계정과목은 단순히 암기하기보다는 반복적으로 사례를 접하면서 자연스럽게 익히는데, 거래별로 각각의 상대 계정이 무엇인지 생각해보면 쉽게 접근할 수 있다. 예를 들어 기업이 이자(비용)를 지급하는 경우 상대방은 이자(수익)를 받게 되는 것이다. 매출의 경우도 제품을 외상으로 보통거래를 함으로서 파는 입장에서는 매출채권(자산)이 발생하고, 구입하는 입장에서는 매입채무(부채)가 발생한다. 하나의 거래에서 당사자가 누구인지에 따라 계정과목이 달라진다.

사무실 임대차의 한쪽은 임대인으로서 임차보증금을 받고 월세를 받는데, 임차보증금은 나중에 돌려줄 돈이므로 부채로 잡고, 임차인 입장에서는 나중에 돌려받을 돈이므로 자산으로 잡는다. 동일한 거래에 대해서 서로 상대방의 계정과목이 달라지는 것이다. 앞으로 모든 거래에 대해서 이렇게 생각하다 보면 자연스럽게 계정과목을 익히고, 전체적인 회계학 마인드를 가질 수 있을 것이다.

도표 2-3. 대표적인 자산·부채·자본 계정과목 예시

분류	계정과목	내용
자산	현금	순수 현금
	상품	판매 목적으로 구입한 물건
	제품	판매 목적으로 만들어낸 물건
	매출채권	상품 등을 외상으로 팔았을 때 받을 돈
	단기대여금	1년 이내의 만기로 빌려준 돈
	미수금	상품 이외의 물건을 외상으로 매각하고 받을 돈. 즉 회사차량이나 비품을 외상으로 판매했을 때 사용하는 계정
	건물	회사가 보유하고 있는 건물
부채	매입채무	상품을 외상으로 구입한 경우 갚아야 할 돈
	미지급금	상품 이외의 물품을 외상으로 구입했을 경우 갚아야 할 돈 (예: 임차료 세금계산서를 받고 아직 지급을 못 한 경우)
	선수금	상품을 팔기 전에 미리 받은 계약금
자본	자본금	주주가 출자한 재산(주식의 액면가액)

재무상태표

자산	부채
현금 상품(제품) 매출채권 단기대여금 미수금 건물	매입채무 미지급금 선수금
	자본
	자본금

도표 2-4. 대표적인 수익·비용 계정과목 예시

분류	계정과목	내용
수익	상품매출	상품을 팔아서 받게 될 돈
	이자수익	빌려준 돈에 대해 받은 이자
비용	급여	직원에게 지급한 돈
	지급임차료	사무실 등을 임차해 지급한 돈
	여비교통비	출장비·숙박비·교통비 등으로 지출된 돈
	통신비	전화·우편요금·인터넷 등의 요금
	수도광열비	전기요금, 수도요금 등
	접대비	영업을 위해 영업 상대방에게 지출한 금전적 비용
	광고선전비	광고를 위한 각종 홍보·광고물 제작비
	세금과공과	각종 영업단체 회비, 차량재산세 등
	수선비	기계장치 등의 수리비
	잡비	그 외 금액이 적고 자주 발생하지 않은 지출

손익계산서

비용	수익
급여	상품매출
지급임차료	이자수익
여비교통비	
통신비	
수도광열비	
접대비	
광고선전비	
세금과공과	
수선비	
잡비	

부기와 기장이란 무엇이고
어떤 역할을 하는가?

회계상의 거래는 원인과 결과라는 2가지 측면을 항상 가지고 있기 때문에
하나의 거래에 대해서 2가지로 나타낼 수 있다.

'부기'라는 말을 많이 들어보았을 것이다. 특히 '기장'이라는 말은 보통 사업을 하는 경우라면 대부분 알고는 있지만 명확히 무엇인지 모르는 경우가 많다. '부기'와 '기장'은 모두 장부에 기록을 한다는 의미라고 보면 된다. 보통 세무회계사무소에서 사업자를 위해서 대신 장부에 기록해주는 업무를 하고, 이를 통해 국세청에 세금신고를 한다. 그에 따라 월마다 기장료를 지급한다.

부기에는 단식부기와 복식부기가 있는데, 단식부기는 일반 현금출납부와 같다고 보면 된다. 세무회계사무소에서는 복식부기에 의한 기장을 해주는데, 복식부기는 하나의 거래를 앞뒤로 2번 보아 기록한 것이다. 여기서 하나의 거래를 앞뒤로 2번 보아 기록한다는 말

도표 2-5. 복식부기와 단식부기

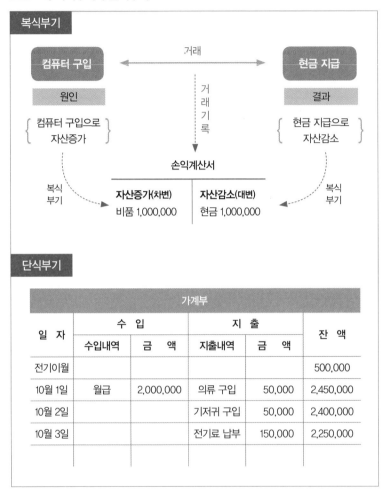

은 거래행위의 원인과 결과를 모두 기록한다는 의미다. 반면 단식부
기는 가계부 등과 같이 현금의 수입내역과 지출내역을 단순하게 기
록하는 것이다.

거래의 중요한 특성

그러면 어떠한 것을 기록할까? 회계의 기록대상은 거래다. 일반적으로 거래라고 하면 '주고받는 것' 또는 '사고파는 것'이지만 일반적인 거래와 회계상의 거래는 차이가 있다.

회계상의 거래는 기업의 경영활동에 의해 재산의 증감(① 자산·부채·자본의 증감변화, ② 수익·비용 발생)을 가져다주는 모든 경제적 사건을 말하는 것으로, 그 경제적 사건은 금액으로 객관적 측정이 가능해야 한다. 일반적인 거래로 볼 수 있는 것이라 해도 금액으로 객관적 측정이 되지 않는 경우는 회계에서의 거래라고 할 수 없으며, 일반적인 거래로 볼 수 없는 것이라 해도 금액으로 객관적 측정이 되는 경우(화재로 인한 손실, 감가상각 등)에는 회계에서의 거래로 인정된다.

예를 들면 장동건 씨가 5억 원을 주고 상가를 구입했다면 5억 원의 현금(자산)이 나가고 건물(자산)이 들어옴으로써 자산 사이의 변동이 이루어졌으므로 회계상 거래로 볼 수 있다. 그런데 장동건 씨가 상가를 구입하기로 계약했지만 아직 계약금을 지불하지 않았다면 회계상으로는 자산의 증감이 없으므로 거래라고 할 수 없다. 즉 단순한 상품의 주문이나 계약, 약속 등은 회계상의 거래가 아니다. 반대로 현금의 분실이나 사무실 화재 등이 발생하는 경우 일반적으로 거래라고 보지 않으나 회계상으로는 거래가 발생한 것이다. 현금의 분실로 자산이 감소하고 손실이 발생했기 때문이다.

회계학상의 거래에는 몇 가지 중요한 성질이 있는데, 그중에 '거래의 이중성'과 '거래의 8요소'라는 것이 있다. 어떠한 거래가 발생하면 항상 기업의 자산·부채·자본의 증감 및 수익·비용의 발생·소멸의 2가지 측면에 영향을 미치게 되는데, 이를 거래의 이중성이라고 한다.

예를 들어 회사가 공장부지용 토지를 구입하려고 현금으로 구입대금을 지급하면 토지를 구입함으로써 회사의 자산이 증가하고, 이에 대한 구입비용으로 현금을 지급했으므로 회사의 자산이 감소한다.

따라서 토지를 구입한 것과 현금을 지급했다는 것 2가지 측면을 일정한 기록의 법칙에 의해 기록해야 한다. 장동건 씨가 5억 원의 현금을 주고 상가를 구입한 회계처리를 보면 다음과 같다.

(차변) 상가건물	500,000,000원	(대변) 현 금	500,000,000원

상가를 구입하면서 부동산 수수료로 현금 500만 원을 지급했다면 이에 대한 회계처리는 다음과 같다.

(차변) 지급수수료	50,000,000원	(대변) 현 금	50,000,000원

장부의 왼쪽은 차변이고 오른쪽은 대변이라고 하며, 회계상의 거래는 원인과 결과라는 2가지 측면을 항상 가지고 있기 때문에 하나

도표 2-6. **거래의 8요소**

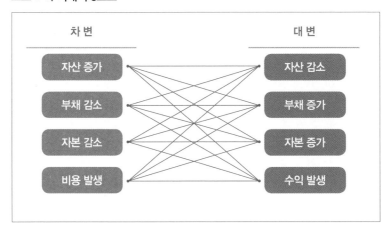

의 거래에 대해서 2가지로 나타낼 수 있다. 이것이 바로 앞에서 언급한 '거래의 이중성'이다.

이와 같이 거래의 이중성에 따라 거래를 차변과 대변으로 나누어 기록하는 것을 '분개'라고 한다. 앞에서 언급한 사례를 가지고 분개를 분석해보면 자산 항목인 상가건물이 차변에 기록되어 있으므로 기업의 상가건물이 5억 원 증가한 것이 된다. 그리고 이때 자산 항목인 현금이 대변에 기록되어 있으므로 회사의 현금은 5억 원이 감소한 것이 된다.

회계에서는 기본적으로 반드시 암기해야 하는 부분이 몇 가지 있다. 그중 거래의 8요소에 대한 내용은 차변과 대변에 기록되는 요소이므로, 분량이 많지는 않으니 이것만은 꼭 기억하고 실무에 임하자.

분개는 연습이 중요하다

일부 독자들은 마음이 순간 무겁게 느껴질 수 있다. 그러나 절대 그럴 필요가 없다. 지금 읽고 있는 페이지가 어렵더라도 회계학을 이해하는 데 진도를 못 나가는 것이 아니기 때문이다. 영어 회화처럼 계속적으로 익숙해져야 한다.

몇 가지 예를 들어보자. 보통 법인을 처음에 설립하면 자본금이 필요하다. 이는 법적으로도 일정 금액 이상을 자본금으로 납입해야 법인 설립 등기가 나오기 때문이며, 실제로 사업을 하려면 최소한 사무실 보증금이나 컴퓨터를 살 종잣돈은 있어야 하기 때문이다. 즉 사업을 처음 개시하는 경우 가장 먼저 이루어지는 분개가 자본의 증가와 관련된 사항일 것이다.

예를 들어 장동건 씨가 치킨집을 개업하면서 은행대출을 5천만 원 받고 본인이 그동안 모은 돈 5천만 원을 더해 오픈한다고 하자. 총 1억 원을 투자해서 가게 보증금으로 5천만 원, 튀김 기계 구입 비용으로 1천만 원, 생닭을 1천만 원에 구입했다. 이 내용을 분개로 간단히 나타내보면 다음과 같다.

(차변)		금액	(대변)		금액
	임차보증금	50,000,000		부　　채	50,000,000
	기 계 장 치	10,000,000		자 본 금	50,000,000
	재 고 자 산	10,000,000			
	현　　금	30,000,000			

치킨집을 오픈한 첫날 매출이 300만 원 발생했고, 구입한 치킨 중에 50만 원어치가 팔렸다. 그리고 아르바이트 학생들에게 20만 원을 지급했다고 하자.

수익(매출 300만 원)이 발생해 대변(오른쪽)에 기록했고, 자산(현금 300만 원)이 증가했기 때문에 차변(왼쪽)에 기록했다. 비용(매출원가 50만 원)이 발생해 차변(왼쪽)에 기록했고, 그에 대응한 자산(재고자산 50만 원)이 감소했으므로 대변(오른쪽)에 기록했다. 비용(인건비 20만 원)이 발생해 차변(왼쪽)에 기록했고, 그에 대응하는 자산(현금 20만 원)이 감소했으므로 대변(오른쪽)에 기록했다.

(차변)	현　　금	3,000,000	(대변)	매　　출	3,000,000
	매 출 원 가	500,000		재 고 자 산	500,000
	인 건 비	200,000		현　　금	200,000

천천히 읽어보고 이해가 안 되더라도 그냥 넘어가자. 회계학을 배우다 보면 어느 순간 깨달을 수 있으며 그때의 기쁨은 이루 말할 수 없을 것이다.

전표란 무엇이고
어떤 역할을 하는가?

전표의 종류는 3가지로 입금전표, 출금전표, 대체전표가 있다.
전표들이 어떤 때에 쓰는지 알아두어야 당황하지 않을 것이다.

경리업무를 직접적으로 하지 않더라도 회사에서 한 번쯤은 마주치게 되는 서식이 '전표'다. 보통 지출결의서와 함께 발생한다. 전표는 '표가 들어 있는 종이'라는 뜻으로, 통일된 양식은 없다. 회사에 따라 자기 입맛에 맞게 조금씩 고쳐가면서 쓰는데, 그 이유는 전표를 외부에 보일 일이 없고 내부에서만 관리할 목적으로 쓰기 때문이다. 제3자가 봐야 하는 문서가 아니기 때문에 통일된 양식을 고집할 필요가 없고, 뺄 것은 빼고 더할 것은 더해서 회사에 맞게 쓰면 되는 것이다. 요즘은 전표를 잘 쓰지 않는 추세이긴 하지만 아직도 전표는 회계업무에서 필수라고 해도 될 정도로 자주 쓰이고 있다.

전표의 종류는 3가지로 입금전표, 출금전표, 대체전표가 있다. 그

중에서 대체전표를 가장 많이 쓰긴 하지만 다른 것들도 어떤 때에
쓰는지 알아두어야 당황하지 않을 것이다.

　모든 전표에 공통적으로 들어가는 사항은 일자, 계정과목, 적요,
금액이다. 입금전표라는 것은 말 그대로 입금(入金), 즉 현금이 들어
온 것에 대해서 기록해두는 전표다. 예를 들어 물건을 팔고 현금을
받았으면 입금전표에 그 내용을 적는 것이다. 출금전표는 입금전표
와는 반대로 현금이 나가는 것에 대해서 기록해두는 전표다. '물건
을 사고 현금을 지불했다'라는 내용을 금액과 함께 전표에 적는다.

가장 많이 사용하는 대체전표

가장 많이 사용하는 것이 바로 대체전표다. 현금이 들어왔을 때는
입금전표를, 현금이 나갔을 때는 출금전표를, 그 외의 경우에는 대
체전표를 쓴다. 즉 현금이 들어오거나 나가는 거래가 아닐 때, 다시
말하면 현금이 움직이지 않는 거래를 했을 때 대체전표를 쓴다.

　예를 들어 물건을 팔았는데 아직 현금을 못 받은 경우, 물건을 샀
는데 현금은 나중에 주기로 한 경우(외상거래)가 이에 해당된다. 이
와 같은 거래가 일어났을 경우 현금이 움직이지 않는다는 것을 알
수 있다. 나중에 그 현금을 받거나 현금을 지급했다면 입금전표나
출금전표를 작성하면 된다. 그때는 현금이 움직이기 때문이다.

도표 2-7. 출금전표와 입금전표

출 금 전 표

서기 20X5 년 09 월 01 일

과목	복리후생비	항목	식대	사장
적　　　　　요		금　　　액		
회계팀직원 저녁(홍길동 외 5명) 5,000원 X 6명		30,000		전무
				상무
				부장
				과장
				계
합　　　　　계		30,000		

입 금 전 표

서기 20X5 년 09 월 01 일

과목	단기차입금	항목	(주)유진	사장
적　　　　　요		금　　　액		
현금		500,000		전무
				상무
				부장
				과장
				계
합　　　　　계		500,000		

도표 2-8. 대체전표

<table>
<tr><td colspan="3">대 체 전 표</td><td>계</td><td>과장</td><td>부장</td><td>상무</td><td>전무</td><td>사장</td></tr>
<tr><td colspan="3"></td><td></td><td></td><td></td><td></td><td></td><td></td></tr>
</table>

(차변)　　　　　　　　　20X5 년 09 월 01 일　　　　　　　　　(대변)

과목	적요	금액	과목	적 요	금 액
차량운반구	본사승용차	10,000,000	보통예금	국민은행통장	10,000,000
합 계		10,000,000	합 계		10,000,000

전표를 사용하는 이유

그런데 이러한 전표를 왜 사용하는 것일까? 회계업무의 최종 목적은 정확한 재무제표를 작성하기 위한 것이다. 그런데 재무제표는 1년 동안의 회계 기록을 집대성한 것이기 때문에 그것만 봐서는 언제 무슨 일이 발생했고, 그 일이 왜 누구와 발생했는지를 정확히 알 수가 없다. 따라서 발생한 일을 일기를 쓰듯이 매일 기록할 필요성이 생기는데 그것이 바로 전표 작성이다. 이러한 전표가 모여서 총계정원장을 작성하게 되고, 이를 기초로 시산표가 만들어진다. 그리고 더 나아가 재무제표가 만들어지는 것이니만큼 기초단계인 전표 작성에

도표 2-9. 분개

1. 회사를 설립하면서 대출 5천만 원을 받았다.			

[입금전표]

차입금	50,000,000원

[대체전표]

(차변)		**(대변)**	
현금	50,000,000원	차입금	50,000,000원

2. 아르바이트 비용으로 15만 원을 지급했다.

[출금전표]

아르바이트 급여	150,000원

[대체전표]

(차변)		**(대변)**	
아르바이트 급여	150,000원	현금	150,000원

※ 위에서 보는 바와 같이 대체전표만 있어도 전표 발행에 아무런 문제가 없다. 그러나 편리성이나 관리 차원에서 출금전표나 입금전표를 사용하는 경우가 더 많다.

서 기록이 어긋나버리면 정확한 재무제표가 만들어질 수 없다.

전표에는 전결권자의 결재를 할 수 있는 '결재란'이 마련되어 있다. 결재를 맡는다는 것은 어떠한 사항이 발생했음을 상사에게 보고하는 것이며, 그 보고를 통해서 상사가 회사에 어떠한 상황이 발생했는지를 알기 위한 것이다. 즉 전표는 첫째, 올바른 장부 작성을 하기 위한 목적이 있고, 둘째, 결재를 통한 내부관리의 목적이 있다.

장부란 무엇이고
어떤 역할을 하는가?

경리업무의 시작이 전표분개에 있다면 그 중간단계는 장부의 작성이고
최종단계는 재무제표의 작성이다.

장부는 회사의 일기장 같은 것이다. 사람이 매일마다 자신이 겪은 일과 오늘 하루의 느낌 등을 일기장에 적어서 자신만의 기록을 쌓아 나가는 것처럼 회사도 매일마다 벌어진 거래상황을 기록하고 그것을 모아서 장부를 만든다. 매일 기록한 전표들이 모여서 '전표철'이라는 장부로 만들어지고, 매일 변동이 일어나는 재고자산의 상태를 적은 것들이 쌓여서 '재고수불부'라는 장부로 만들어지며, 물건을 몇 개 샀고 몇 개 팔았는지 매일 기록해서 '매입·매출장'이라는 장부가 만들어진다.

전표가 매일의 상황을 기록해서 알려주는 기능이 있다면, 장부는 일정 기간 동안 어떠한 흐름이 있었는지를 일목요연하게 살펴볼 수

있는 기능을 지닌다. 물론 전표가 쌓여서 장부가 되는 것이지만, 흐름을 알 수 있다는 측면에서는 장부가 훨씬 더 유용한 역할을 한다.

또한 장부는 회계업무의 최종목표인 재무제표 작성의 중간단계 역할을 한다. 낱개로 이루어진 전표만 가지고 재무제표를 만들려면 오랜 시간이 걸리지만, 중간단계인 장부를 작성하면 전표단계에서 발생할 수 있는 잘못된 점도 미연에 방지할 수 있고, 최종단계인 재무제표를 작성하는 데도 그만큼 효율적으로 접근할 수 있다.

경리업무의 시작이 전표분개에 있다면, 그 중간단계는 장부의 작성이고, 최종단계는 재무제표의 작성이다.

재무제표란 무엇인가?

한 사람에 대해서 평가를 하거나 알기 위해서는 보통 그 사람의 스펙을 물어본다. 출생지부터 시작해서 어디서 자랐났고, 어느 학교를 나왔고, 전공은 무엇이었는지, 부모님은 어떠한 분인지 등을 묻게 된다. 이와 마찬가지로 회사에 투자를 한다든가 거래를 위해서 또는 기타 목적 등을 위해서 여러 이해관계자가 경제적 의사결정을 하는 데 필요한 정보가 있다.

이러한 정보 중 가장 기본적인 자료가 재무제표다. 재무제표는 재무와 관련된 여러 가지 표를 의미하며 재무상태표, 손익계산서, 현금흐름표, 자본변동표, 주석으로 이루어져 있다.

도표 2-10. 재무제표의 구성요소

| 재무상태표 | + | 손익계산서 | + | 현금흐름표 | + | 자본변동표 | + | 주석 |

그럼 재무제표를 만드는 순서를 좀 더 구체적으로 알아보자.

첫째, 여러 가지 거래에서 발생한 증빙을 기초로 전표를 작성한다. 거래에서 주고받은 세금계산서, 신용카드 매출전표, 영수증 등의 증빙에 대한 상세내역을 별도로 작성하는 곳이 전표다. 증빙에는 금액, 날짜, 거래처 등의 정보가 극히 일부만 표시되므로 누가 어떤 목적으로 돈을 사용했는지 파악할 수 없기 때문에 전표 작성은 반드시 필요하다.

둘째, 일계표와 월계표의 작성이다. 이는 회계상 필수적인 장부는 아니지만 회사가 기장의 통제성이나 편의성을 위해 작성한다. 일계표는 하루 동안 각각 계정과목의 내역과 금액을 집계한 표다. 일계표가 제대로 작성되면 월계표 작성은 별다른 어려움이 없다.

셋째, 계정들을 모두 모은 총계정원장의 작성이다. 총계정원장은 계정들을 모두 모은 장부로, 모든 거래내역을 계정과목별로 정리한 장부를 말한다. 총계정원장은 모든 계정과목의 증감 및 잔액뿐만 아니라 일별·월별집계금액을 표시해주므로 결산과정에서 시산표, 재무제표 등이 산출되는 중요한 장부다. 즉 총계정원장은 회계상 필수적이다. 다만 각 계정의 상세한 내역은 알 수 없고 집계된 금액만 알 수 있으므로 각 계정의 자세한 내역은 계정별 보조부 또는 보조원장 등에서 알 수 있다.

넷째, 시산표 작성이다. 분개장에 기입된 모든 거래의 분개가 총계정원장에 정확하게 전기되었는가를 조사하기 위해 작성하는 표를 시산표라고 한다. 시산표는 일반적으로 결산기에 작성되며, 그 종류로는 계정과목별로 잔액만 집계하는 잔액시산표, 합계만 집계하는 합계시산표, 잔액과 합계를 모두 집계하는 합계잔액시산표가 있다. 실무적으로는 합계잔액시산표를 주로 사용한다. 우선 1차적으로 시산표를 작성한 후 결산작업을 하는데, 결산작업 전에 작성한 시산표를 수정 전 시산표라고 하고, 결산작업 후 작업한 시산표를 수정 후 시산표라고 한다.

다섯째, 결산정리사항 수정이다. 당해 회계기간의 손익을 정확하게 계산하기 위한 작업이다. 원장의 잔액을 결산에 앞서서 정확하게 수정하는 결산상의 절차를 결산정리라고 하며, 결산정리대상이 되는 내용을 결산정리사항이라 한다.

여섯째, 장부마감이다. 재무상태표 계정은 차기이월로, 손익계산서계정은 잔액을 '0'으로 마감하고, 동시에 손익계산서의 당기순이익을 재무상태의 이익잉여금 계정으로 옮겨 적는 것을 말한다. 즉 각 계정을 마감해 다음 회계기간의 경영활동을 기록하기 위한 준비를 마친 상태를 뜻한다.

도표 2-11. 재무제표 작성 절차

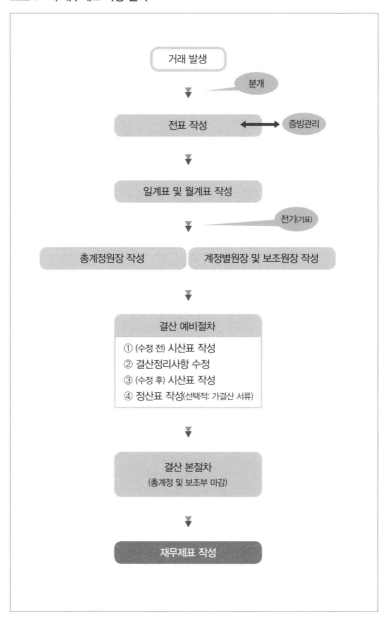

거래 발생

분개

전표 작성 ◀▶ 증빙관리

일계표 및 월계표 작성

전기(기표)

총계정원장 작성 　　　　　계정별원장 및 보조원장 작성

결산 예비절차

① (수정 전) 시산표 작성
② 결산정리사항 수정
③ (수정 후) 시산표 작성
④ 정산표 작성(선택적: 가결산 서류)

결산 본절차
(총계정 및 보조부 마감)

재무제표 작성

회사의 재무제표를 일반 개인도 얻을 수 있을까?

회사의 정보를 알고 싶다고 무조건 찾아가서 재무제표를 보여달라고 할 수 있을까? 그렇지 않다. 회사와 직접적인 이해관계가 있는 주주, 채권자, 근로자, 정부 등은 일정한 절차를 거쳐 회사 경영진에게 재무제표를 요구할 수 있다. 그러나 일반인은 회사의 재무제표를 요구하기가 어렵다. 다만 외부회계감사를 받아야 하는 주식회사의 재무제표는 누구든지 금융감독원 전자공시시스템(dart.fss.or.kr)에서 24시간 볼 수 있다.

　매년 2~3월에 경제신문을 보면 여러 회사들의 재무제표 공시 관련 자료가 무수히 많이 나온다. 이는 의무적으로 공시해야 하는 것을 신문 등을 통해 하고 있다는 말이다.

재무제표를 찾아볼 수 있는 방법

- 해당 회사의 홈페이지
- 신문 공고(매일경제신문, 한국경제신문 등 공시자료)
- 금융감독원 전자공시시스템(dart.fss.or.kr)

법정공고(legal advertising)

상법 등 법률에 의해 회사의 일정한 정보를 대외적으로 알려야 하는 것을 말한다. 그러므로 공고시기나 매체의 선정에 관해서도 법률이 요구하는 방법에 따라야 한다. 예를 들어 주식회사의 결산공고, 상업등기공고, 사채모집공고, 공시최고 등이 법정공고에 속한다.

결산이란 무엇이고
어떤 역할을 하는가?

장부의 마감이 끝나면 마지막으로 결산보고서를 작성한다.
결산보고서에는 재무상태표, 손익계산서, 이익잉여금처분계산서 등이 있다

결산이란 각 사업연도(보통 1월 1일부터 12월 31일까지) 동안 기업의 영업활동과 관련해 발생한 수많은 거래 기록을 근거로, 기업회계기준에 의해 일정시점(보통 12월 31일)에 기업이 보유하고 있는 자산상태, 사업실적 상태, 소요된 원가 등을 작성하기 위한 일련의 과정을 말한다. 결산절차는 예비절차와 본절차, 결산보고서 작성과정으로 나누어볼 수 있다. 결산 예비절차에는 수정 전 합계잔액시산표작성, 보조장부와 대조 업무, 재고조사, 결산정리분개, 정산표 작성이 있다.

기업에서 발생하는 모든 거래는 항상 분개방식으로 기록하므로, 계정과목을 집계하면 차변 계정과목 금액과 대변 계정과목의 합계

가 일치하도록 되어 있다. 이러한 계정과목을 모두 나열한 것이 시산표로, 실무에서는 합계잔액시산표를 작성한다. 계정별원장만으로는 거래내용을 파악하기가 불충분한 경우 필요에 따라 보조장부를 작성한다. 보조장부에는 거래처원장, 통장별원장, 차입금별원장, 받을어음관리대장 등이 있으며, 계정별원장잔액과 보조장부 금액의 일치여부를 대조한다. 결산일 현재 재고자산을 조사해 장부상의 금액과 일치하는지 검토한 다음 차액에 대해서 결산정리를 분개한다.

수정 전 잔액시산표를 기준으로 결산정리 분개 사항을 정리기입한 후 차가감해 손익계산서 및 재무상태표상의 차변 및 대변에 기입한다. 다만 요즘처럼 전산회계프로그램을 사용하는 경우에는 별도로 정산표를 작성하지 않아도 자동으로 처리된다.

결산본절차에는 총계정원장의 각 계정과목별 장부를 마감하고, 여러 장부를 다음 해로 이월한다. 이러한 작업은 전산프로그램을 이용해 자동으로 처리된다.

결산 절차를 이해하자

손익계산서의 마감은 회계기간 중에 발생한 모든 수익과 비용을 모아서 일시적인 계정으로 만드는 과정이라고 볼 수 있다. 손익계정의 차변에는 회계기간 중에 발생한 모든 비용 계정을 모으고, 대변에는 모든 수익계정의 잔액을 모으는데, 이때 차변과 대변의 차이가 당시 순손익이 된다. 이와 같이 수익과 비용 계정은 손익계정에 대체됨으로써 마감되고, 이를 통해 발생한 당기순손익은 이익잉여금에 대체된다.

재무상태표의 마감은 기업에 실제로 존재하는 항목들을 표시하는 계정이라고 볼 수 있으므로 각 계정의 기말잔액을 차기의 기초 잔액으로 이월하는 절차를 거치면서 마감된다. 이를 이월기입이라고 한다. 즉 자산 계정은 기말잔액을 대변 쪽에 '차기이월 ○○'로 기재함으로써 마감되고, 부채와 자본 계정은 차변 쪽에 기말잔액을 '차기이월 ○○'로 기재함으로써 마감된다. 손익계산서에 비해서는 간단하다고 볼 수 있다.

장부의 마감이 끝나면 마지막으로 결산보고서를 작성한다. 결산보고서에는 재무상태표, 손익계산서, 이익잉여금처분계산서 등이 있다.

장부를 마감한 후 이를 근거로 전기 재무상태표 등을 기준으로 올해의 결산보고서를 작성한다. 재무상태표는 일정 시점에서의 기업 재무상태를 종합적으로 나타내는 보고서로, 차변에는 자금의 운용 상태를, 대변에는 자금의 원천을 나타낸다. 손익계산서는 한 회계기간 동안 기업의 경영성과를 표시하는 결산서류로, 재무상태표와 함께 없어서는 안 되는 중요한 서류다.

이익잉여금처분계산서는 처분 전 이익잉여금의 처분 내용을 명확히 하기 위해 작성하는 계산서다. 우리나라에서는 이익잉여금의 처분 권한을 주주총회에서 가지고 있으며, 주주총회의 승인을 받아야 계산서가 확정된다. 따라서 이익잉여금처분계산서의 기준일자는 주주총회일이 된다.

결산과 관련된 분개

(차변) 매출원가	5,000,000	(대변) 상품(기초)	5,000,000
매출원가	20,000,000	매입	20,000,000
상품(기말)	3,000,000	매출원가	3,000,000

전기에 기말재고(재무상태표)로 남아 있는 상품 500만 원에 대해서 원가에 반영하고, 당기 매입한 상품을 전액 매출원가로 잡는다. 마지막으로 당기 기말재고로 남아 있는 300만 원을 매출원가에서 차감한다. 이에 따라 당기 매출원가로 반영되는 금액은 '500만 원 + 2천만 원 − 300만 원 = 2,200만 원'이다. 이러한 분개는 결산 때 하게 된다.

그 외에 기말결산 분개로 이루어지는 계정과목에는 감가상각비와 선수금, 선급금, 미수금, 미지급금 등이 있다. 예를 들어 기계설비 임대를 12월 15일에 개시함에 따라 한 달 치 임대료 200만 원을 지급했다고 하자. 실제로 당기에 지출되어야 하는 비용(수익비용대응원칙)은 15일 치인 100만 원만 해당될 것이다. 따라서 기말 12월 31일 기준으로 기말수정 분개를 해야 한다.

① 지급 시에 분개
  (차변) 임차료 2,000,000   (대변) 현금 2,000,000

② 기말 수정분개
  (차변) 선급임차료 1,000,000   (대변) 임차료 1,000,000
       (자산항목)   (비용차감)

원가회계에 강해지면
실무에 강할 수 있다

원가회계는 원가와 관련된 정보를 제공하는 회계 분야다.
외부보고용 재무제표를 작성하고, 기업 내부의 경영계획을 수립하고 통제한다.

원가회계(cost accouting)는 원가와 관련된 정보를 제공하는 회계 분야다. 외부보고용 재무제표를 작성하고, 기업 내부의 경영계획을 수립하고 통제하며, 의사결정에 필요한 정보를 제공하기 위해 생산과 영업활동 등에 관한 원가자료를 집계·배분·분석하는 것이다. 즉 원가회계를 통해 얻은 정보는 외부에 보고하기 위한 재무제표를 작성하는 데 이용되기도 하고, 내부관리 목적으로 경영자가 의사결정을 하거나 성과평가를 하는 데도 이용된다.

원가회계의 기능은 제품의 원가를 산출하는 측면과 이렇게 산출된 원가를 경영계획의 수립과 통제에 활용하는 측면, 이 2가지로 구분해볼 수 있다.

원가회계를 통해서 우선 제품의 원가를 산출할 수 있다. 이렇게 산출된 제품원가에 의해서 재무상태표상의 재고자산금액이 결정되고 동시에 손익계산서상의 매출원가도 함께 결정된다. 이를 '원가회계의 원가계산 기능'이라고 한다. 이러한 기능을 수행하기 위해서 원가 담당자는 원재료의 입출고, 임금의 지급, 경비의 지출과 같은 원가자료를 기록·수집하고, 이렇게 집계된 원가금액을 특정 부문이나 제품에 배부해 재무제표를 작성하는 데 필요한 재고자산의 금액을 결정해야 한다.

원가회계가 가지고 있는 계획과 통제의 기능이란 이미 산출된 원가정보를 경영활동에 이용하는 것을 말한다. 계획 측면에서 보면 원가회계는 의사결정을 위한 자료를 제공한다. 특정한 의사결정 문제와 관련된 원가자료를 선택하고, 이를 당면한 의사결정 문제에 적합하도록 수정해서 이용하는 것을 의사결정회계라고 한다.

'원가회계 = 의사결정회계'

통제 측면에서의 원가회계는 성과를 평가하기 위한 근거를 제공한다. 좀 더 구체적으로 말하면 최고경영자들이 쉽게 이해할 수 있도록 원가자료를 분석하고 예산원가(또는 표준원가)와 실제원가를 비교해 특정 부문이나 책임자의 성과를 평가하는데, 이러한 과정을 성과평가회계라고 한다.

실제 원가의 집계 시 원가 발생 단계에서 이의 인식을 철저히 하고, 정확한 원가계산 기한에 맞추도록 해야 한다. 그리고 원가계산은 월차결산에 놓인 제품·재공품 등에 대한 재고자산 가액을 결정하는 것이며, 월차결산 시에는 해당 계정별 발생원가의 자료에 의존하게 된다. 따라서 양자는 모순없이 유기적인 관계를 가지고 운용할 필요가 있다.

원가계산의 최종적인 결과로 원가는 물량과 가격의 조화에 의해 금액으로 표현되지만 공장 부문은 물량의 계산에 중점을 두고 있다. 원재료의 이동, 근로투입시간의 기록·유지·관리가 중요하다. 그리고 원가계산은 일정한 가정을 전제로 추정계산하는 것으로, 정확한 동시에 신속히 계산되어야 한다. 신속히 계산하기 위해서는 예정가격이나 예정배부를 이용한 계산과 기장의 신속화를 도모할 필요가 있다.

원가계산이 원가관리에 도움이 되기 위해서는 원가의 책임 단위로서 합리적인 원가중심점을 설정하고, 원가를 실제와 표준의 양쪽에서 관리자에게 도움이 되는 데이터로 제공할 필요가 있다. 제조업에서는 제조활동을 몇 개의 부문으로 구분해 행하는 것이 보통이다.

원가계산 시스템을 설계할 때는 이러한 관리조직상의 부문에 맞추어 원가부분을 설정한다. 실제 운용은 단순한 계산의 반복이지만, 제조공정 현장은 항상 변화하므로 원가계산 시스템을 항시 점검해 원가관리에 도움이 되도록 해야 한다. 원가계산은 가정을 바탕으로 한 계산인 것이다.

원가계산의 목적

원가계산이란 제품의 1단위당 원가를 계산하는 것을 말한다. 원가계산의 목적은 다음과 같다.

- 재무제표 작성 목적의 원가 집계
- 원가관리에 필요한 원가자료 제공
- 이익계획을 수립하고 예산을 편성하는 데 필요한 원가자료 제공
- 추정원가계산에 필요한 원가자료 제공(필요할 때만 행함)
- 경영의 기본계획 설정을 위한 계획에 필요한 원가자료 제공(필요할 때만 행함)

원가란 무엇이고
그 종류에는 어떤 것들이 있나?

원가정보는 다양한 목적으로 사용되기 때문에
원가의 개념도 각 목적에 따라서 가장 적합한 개념으로 정의되어야 한다.

특정한 재화나 용역을 산출하기 위해 치른 경제적 희생을 원가(cost)라고 한다. 일반적인 의미에서 원가란 특정 목적을 달성하기 위해서 희생된 자원의 가치를 화폐 단위로 측정한 것을 말한다. 원가정보는 다양한 목적으로 사용되기 때문에 원가의 개념도 각 목적에 따라서 가장 적합한 개념으로 정의되어야 한다. 그래서 원가자료도 이러한 목적에 알맞게 분류해야 한다.

원가는 사용 목적에 따라서 매우 다양하게 분류된다. 경제적 가치의 소멸 여부에 따라 미소멸원가와 소멸원가로 분류된다. 미소멸원가란 경제적 가치가 남아 있는 자산을 말하고, 소멸원가란 경제적 가치가 소멸된 비용이나 손실을 말한다. 여기서 비용은 수익창출에 기여하고 소멸된 원가로 판매수수료, 운반비 등이 이에 해당되고, 손실은 수익창출에 기여하지 못하고 소멸된 원가로 재해손실과 같은 것들이 있다.

추적 가능성에 따라서는 직접원가와 간접원가로 분류된다. 직접원가란 특정 제품 또는 부문에서 발생된 원가로서 해당 제품이나 그 부문에 직접적으로 관련시킬 수 있는 원가를 말한다. 예를 들어 자동차 공장에서 발생된 타이어나 철판 등의 원가가 직접원가에 해당한다.

간접원가는 특정 제품 또는 부문과 관련시키기 힘든 원가다. 자동차 공장에서 발생한 전력비, 수도광열비 등은 어느 자동차 제품에 얼마의 금액이 귀속되어야 하는지 알기 어려우므로 간접원가에 해당한다.

원가자료를 목적에 맞게 분류하는 것이 중요하다

원가는 원가 행태에 따라 변동원가와 고정원가로 분류된다. 변동원가(variable cost)란 생산량 또는 판매량이 증가함에 따라서 비례적으로 함께 증가하는 원가로 재료비, 생산자 임금, 판매수수료 등이 이에 해당한다.

생산량 또는 판매량의 변화와는 무관하게 일정 수준으로 발생하는 원가를 고정원가(fixed cost)라고 하는데 지급임차료, 감가상각비, 임직원 급여 등이 이에 해당한다.

변동원가와 고정원가를 합친 것을 총원가(total cost)라고 한다. 변동원가와 고정원가의 구분은 의사결정 고려기간의 길고 짧음에 따라서 분류가 달라질 수 있으므로 관련 범위를 파악해야 한다. 관련 범위란 현실적으로 달성 가능한 최저 조업도와 최대 조업도 사이의 범위를 말한다.

원가는 제조활동과의 관련성에 따라 제조원가와 비제조원가로 분류된다. 제품을 생산하는 과정에서 발생되는 원가를 제조원가라고 하는데, 제조원가의 3가지 요소로 재료비, 노무비, 경비 등이 있다. 비제조원가는 제조활동과 직접적인 관련성은 없지만 판매활동과 일반관리활동에서 발생하는 원가로, 판매비와 관리비라는 2가지 항목을 들 수 있다.

원가는 자산화 가능성에 따라 제품원가와 기간비용으로도 분류된다. 제품원가는 발생원가가 특정한 생산물에 집계되어 자산으로 남아 있다가 제품이 판매되고 처분되는 시점에서 비용으로 처리되는 원가를 말한다. 그리고 기간비용은 원가가 발생하는 즉시 비용으로 처리되는 것을 말하며, 판매비와 관리비가 이에 해당한다.

마지막으로 통제 가능성에 따라 통제가능원가와 통제불능원가로 분류된다. 통제가능원가는 일정한 기간에 관리 책임자가 그 발생 여부와 발생수준을 통제할 수 있는 원가를 말한다. 통제불능원가는 관리 책임자가 통제할 수 없는 원가를 말하는데, 관리 책임자의 성과를 평가할 때는 평가 대상에서 제외해야 한다.

판매비와 관리비·제조경비의 계정 분류

판매비와 관리비, 그리고 제조경비를 적절히 분류하지 않으면 손익이 왜곡될 수 있다. 왜냐하면 판매비와 관리비는 전액 당기비용이되지만 제조경비는 그 일부가 기말재공품·제품 등의 재고자산에 포함되기 때문이다(예를 들면 제조경비를 판매비와 관리비로 잘못 처리하면 이익이 줄어드는 효과가 있다).

이처럼 판매비와 관리비, 제조경비의 분류는 기업회계상으로도 중요하지만 관리 목적상으로도 중요성이 크다. 기업에서 경비 지출의 관리를 하기 위해서도 중요하며, 수주원가계산 등 관리적 원가계산을 할 때도 비용 분류가 제대로 되어 있지 않으면 애로사항이 많다.

업종의 원가 구성과 비교해 원가절감의 포인트를 찾기 위해서도 비용의 적절한 분류는 중요하다. 따라서 비용의 분류와 계정과목 선택에도 주의를 기울여야 한다.

제조원가명세서 작성과 손익계산서와의 관계를 파악하자

제조기업의 경우 손익계산서를 작성하려면 반드시 제조원가명세서를 먼저 작성해야 한다. 경리·회계 담당자라면 제조원가명세서를 보고 그 내용을 읽을 수 있어야 한다.

제조기업의 경우 손익계산서를 작성하려면 반드시 제조원가명세서를 먼저 작성해야 한다. 제조원가명세서는 제조활동과 관련된 모든 원가흐름을 표로 작성한 것이므로 원가와 관련된 회계 시스템에 대해서 잘 모르더라도 제조원가명세서를 보고 그 내용을 읽을 수 있어야 한다.

우리나라 기업회계기준에서 규정하고 있는 양식으로 작성된 제조원가명세서의 사례를 보면서 여기에 나타난 항목들을 차례로 살펴보자. 〈도표 2-12〉에서 먼저 재료비와 관련된 내용을 살펴보면, 이 회사가 기초에 가지고 있던 재료는 1만 원이었다. 그리고 당기 중에 3만 5천 원에 해당하는 재료를 매입했다. 그런데 이 중에서 당기의

도표 2-12. 재무제표

제조원가명세서
20X5년 1월 1일부터 12월 31일까지

(단위: 원)

과목		금액
Ⅰ. 재료비		30,000
1. 기초재료재고액	10,000	
2. 당기재료매입액	35,000	
계	45,000	
3. 기말재료재고액	15,000	
Ⅱ. 노무비		25,000
1. 급여	20,000	
2. 퇴직급여	5,000	
Ⅲ. 경비		20,000
1. 전력비	3,000	
2. 가스수도비	3,000	
3. 감가상각비	5,000	
4. 임차료	2,000	
5. 복리후생비	5,000	
6. 기타	2,000	
Ⅳ. 당기총제조비용		75,000
Ⅴ. 기초재공품원가		20,000
Ⅵ. 합계		95,000
Ⅶ. 기말재공품원가		10,000
Ⅷ. 타계정대체액		5,000
Ⅸ. 당기제품제조원가		80,000

손익계산서
20X5년 1월 1일부터 12월 31일까지

(단위: 원)

과목		금액
Ⅰ. 매출액		150,000
Ⅱ. 매출원가		100,000
1. 기초제품재고액	30,000	
2. 제품제조원가	80,000	
3. 기말제품재고액	10,000	
Ⅲ. 매출총이익		50,000
Ⅳ. 판매비와 관리비		20,000
Ⅴ. 영업이익		30,000

제조활동에 투입된 재료가 3만 원이고 그 결과 기말에 남아 있는 재료는 1만 5천 원이 되었다. 노무비는 원재료를 가공해서 제품을 생산하는 데 직접적으로 기여한 생산직 사원들의 임금이다. 그리고 이들의 근무 연수가 늘어나면서 증가하는 퇴직금까지 노무비에 모두 포함되는데, 퇴직급여 5천 원이 이에 해당한다. 재료비와 노무비를

합쳐서 직접원가라고 부르기도 한다.

생산원가에서 직접원가(재료비와 노무비)를 제외한 나머지 부분은 경비다. 그래서 경비는 간접원가의 성격을 가지는데 감가상각비, 전력비, 임차료 등이 이에 해당한다. 노무비와 경비는 모두 원재료를 가공하는 데 필요한 원가이기 때문에 가공원가라고 부르기도 한다.

당기총제조비용이란 당기 중에 제조공정으로 투입된 원가를 모두 집계한 것이다. 재료비는 3만 원, 노무비는 2만 5천 원, 그리고 경비는 2만 원으로 구성되어 총 7만 5천 원이 당기총제조비용이다.

재공품이란 생산공정에 걸려 있는 미완성 제품을 말한다. 기초에 미완성 제품금액이 2만 원인데 여기에 당기 생산활동으로 발생된 당기총제조비용 7만 5천 원이 추가되었다. 그리고 당기 생산활동이 끝난 후에도 미완성 상태로 남아 있는 것이 1만 원이다.

제조 중인 자산이 판매를 위한 제품으로 대체되지 않고 다른 용도로 사용된 것을 타계정대체라고 한다. 예를 들면 제품으로 만들던 것을 회사가 유형자산이나 광고용으로 사용하는 것을 말한다. 즉 자동차회사가 공장에서 생산한 자동차를 판매 목적으로 창고에 입고시키면 제품이 되지만 영업 목적으로 직접 사용하면 유형자산이 된다. 그리고 만약 판매촉진을 위해서 자동차를 경품으로 제공하면 광고비가 된다. 그렇게 판매가 아닌 다른 목적으로 사용된 금액이 5천 원으로 나타나 있다.

당기제품제조원가란 당기 중에 재공품에서 제품으로 완성되어 대체된 원가를 말한다. 이 회사가 기초에 가공 중인 상태로 보유하고 있던 재공품은 2만 원이다. 여기에 당기 중 생산활동으로 재료비 3만 원, 노무비 2만 5천 원, 경비 2만 원 등 총 7만 5천 원의 제조비용이 투입되었다. 그런데 당기 중에 제품으로 완성된 것의 금액은 8만 원, 다른 용도로 사용된 금액은 5천 원이고, 기말에 미완성으로 남아 있는 금액은 1만 원이다.

제조원가명세서와 손익계산서와의 관계

이제 지금까지 언급한 제조원가명세서를 보면서 제조기업의 손익계산서와 어떤 관계가 있는지 살펴보자. 제조기업의 경우 매출원가는 제조과정에서 발생한 여러 가지 항목으로 구성되어 있으며, 그 금액들은 제조원가명세서와 연계되어 있음을 알 수 있다.

제조기업의 매출원가를 앞의 제조원가명세서와 연관지어 살펴보자. 기초에 이 회사의 창고에 있던 제품은 3만 원이다. 그리고 당기 중에 공장에서 완성되어 창고에 입고된 제품은 제조원가명세서상의 당기제품제조원가인 8만 원이다. 그런데 이 중에서 10만 원어치가 15만 원에 팔렸다. 그래서 기말에 창고에 남아 있는 제품은 1만 원이다.

한 기업이 상품매매, 제품판매, 서비스매출 등 여러 유형의 매출활동을 함께 수행하는 경우도 많은데, 이때 동일한 손익계산서상에 매출과 매출 유형별로 나타난다.

경리·회계 업무의 기본이라고 할 수 있는 증빙관리와 계정과목에 대해서 다룬다. 특히 세금계산서는 가장 중요한 부분으로 작성일자에 대한 내용은 꼭 숙지하기 바란다. 적격증빙 관리는 절세의 기본이자 중요한 경리업무다.

실무에서
바로 써먹는
증빙에 대한
모든 것

3장

증빙관리가
왜 필요하고 중요한가?

정상적인 거래의 경우에도 증빙을 챙겨놓지 않으면 입증을 하기가 어려워
세금을 더 내게 되거나 가산세까지 내야 하는 경우도 상당히 많다.

회사는 상행위 기타 영리행위를 위해 조직된 단체다. 상행위 기타
영리행위를 함에 따라 무수히 많은 거래관계가 이루어지는데, 회계
학상 거래라는 것을 증명 또는 확인할 수 있는 일정한 기준이 있어
야 한다.

증빙이란 바로 그 증거다. 따라서 증빙서류란 증거서류를 말한다.
내가 어떠한 거래를 했다는 증거인 것이다. 가장 대표적인 증빙으로
는 우리가 가게에서 물건을 살 때 받는 영수증, 신용카드 매출전표,
세금계산서 등이 있다. 하지만 대표적으로 예를 든 것일 뿐 어떤 상
황에 대해 객관적으로 입증이 가능하다면 그것이 바로 증빙이 된다.
예를 들어 결혼식 축의금을 지출했다면 결혼식의 객관적인 증거가

될 수 있는 청첩장이 증빙이 될 것이다. 이러한 증빙이 필요한 이유는 바로 돈이 실제로 지출되었는지를 확인하기 위해서다.

만약에 증빙도 없이 사무용품이나 책을 샀다고 하면 회사 경리가 알겠다며 그냥 돈을 주지는 않을 것이다. 때문에 회사업무에서 발생하는 모든 거래에 대해서는 항상 증빙을 갖춰놓고 있어야 한다. 그래야만 그 거래가 실제로 발생했는지를 알 수 있기 때문이다.

요즘은 국세청 전산망의 발달로 인해서 거래하는 쌍방 간의 거래상황 확인을 통해 불부합자료(한쪽은 거래를 했다고 하는데 다른 쪽은 거래를 했다는 자료가 없어서 둘의 거래상태가 일치하지 않는 경우)가 나타나는 경우가 많아졌다. 물론 정상적인 거래인 경우 서로가 증빙을 내보임으로써 해결되는 경우도 있지만, 정상적인 거래의 경우에도 증빙을 챙겨놓지 않으면 입증하기가 어려워 세금을 더 내거나 그걸로 모자라 가산세까지 내야 하는 경우도 상당히 많다. 따라서 거래 시에는 반드시 세무조사나 자료요구에 대비해 철저하게 서류와 증빙을 구비하는 것이 필수다.

회사에서 증빙은 필수다

만약 증빙이 없다면 거래사실을 아무도 인정해주지 않는다. 따라서 그 거래가 매입이었다면 뭘 사지도 않았는데 돈이 밖으로 유출된 것이라 판단할 것이고, 그 거래가 비용과 관련된 것이었다면 실제로 비용이 발생하지도 않았는데 비용이 발생했다고 거짓말을 하고 이익을 적게 만들어서 세금을 덜 낸 것이라고 생각할 수도 있다.

또한 그런 일이 계속 발생한다면 그 회사는 소위 양치기회사가 되어서 이후에 실수로 증빙을 누락한 경우에도 고의로 누락했을 거라는 의심을 받을 수 있다. 실제로 최근에는 실제 발생한 거래가 아닌데도 어떻게든 증빙을 만들어서 합리화시키려는 회사가 늘어나면서 이런 가짜증빙으로 인해 불성실한 세금신고가 발생했을 때 증빙의 신뢰성보다는 그 회사의 신뢰성을 우선적으로 판단하는 경향이 많아졌다.

여기서 중요한 핵심은 이러한 거래 관계에 대해서 회계학상과 세법(국세청)에서 인정하는 부분이 다르다는 것이다. 국세청에서 인정하는 개념은 법률뿐만 아니라 다양한 예규 등에 의해서 확인이 가능하며, 어떻게 보면 이를 완전하게 만족시키기는 현실적으로 어렵다.

예를 들어 인터넷 쇼핑몰에서 여성의류를 판매하는 사업자의 경우 동대문 등에서 다양한 의류를 아이템별로 3~5벌씩, 사이즈별로 사입해서 파는 경우가 있다. 여성의류이다 보니 일주일마다 패션 트렌드가 달라지고, 잘 팔리는 아이템을 찾기 또한 매우 어렵다고 한다. 동대문 의류 도매상의 경우 새벽에 영업을 하는데 대부분 현금거래로 이루어진다. 약 5만 원 소액 의류를 5벌 정도 사는데, 새벽시장 사람들로 매우 붐비고 바쁜 와중에 적격증빙인 세금계산서를 주고받는 것은 거의 불가능하다. 이런 특수한 유통 거래 등이 적지 않은 산업비중을 차지하는데도 실질적으로 국세청에서 이러한 의류 매입에 대해 거래명세표나 간이영수증을 인정하지 않고 법대로 파악해서 세금을 추징한다고 분명히 억울해할 사업자들도 있다.

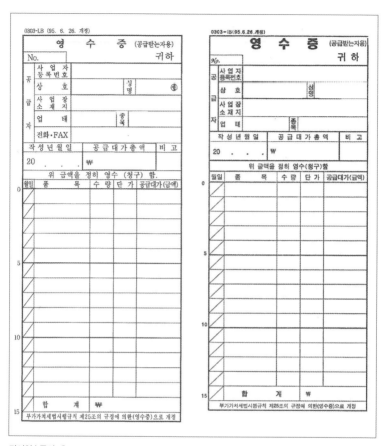

간이영수증의 예

적격증빙이란 무엇이고
어떻게 관리해야 하나?

적격지출증빙에 대해서는 법으로 구체적으로 나타내고 있으며,
보관기간을 5년까지 규정하고 있다.

지출증빙과 적격증빙이란 무엇일까? 여기서 지출이란 사업자가 매출을 일으키기 위해서 만든 모든 비용인데, 세무 관점에서는 이러한 비용을 인정해주기 위한 증거물과 증거서류에 일정한 요건을 두고 있다.

예를 들어 쇼핑몰을 운영하는 장동건 씨는 매일 동대문에 가서 쇼핑몰에서 판매할 각종 의류와 액세서리를 사야 한다. 도매시장의 경우 일반적으로 한밤중에 열리기 때문에 직원과 함께 택시를 타고 가서 사입을 하곤 한다. 동대문 시장에 가면 의류 사입만 하는 것이 아니라 요즘 잘나가는 아이템도 조사하면서 샘플도 구입해보고, 직원과 밥도 먹고, 직원이 힘들어하면 좀 더 열심히 해보자고 술도 한잔

할 수도 있다. 그러다 사업이 끝나면 거의 아침이 되기 때문에 직원과 찜질방에 가서 잠시 눈을 붙인 뒤 샤워하고 곧장 사무실로 출근하곤 한다. 이런 과정에서 발생하는 여러 비용들은 당연히 사업 관련 비용으로 매출을 일으키기 위해 지출되는 것들이다. 이에 대해서 모두 비용 인정을 받기 위해서는 돈을 지급하면서 상대방에게 지출

법인세법 제116조 【지출증명서류의 수취 및 보관】

① 법인은 각 사업연도에 그 사업과 관련된 모든 거래에 관한 증명서류를 작성하거나 받아서 제60조에 따른 신고기한이 지난 날부터 5년간 보관해야 한다. 다만 제13조 제1항 제1호에 따라 각 사업연도 개시일 전 5년이 되는 날 이전에 개시한 사업연도에서 발생한 결손금을 각 사업연도의 소득에서 공제하려는 법인은 해당 결손금이 발생한 사업연도의 증명서류를 공제되는 소득의 귀속사업연도의 제60조에 따른 신고기한부터 1년이 되는 날까지 보관해야 한다.

② 제1항의 경우 법인이 대통령령으로 정하는 사업자로부터 재화나 용역을 공급받고 그 대가를 지급하는 경우에는 다음 각 호의 어느 하나에 해당하는 증명서류를 받아 보관해야 한다. 다만 대통령령으로 정하는 경우에는 그러하지 아니하다.

1. 「여신전문금융업법」에 따른 신용카드 매출전표(신용카드와 유사한 것으로서 대통령령으로 정하는 것을 사용해 거래하는 경우에는 그 증명서류를 포함한다. 이하 제117조에서 같다)

2. 현금영수증

3. 「부가가치세법」 제32조에 따른 세금계산서

4. 제121조 및 「소득세법」 제163조에 따른 계산서

증빙이 될 만한 영수증을 받아야 한다. 이때 단순히 지출증빙이 될 만한 영수증은 일정 형식·요건을 갖춘 영수증이어야 한다고 세법에서 규정하고 있다.

적격증빙에 대해 자세히 알아두자

세법에서는 적격지출증빙의 보관기간을 5년까지로 규정하고 있다. 이때 보관기간은 지출을 한 시점으로부터 5년이 아닌 신고기한으로부터 5년이다. 예를 들면 개인사업자의 경우 2020년 동안 발생된 지출에 대해서 2021년 5월 말일까지 종합소득세 신고를 해야 하므로 2020년 지출된 증빙은 2021년 6월 1일부터 5년, 즉 2026년 5월 말까지 보관해야 한다.

법에서 열거한 지출증빙은 신용카드 매출전표(직불카드 포함), 현금영수증, 세금계산서, 계산서다. 여기서 현금영수증이란 일반 간이영수증이 아닌 국세청 홈택스를 통해 발급된 영수증을 말한다.

그렇다면 사업자가 지출증빙에 대해 법에서 열거된 일정 형식의 증거서류를 갖추지 못한 경우에는 어떻게 될까? 비용으로 인정받지 못할까? 그렇지 않다.

세법의 대원칙은 실질과세원칙이다. 법에서 열거한 적격증빙이라는 것은 어떻게 보면 납세자에게 일정한 협력의무를 지우는 것이다. 이러한 협력의무를 이행하지 않는다고 비용으로 무조건 인정하지 않으면 실제 이익이 나지 않은 사업에 대해서 무리한 세금을 부과하게 되는 것이다. 이때는 가산세를 부과해 납세 협력의무를 이행하도록 한다. 자동차 운전자가 과속을 했다고 해서 바로 운전 자체를 못하게 하지 않고 대신 과태료를 부과하는 것과 마찬가지다.

이러한 적격증빙을 수취해야 하는 규정에는 당연히 예외 규정도 있다. 사업을 하면서 모든 지출에 대해서 적격증빙을 받기는 어렵기 때문이다. 앞에서 예를 들었던 택시를 탄 경우나 찜질방을 간 경우처럼 일반 영수증을 받을 수밖에 없는 상황이 많을 것이다. 이러한 예외에 대해서 세법에서는 구체적으로 규정하고 있으며 그 내용은 다음과 같다.

법인세법 시행령 제158조 【지출증명서류의 수취 및 보관】

① 법 제116조 제2항 각 호 외의 부분 본문에서 "대통령령으로 정하는 사업자"란 다음 각 호의 어느 하나에 해당하는 사업자를 말한다.

  1. 법인. 다만 다음 각 목의 1에 해당하는 법인을 제외한다.

    가. 비영리법인(제2조 제1항의 규정에 해당하는 수익사업과 관련된 부분은 제외한다)

    나. 국가 및 지방자치단체

    다. 금융보험업을 영위하는 법인(「소득세법 시행령」 제208조의2 제1항 제3호의 규정에 의한 금융·보험용역을 제공하는 경우에 한한다)

    라. 국내사업장이 없는 외국법인

  2. 「부가가치세법」 제3조에 따른 사업자. 다만 읍·면 지역에 소재하는 「부가가치세법」 제61조에 따른 간이과세자로서 「여신전문금융업법」에 의한 신용카드가맹점(이하 "신용카드가맹점"이라 한다)

또는 「조세특례제한법」 제126조의3에 따른 현금영수증가맹점(이
하 "현금영수증가맹점"이라 한다)이 아닌 사업자를 제외한다.

3. 「소득세법」 제1조의2 제1항 제5호에 따른 사업자 및 같은 법 제
119조 제3호 및 제5호에 따른 소득이 있는 비거주자. 다만 같은
법 제120조에 따른 국내사업장이 없는 비거주자를 제외한다.

② 법 제116조 제2항 각 호 외의 부분 단서에서 "대통령령으로 정하는
경우"란 다음 각 호의 어느 하나에 해당하는 경우를 말한다.

1. 공급받은 재화 또는 용역의 건당 거래금액(부가가치세를 포함한다)
이 3만 원 이하인 경우

가. 삭제

나. 삭제

다. 삭제

2. 농·어민(한국표준산업분류에 의한 농업중 작물재배업·축산업·복합농업,
임업 또는 어업에 종사하는 자를 말하며, 법인을 제외한다)으로부터 재
화 또는 용역을 직접 공급받은 경우

3. 「소득세법」 제127조 제1항 제3호에 규정된 원천징수 대상 사업
소득자로부터 용역을 공급받은 경우(원천징수한 것에 한한다)

4. 제164조 제8항 제1호의 규정에 의한 용역을 공급받는 경우

5. 기타 기획재정부령이 정하는 경우

③ 법 제116조 제2항 제1호에서 "대통령령으로 정하는 것"이란 다음 각
호의 어느 하나에 해당하는 것(이하 이 조에서 "직불카드등"이라 한다)을
말한다.

1. 「여신전문금융업법」에 따른 직불카드

2. 외국에서 발행된 신용카드

3. 「조세특례제한법」 제126조의2 제1항 제4호에 따른 기명식선불

카드, 직불전자지급수단, 기명식선불전자지급수단 또는 기명식
전자화폐

④ 다음 각 호의 1에 해당하는 증빙을 보관하고 있는 경우에는 법 제
116조 제2항 제1호에 규정된 신용카드 매출전표를 수취해 보관하고
있는 것으로 본다. 〈신설 2002.12.30, 2003.12.30, 2005.2.19〉

1. 「여신전문금융업법」에 의한 신용카드업자로부터 교부받은 신용
카드 및 직불카드 등의 월별이용대금명세서

2. 「여신전문금융업법」에 의한 신용카드업자로부터 전송받아 전사
적자원관리시스템에 보관하고 있는 신용카드 및 직불카드 등의
거래정보(「국세기본법 시행령」 제65조의7의 규정에 의한 요건을 충족하
는 경우에 한한다)

⑤ 법인이 다음 각 호의 어느 하나에 해당하는 지출증명서류를 받은 경
우에는 법 제116조 제1항에 따라 지출증명서류를 보관한 것으로 보
아 이를 별도로 보관하지 않을 수 있다.

1. 「조세특례제한법」 제126조의3 제4항에 따른 현금영수증

2. 법 제116조 제2항 제1호에 따른 신용카드 매출전표

3. 「부가가치세법」 제32조 제3항 및 제5항에 따라 국세청장에게 전
송된 전자세금계산서

4. 「소득세법 시행령」 제211조 제8항에 따라 국세청장에게 전송된
전자계산서

⑥ 직전 사업연도의 수입금액이 20억 원(사업연도가 1년 미만인 법인의 경
우 20억 원에 해당 사업연도의 월수를 곱하고 12로 나누어 산출한 금액) 이상
으로서 법 제116조에 따라 지출증명서류를 수취해 보관한 법인은
기획재정부령으로 정하는 지출증명서류 합계표를 작성해 보관해야
한다.

법인세법 시행규칙 제79조 【지출증빙서류의 수취 특례】

영 제158조 제2항 제5호에서 "기타 기획재정부령이 정하는 경우"란 각
호의 어느 하나에 해당하는 경우를 말한다.

1. 「부가가치세법」 제10조의 규정에 의해 재화의 공급으로 보지 않는
   사업의 양도에 의해 재화를 공급받은 경우

2. 「부가가치세법」 제26조 제1항 제8호에 따른 방송용역을 제공받은 경우

3. 「전기통신사업법」에 의한 전기통신사업자로부터 전기통신용역을
   공급받은 경우. 다만 「전자상거래 등에서의 소비자보호에 관한 법
   률」에 따른 통신판매업자가 「전기통신사업법」에 따른 부가통신사
   업자로부터 같은 법 제4조 제4항에 따른 부가통신역무를 제공받는
   경우를 제외한다.

4. 국외에서 재화 또는 용역을 공급받은 경우(세관장이 세금계산서 또는
   계산서를 교부한 경우를 제외한다)

5. 공매·경매 또는 수용에 의해 재화를 공급받은 경우

6. 토지 또는 주택을 구입하거나 주택의 임대업을 영위하는 자(법인을
   제외한다)로부터 주택임대용역을 공급받은 경우

7. 택시운송용역을 제공받은 경우

8. 건물(토지를 함께 공급받은 경우에는 당해토지를 포함하며, 주택을 제외한다)
   을 구입하는 경우로서 거래내용이 확인되는 매매계약서사본을 법
   제60조의 규정에 의한 법인세과세표준신고서에 첨부해 납세지 관
   할세무서장에게 제출하는 경우

9. 「소득세법 시행령」 제208조의2 제1항 제3호의 규정에 의한 금융·보
   험용역을 제공받은 경우

   9의2. 국세청장이 정해 고시한 전산발매통합관리시스템에 가입한 사
   업자에게 입장권·승차권·승선권 등을 구입해 용역을 제공받은

경우

9의3. 항공기의 항행용역을 제공받은 경우

9의4. 부동산임대용역을 제공받은 경우로서 「부가가치세법 시행령」 제65조 제1항을 적용받는 전세금 또는 임대보증금에 대한 부가가치세액을 임차인이 부담하는 경우

9의5. 재화공급계약·용역제공계약 등에 의해 확정된 대가의 지급 지연으로 인해 연체이자를 지급하는 경우

9의6. 「한국철도공사법」에 의한 한국철도공사로부터 철도의 여객 운송용역을 공급받는 경우

10. 다음 각 목의 어느 하나에 해당하는 경우로서 공급받은 재화 또는 용역의 거래금액을 「금융실명거래 및 비밀보장에 관한 법률」에 의한 금융기관을 통해 지급한 경우로서 법 제60조의 규정에 의한 법인세과세표준신고서에 송금사실을 기재한 경비 등의 송금명세서를 첨부해 납세지 관할세무서장에게 제출하는 경우

가. 「부가가치세법」 제61조를 적용받는 사업자로부터 부동산임대 용역을 제공받은 경우

나. 임가공용역을 제공받은 경우(법인과의 거래를 제외한다)

다. 운수업을 영위하는 자(「부가가치세법」 제61조를 적용받는 사업자에 한한다)가 제공하는 운송용역을 공급받은 경우(제7호의 규정을 적용받는 경우를 제외한다)

라. 「부가가치세법」 제61조를 적용받는 사업자로부터 「조세특례제한법 시행령」 제110조 제4항 각 호의 규정에 의한 재활용폐자원 등이나 「자원의 절약과 재활용촉진에 관한 법률」 제2조 제2호에 따른 재활용가능자원(같은 법 시행규칙 별표 1 제1호부터 제9호까지의 규정에 열거된 것에 한한다)을 공급받은 경우

마. 「항공법」에 의한 상업서류 송달용역을 제공받는 경우

바. 「공인중개사의 업무 및 부동산 거래신고에 관한 법률」에 따른 중개업자에게 수수료를 지급하는 경우

사. 「복권 및 복권기금법」에 의한 복권사업자가 복권을 판매하는 자에게 수수료를 지급하는 경우

아. 「전자상거래 등에서의 소비자보호에 관한 법률」 제2조 제2호 본문에 따른 통신판매에 따라 재화 또는 용역을 공급받은 경우

자. 그 밖에 국세청장이 정해 고시하는 경우

11. 「유료도로법」에 따른 유료도로를 이용하고 통행료를 지급하는 경우

지출 관련 적격증빙 흐름을 한눈에 볼 수 있게 다음 페이지에 정리했으니 참고하자.

도표 3-1. 접대비 등 지출 관련 적격증빙 흐름도

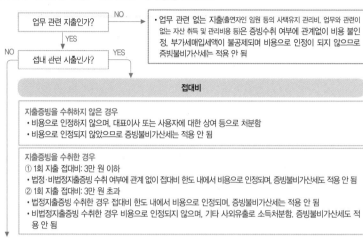

업무 관련 지출인가? — NO → · 업무 관련 없는 지출(출연자인 임원 등의 사택유지 관리비, 업무와 관련이 없는 자산 취득 및 관리비용 등)은 증빙수취 여부에 관계없이 비용 불인 정, 부가세매입세액이 불공제되며 비용으로 인정이 되지 않으므로 증빙불비가산세는 적용 안 됨

YES ↓

NO ← 접내 관련 지출인가? — YES →

접대비

지출증빙을 수취하지 않은 경우
· 비용으로 인정하지 않으며, 대표이사 또는 사용자에 대한 상여 등으로 처분함
· 비용으로 인정되지 않았으므로 증빙불비가산세는 적용 안 됨

지출증빙을 수취한 경우
① 1회 지출 접대비: 3만 원 이하
· 법정·비법정지출증빙 수취 여부에 관계 없이 접대비 한도 내에서 비용으로 인정되며, 증빙불비가산세도 적용 안 됨
② 1회 지출 접대비: 3만 원 초과
· 법정지출증빙 수취한 경우 접대비 한도 내에서 비용으로 인정되며, 증빙불비가산세는 적용 안 됨
· 비법정지출증빙 수취한 경우 비용으로 인정되지 않으며, 기타 사외유출로 소득처분함. 증빙불비가산세도 적용 안 됨

접대비 외 경비 등 지출

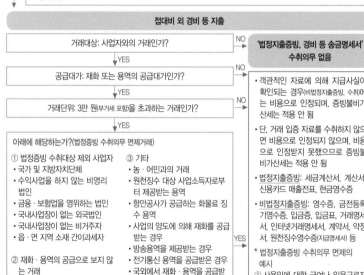

거래대상: 사업자와의 거래인가? — NO → **'법정지출증빙, 경비 등 송금명세서' 수취의무 없음**

YES ↓

공급대가: 재화 또는 용역의 공급대가인가? — NO →

YES ↓

거래단위: 3만 원(부가세 포함)을 초과하는 거래인가? — NO →

· 객관적인 자료에 의해 지급사실이 확인되는 경우(비법정지출증빙, 수취)에는 비용으로 인정되며, 증빙불비가산세는 적용 안 됨
· 단, 거래 입증 자료를 수취하지 않으면 비용으로 인정되지 않으며, 비용으로 인정받지 못했으므로 증빙불비가산세는 적용 안 됨
· 법정지출증빙: 세금계산서, 계산서, 신용카드 매출전표, 현금영수증
· 비법정지출증빙: 영수증, 금전등록기영수증, 입금증, 입금표, 거래명세서, 인터넷거래명세서, 계약서, 약정서, 원천징수영수증(지급명세서) 등

YES ↓

아래에 해당하는가?(법정증빙 수취의무 면제거래)

① 법정증빙 수취대상 제외 사업자
· 국가 및 지방자치단체
· 수익사업을 하지 않는 비영리 법인
· 금융·보험업을 영위하는 법인
· 국내사업장이 없는 외국법인
· 국내사업장이 없는 비거주자
· 읍·면 지역 소재 간이과세자

② 재화·용역의 공급으로 보지 않는 거래
· 기부금
· 거래의 해약으로 인한 위약금
· 판매장려금
· 조합 또는 협회에 대한 경상회비
· 포상금 등
· 종업원에게 지급하는 경조사비

③ 기타
· 농·어민과의 거래
· 원천징수 대상 사업소득자로부터 제공받는 용역
· 항만공사가 공급하는 화물료 징수 용역
· 사업의 양도에 의해 재화를 공급받는 경우
· 방송용역을 제공받는 경우
· 전기통신 용역을 공급받은 경우
· 국외에서 재화·용역을 공급받은 경우
· 공매·경매, 수용에 의해 재화를 공급받은 경우
· 주택임대용역을 공급받은 경우
· 택시운송용역을 제공받은 경우
· 금융·보험용역을 제공받은 경우
· 입장권, 승차권, 승선권 등을 구입해 용역을 제공받은 경우

— YES →

* 법정지출증빙 수취의무 면제의 예시
① 사용인에 대한 급여나 일용근로자의 노임 등은 거래 상대방이 사업자가 아니므로 법정증빙의 대상이 되지 않는 것이며, 원천징수영수증(지급명세서) 등을 수취하면 된다.
② 기부금은 재화 또는 용역의 공급대가가 아니므로 법정증빙의 대상이 되지 않는 것이며, 기부영수증을 수취하면 된다.

130

NO

아래에 해당하는가?(경비 등 송금명세서 제출 거래)
- 간이과세자로부터 제공받는 부동산임대
  용역
- 임가공용역(법인과의 거래 제외)
- 간이과세자로부터 제공받는 운송용역
- 간이과세자로부터 제공받는 재활용폐자
  원 등
- 영업권 · 산업재산권 등
- 항공법에 의한 상업서류 송달용역
- 부동산중개수수료
- 복권판매수수료
- 인터넷, TV홈쇼핑을 통해 재화 또는 용역을
  공급받은 경우
- 우편주문판매

YES →

'경비 등 송금명세서' 제출 의무 있음

법정증빙 수취의무는 없으며, 거래금액을 금융기관을 통해 지급한 경우로서 경비 등 송금명세서를 제출한 경우에는 비용으로 인정되며, 증빙불비가산세는 적용 안 됨

- 경비 등 송금명세서를 제출하지 않은 경우 거래입증자료가 있으면 비용은 인정되나, 증빙불비가산세는 적용됨

- 단, 거래입증자료를 수취하지 않으면 비용으로 인정되지 않으며, 비용으로 인정받지 않았으므로 증빙불비가산세는 적용 안 됨

NO

'법정지출증빙' 수취의무 있음

- 법정지출증빙 수취하지 않은 경우 증빙불비가산세가 적용됨
- 객관적 자료에 의해 지급사실이 확인되는 경우(비법정지출증빙 수취) 비용으로 인정되며, 증빙불비가산세가 적용됨
- 단, 거래입증자료를 수취하지 않으면 비용으로 인정되지 않으며, 비용으로 인정받지 못했으므로 증빙불비가산세는 적용 안 됨

세금계산서란 무엇이고
어떻게 관리해야 하나?

세금계산서는 공급하는 사업자가 공급자 보관용 영수증과 공급받는 자 보관용으로
2매를 작성해 각자 1매씩 보관 및 신고한다.

경리업무에서 가장 중요한 부분 중에 하나가 세금계산서와 계산서 관리다. 왜냐하면 세금계산서를 잘못 발행하거나 발행받으면 가산세가 발생되며, 더 나아가서 국세청으로부터 불필요한 오해(세금계산서 자료상 등)를 사 문제가 발생할 수 있기 때문이다. 세금계산서와 계산서는 부가가치세의 근간을 이루는 제도이며, 만약 세금계산서 등이 불완전하게 작성되면 많은 국고 손실을 초래할 수 있다. 세금계산서를 사고파는 행위나 실제 거래 금액보다 세금계산서상의 금액을 더 많이 작성해서 주고받는 경우 등이 이에 해당한다.

세금계산서(tax invoice)란 사업자가 재화 또는 용역을 공급할 때 부가가치세를 거래징수하고 이를 증명하기 위해 공급받는 자에게

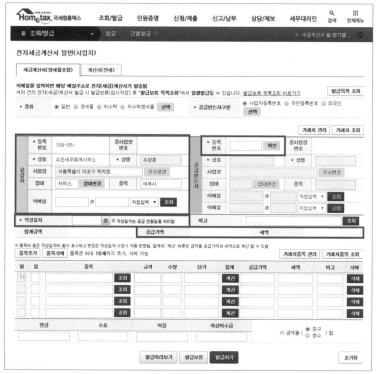

세금계산서 발급

발급하는 세금영수증이다. 세금계산서는 공급하는 사업자가 공급
자 보관용 영수증(매출세금계산서)과 공급받는 자 보관용(매입세금계
산서)으로 2매를 작성해 각자 1매씩 보관 및 신고한다. 발행 과정에
서 가장 주의할 점은 바로 필요적 기재사항을 정확히 작성하는 것이
다. 필요적 기재사항은 홈택스의 세금계산서 작성란에서 굵게 표시
된 부분을 보면 된다. 공급자의 등록번호와 상호 및 성명, 공급받는
자의 등록번호, 공급가액과 부가가치세액, 작성일자다.

전자세금계산서 제도

1. 전자세금계산서 발급 의무화

모든 법인사업자와 직전연도의 사업장별 재화 및 용역의 공급가액 합계액이 3억 원 이상인 개인사업자는 의무적으로 전자세금계산서를 발급해야 한다.

* 전자세금계산서 및 의무발급 대상자 및 의무발급 기간

의무발급 대상자	의무발급 기간
모든 법인사업자	사업개시일부터
개인사업자 (직전연도 사업장별 공급가액이 3억 원 이상에 한함)	공급가액의 합계액이 3억 원 이상인 해의 다음 해 7월 1일~그다음 해 6월 30일

2. 전자세금계산서 발급·전송 혜택 및 불이익

● (혜택) 부가가치세 신고서(합계표) 작성 시 거래처별 명세표 작성의무 면제, 세금계산서 보관의무 면제
● (가산세) 발급의무자가 전자세금계산서 미발급 시: 공급가액의 2%(종이세금계산서를 발급한 경우 1%), 지연발급 1%, 미전송 0.5%, 지연전송 0.3%

세금계산서에서 필요적 기재사항이란?

필요적 기재사항의 전부 또는 일부가 기재되지 않았거나 그 내용이 사실과 다른 경우에는 세금계산서의 효력이 인정되지 않는다. 이것

은 무슨 말일까? 그리고 어떤 페널티가 있을까?

예를 들어 장동건 씨가 연예기획사를 새로 설립하면서 사무실 인테리어를 한다고 하자. 이때 가구점에서 부가세 포함 5,500만 원에 가구를 구입하면서 실수로 이전 연예기획사의 사업자등록번호를 알려주고 부가세 신고 때 매입세액공제를 받으려고 신고를 했다. 그러나 장동건 씨는 필요적 기재사항인 공급받는 자의 등록번호를 잘못 기재했다는 이유로 세금계산서의 효력을 인정받지 못해 부가세 10%인 500만 원을 환급받지 못한다. 즉 금전적 손실을 보게 되는 것이다. 따라서 경리·회계 담당자는 세금계산서를 받을 때도 이상이 없는지 잘 확인해야 한다.

가산세에 특히 주의하자

세금계산서 관리가 중요한 이유 중 하나는 바로 가산세 때문이다. 세금계산서는 부가가치세와 연계되어 있어 관련된 가산세가 여러 종류이며, 특히 발급 시에 주의해야 할 점이 많다. 중요하게 확인해야 할 부분을 가산세와 연계해 다음 페이지에 표로 정리해보았다.

가산세의 핵심은 결국 세금계산서 발급시기다. 세금계산서는 원칙적으로 재화 또는 용역의 공급시기에 발급해야 한다. 단, 일반적인 공급시기가 되기 전에 대가의 전부 또는 일부를 받고서 이에 대한 세금계산서를 발급한 경우에는 발급하는 때를 공급시기로 보도록 되어 있다. 그렇다면 공급시기는 정확히 언제일까? 경리·회계 담

도표 3-2. 세금계산서 가산세의 종류

종류	사유		가산세액 계산
(1) 세금계산서(전자세금계산서 포함) 지연발급* * 공급시기가 속하는 과세기간에 대한 확정신고 기한까지 발급			공급가액×1%
(2) 세금계산서의 필요적 기재사항 부실기재 가산세			공급가액×1%
(3) 세금계산서(전자세금계산서 포함) 미발급가산세 * 전자세금계산서 의무발급자가 전자 외로 발급한 경우 공급가액의 1%			공급가액×2%
(4) 가공세금계산서 발급(수취) 가산세, 자료상에 대한 가산세			공급가액×3%
(5) 위장세금계산서 발급(수취) 가산세			공급가액×2%
(6) 세금계산서등의 공급가액 과다기재 발급(수취) 가산세			공급가액×2%
(7) 매출처별세금계산서합계표 불성실가산세	① 미제출·부실기재		공급가액×0.5%
	② 지연제출		공급가액×0.3%
(8) 매입처별세금계산서합계표 불성실가산세	① 매입세금계산서 지연수취		공급가액×0.5%
	② 합계표의 미제출·부실기재로 경정시 세금계산서 등에 의해 매입세액 공제받는 경우		
	③ 합계표의 공급가액을 과다기재해 매입세액 공제받은 경우		
(9) 신고불성실가산세	① 무신고	부당 무신고	해당세액×40%
		일반 무신고	해당세액×20%
	② 과소신고	부당 과소신고	해당세액×40%
		일반 과소신고	해당세액×10%
	③ 초과환급신고	부당 초과환급	해당세액×40%
		일반 초과환급	해당세액×10%

당자라면 이 '공급시기'라는 단어를 정확히 알고 있어야 한다.

공급시기에 대한 부분은 부가가치세법 제15조(재화의 공급시기)와 제16조(용역의 공급시기)에 규정되어 있으며, 더 구체적인 사안은 부

도표 3-3. 전자세금계산서 발급명세 지연전송 또는 미전송가산세

종류		사유	가산세액 계산
(10) 전자세금계산서 발급명세 지연전송가산세	법인	전자세금계산서 발급의무 사업자가 전자세금계산서 발급일의 다음 날 (토요일 또는 공휴일인 경우 그다음 날)이 경과한 후 공급시기가 속하는 과세기간 말의 다음 달 11일까지 발급명세를 전송한 경우	공급가액×0.3%
	개인 (의무발급자)		
(11) 전자세금계산서 발급명세 미전송가산세	법인	전자세금계산서 발급의무 사업자가 전자세금계산서 발급일의 다음 날 (토요일 또는 공휴일인 경우 그다음 날)이 경과한 후 공급시기가 속하는 과세기간 말의 다음 달 11일까지 발급명세를 미전송한 경우	공급가액×0.5%
	개인 (의무발급자)		

부가가치세법: 재화와 용역의 공급시기

제15조(재화의 공급시기) ① 재화가 공급되는 시기는 다음 각 호의 구분에 따른 때로 한다. 이 경우 구체적인 거래 형태에 따른 재화의 공급시기에 관해 필요한 사항은 대통령령으로 정한다.

　1. 재화의 이동이 필요한 경우: 재화가 인도되는 때

　2. 재화의 이동이 필요하지 아니한 경우: 재화가 이용가능하게 되는 때

　3. 제1호와 제2호를 적용할 수 없는 경우: 재화의 공급이 확정되는 때

제16조(용역의 공급시기) ① 용역이 공급되는 시기는 다음 각 호의 어느 하나에 해당하는 때로 한다.

　1. 역무의 제공이 완료되는 때

　2. 시설물, 권리 등 재화가 사용되는 때

가가치세법 시행령에 나타난다. 국세법령정보시스템(txsi.hometax.go.kr)에서 한번 찾아 읽어보자.

가장 중요한 점은 재화의 경우 인도가 되는 때이고, 용역의 공급시기는 용역의 제공이 완료되는 때라는 것이다. 이러한 개념을 처음 접하는 경우 매우 어렵게 느껴질 수 있다.

예를 들어 장동건 씨가 본인의 캐릭터 인형을 만들어 일본에 수출한다고 가정해보자. 이를 위해서는 캐릭터 인형의 디자인을 디자인 회사에 용역을 맡긴 후 인형을 제작해주는 인형 공장에 주문해야 할 것이다. 디자인 용역의 경우 일반적으로 여러 번 수정을 거쳐서 완성된다. 수정이 완료되어 장동건이 최종확인할 경우 용역은 완료된 것으로 본다. 이때 디자인회사는 세금계산서를 발행하는 것이다.

이후 장동건 씨는 완성된 시안을 받아서 인형공장에 넘기고 공장에서는 생산에 들어간다. 한 달 후 인형공장에서 모든 인형을 생산 완료하고 장동건 씨에게 통보했다. 하지만 장동건 씨는 일주일 동안 해외에 있다 보니 인형을 받지 못했다. 이때 인형 생산·판매의 경우 생산이 완료되었다고 세금계산서를 발행해서는 안 되고 발행받아서도 안 된다. 즉 배송이 완료되어야 세금계산서를 발행할 수 있다. 디자인용역은 용역이 완료되는 때, 인형 생산·판매의 경우 재화이므로 재화가 인도되는 때 세금계산서를 발행해야 한다.

세금계산서 수수요령

세금계산서의 중요성

재화나 용역의 매입 시 세금계산서를 발급받아야 부가가치세 매입세액을 공제받을 수 있다. 다음은 부가가치세 매입세액을 공제받을 수 없는 경우다.

- 세금계산서를 발급받지 않거나, 필요적 기재사항이 누락 또는 사실과 다르게 기재된 세금계산서인 경우
- 매입처별 세금계산서합계표를 제출하지 않거나 부실 기재한 경우
- 사업과 직접 관련이 없는 매입세액
- 개별소비세 과세대상 승용자동차의 구입과 임차 및 유지에 관련된 매입세액(운수업, 자동차관련업자가 직접 영업으로 사용하는 것은 제외)
- 접대비지출 관련 매입세액
- 면세사업 관련 매입세액 및 토지 관련 매입세액
- 사업자등록 전 매입세액(다만 공급시기가 속하는 과세기간이 지난 후 20일 이내에 등록 신청한 경우 등록 신청일부터 공급시기가 속하는 과세기간 기산일까지 역산한 기간 이내의 것은 가능)

세금계산서를 주고받을 때 유의사항

세금계산서를 발급받을 때는 거래 상대방의 사업자등록 상태(휴·폐

업자인지 여부), 과세유형(일반과세자인지 여부)과 아래의 필요적 기재
사항이 정확히 기재되었는지 확인해야 한다.

- 공급자의 등록번호, 성명 또는 명칭
- 공급받는 자의 등록번호
- 공급가액과 부가가치세액
- 작성연월일

국세청 홈택스에서 상대방 사업자등록번호를 입력해 '과세유형
및 휴·폐업 상태'를, 상대방 주민등록번호를 입력해 '사업자등록 유
무'를 조회할 수 있고, 국세청 홈페이지(www.nts.go.kr)에서 본인의
사업자등록번호와 상대방의 사업자등록번호를 입력하면 '사업자과
세유형 및 휴·폐업 조회'를 할 수 있다.

매입자발행 세금계산서 제도

공급자(일반과세자)가 세금계산서를 발급하지 않는 경우, 공급받
은 사업자(매입자)가 관할 세무서장에게 '거래사실확인신청'을 하고,
공급자 관할세무서장의 확인을 받아 세금계산서를 발급할 수 있는
제도다.

- 일반과세자로부터 재화·용역을 공급받은 모든 사업자(면세사업
  자 포함)는 매입자발행 세금계산서를 발급할 수 있다.
- 거래사실 확인을 신청하는 경우 다음과 같은 요건을 갖추어야 한

다(다만 거래금액 및 월별 신청건수 제한은 없다).

　　- 해당 재화 또는 용역의 공급시기가 속하는 과세기간의 종료
　　　일부터 6개월 이내 신청해야 한다.

　　- 거래건별 금액이 10만 원 이상이어야 한다.

　　- 거래 사실을 입증할 수 있는 영수증 등 서류를 제출해야 한다.

　신청인이 매입자발행 세금계산서를 발행하고 부가가치세 신고 또는 경정청구를 할 때 매입자발행 세금계산서 합계표를 제출하는 경우, 매입세액으로 공제받을 수 있다.

　공급자가 세금계산서를 발급하지 않는 경우에는 매출세액을 납부해야 함은 물론 공급가액의 2%에 해당하는 세금계산서 관련 가산세와 신고납부불성실 가산세 등을 추가로 물어야 한다.

거짓 세금계산서를 주고받는 경우의 불이익

　거짓 세금계산서란 재화·용역의 실물거래 없이 발행하는 세금계산서 및 필요적 기재사항이 잘못 기재된 세금계산서를 말한다. 거짓 세금계산서를 발급받은 경우에는 매입세액을 공제받을 수 없으며, 공급가액의 3%에 상당하는 세금계산서 관련 가산세, 신고불성실가산세 및 납부불성실가산세를 물어야 한다. 소득금액 계산 시 비용으로 인정받지 못하며, 징역형 또는 무거운 벌금형에 처할 수도 있다.

　거짓으로 세금계산서를 발급한 경우에는 공급가액의 3%에 상당하는 세금계산서 관련 가산세(사업자가 아닌 자가 발급한 경우도 포함)를 물고 징역형 또는 무거운 벌금형에 처할 수도 있다.

세금계산서에 대해
좀 더 구체적으로 알아보자

세금계산서를 발행한 뒤에 기재사항에 착오 또는 오류가 발생하거나
당초의 거래내용이 바뀐 경우에는 수정세금계산서를 발행해야 한다.

세금계산서는 매우 중요한 적격증빙이며, 사업자 입장에서도 매우 중요한 세정 협력의무 서류이기도 하다. 즉 세금계산서를 잘못 발행하거나 받으면 가산세와 직결되며, 요즘에는 전자세금계산서로 제도가 잘 되어 있어 신고 후 1년 이내에 잘못 교부되거나 신고된 내용에 대해 국세청으로부터 소명요구를 받는다.

세금계산서를 통해서 법인세·부가가치세·소득세 계산의 원천이 되는 매출 규모를 파악할 수 있으며, 거래 상대방의 매출·매입의 규모 또한 파악할 수 있다. 세금계산서는 사업자라면 누구나 의무적으로 발행하고, 수취해야 한다.

하지만 모든 사업자가 발행해야 하는 것은 아니며, 부가가치세를

면제받는 면세제품 관련 사업자는 발행하고 싶어도 발행할 수 없다.

세금계산서란 부가가치세 납세의무자(일반과세자)로 등록한 사업자가 교부하는 것으로 미등록사업자, 간이과세자, 면세사업자 등이 발행한 세금계산서는 법정지출증빙으로서의 효력이 없다. 이 중 면세사업자란 면세물품을 파는 사업자를 말한다. 예를 들면 학원이나 병원은 부가가치세 면세 업종이므로 세금계산서를 발행할 수 없다. 최근에는 일부 의료용역(성형 등)이 과세로 전환되기도 했지만 대부분 아직도 면세용역에 해당한다.

과세사업자와 면세사업자의 구분

과세사업자도 면세사업자 등록을 하면 면세물품을 팔 수 있고, 면세사업자도 일반과세자 등록을 하면 과세물품을 팔 수 있다. 따라서 계산서를 발행하느냐 세금계산서를 발행하느냐의 결정은 어떤 사업자냐에 달려 있는 것이 아니라 어떤 물품을 파는가에 달려 있다.

단, 모든 일반과세자도 〈도표 3-5〉와 같은 영수증 교부대상 및 세금계산서 교부의무 면제대상이면 세금계산서를 교부하지 않아도 된다. 하지만 일반과세자는 세금계산서를 발행하는 것이 원칙이기 때문에 영수증 교부대상 거래라고 하더라도 상대방이 사업자등록증을 제시하고 세금계산서를 요구하면 발행해주어야 하며 이 경우에도 목욕업, 여객운송업, 입장권을 발행하는 사업 등은 교부하지 않는다.

도표 3-4. 과세사업자와 면세사업자의 구분

사업자구분		물품구분	발행가능증빙
과세사업자	일반과세자	과세물품	세금계산서, 신용카드 매출전표, 현금영수증
		면세물품	계산서, 신용카드 매출전표, 현금영수증
	간이과세자	과세, 면세물품	신용카드 매출전표, 현금영수증, 영수증
면세사업자		과세물품	세금계산서, 신용카드 매출전표, 현금영수증
		면세물품	계산서, 신용카드 매출전표, 현금영수증

　　세금계산서를 발행한 뒤에 그 기재사항에 착오 또는 오류가 발생하거나 당초의 거래 내용이 바뀐 경우에는 수정세금계산서를 발행해야 한다. 만일 기재사항에 착오 또는 오류가 발생하거나 당초의 거래 내용이 바뀌었는데도 수정세금계산서를 발행하지 않는다면, 이는 곧 사실과 다른 세금계산서가 되어 공급받는 자 입장에서는 매입세액 공제가 불가능하고, 공급자 입장에서는 세금계산서 미교부 가산세가 부과된다.

도표 3-5. **영수증 교부대상**

구분		비고

교부
의무자
	• 소매업
	• 음식점업(다과점업 포함)
	• 숙박업
	• 목욕·이발·미용업
	• 여객운송업
	• 입장권을 발행해 영위하는 사업
	• 도정업, 제분업 중 떡방앗간
	• 양복점업·양장점업·양화점업
	• 건축물 자영건설업 중 주택건설업
	• 운수업 및 주차장운영업
	• 부동산중개업
	• 사회서비스업 및 개인서비스업
	• 가사서비스업
	• 간이과세자가 배제되는 전문자격사
	  업 및 행정사업
		• 공급받는 사업자가 사업자등록증을
		제시하고 세금계산서의 교부를 요구
		하는 경우에는 영수증이 아닌 세금
		계산서를 교부한다. 단, 아래의 경우
		는 상대방이 요구하더라도 세금계산
		서를 교부할 수 없다.
		  – 목욕·이발·미용업
		  – 여객운송업(전세버스운송사업 제외)
		  – 입장권을 발행해 영위하는 사업
		
		• 간이과세자가 배제되는 전문자격사
		업은 아래와 같다.
		  – 변호사업, 심판변론인업, 변리사
		    업, 변무사업, 행정사업, 공인회계
		    사업, 세무사업, 경영지도사업, 기
		    술지도사업, 감정평가사업, 손해사
		    정인업, 통관업, 기술사업, 건축사
		    업, 도선사업, 측량사업(사업자에게
		    공급하는 것 제외)

임시사업장
및
전기
사업자의
교부특례자
	• 임시사업장 개설사업자가 그 임시사
	  업장에서 사업자가 아닌 소비자에게
	  재화 또는 용역을 공급하는 경우
	• 전기사업법에 의한 전기사업자가 산
	  업용이 아닌 전력을 공급하는 경우
	• 전기통신사업법에 의한 전기통신사업
	  자가 전기통신용역을 제공하는 경우
	• 도시가스사업법에 의한 도시가스사
	  업자가 산업용이 아닌 도시가스를
	  공급하는 경우
	• 한국지역난방공사가 산업용이 아닌
	  열을 공급하는 경우	

도표 3-6. 수정세금계산서 발급사유 및 방법

구분			작성·발급방법			발급기한
			방법	작성연월	비고란	
당초 작성일자	기재사항 등이 잘못 적힌 경우	착오	당초발급 건 음(−)의 세금계산서 1장과 정확한 세금계산서 1장 발급	당초 세금 계산서 작성일자	−	착오사실을 인식한 날
		착오외				확정신고 기한까지 발급
	세율을 착오로 잘못 작성한 경우					착오사실을 인식한 날
	착오에 의한 이중발급		당초발급 건 음(−)의 세금계산서 1장 발급			착오사실을 인식한 날
	면세 등 발급 대상이 아닌 거래					착오사실을 인식한 날
	내국신용장 등 사후발급		음(−)의 세금계산서 1장과 영세율 세금계산서 1장 발급		내국 신용장 개설일	내국신용장 개설일 다음 달 10일까지 발급 (과세기간 종료 후 25일 이내에 개설된 경우 25일까지 발급)
새로운 작성일자 생성	공급가액 변동		증감되는 분에 대하여 정(+) 또는 음(−)의 세금계산서 1장 발급	변동사유 발생일	처음 세금 계산서 작성일	변동사유 발생일 다음 달 10일까지 발급
	계약의 해제		음(−)의 세금계산서 1장 발급	계약 해제일	처음 세금 계산서 작성일	계약해제일 다음 달 10일까지 발급
	환입		환입 금액분에 대하여 음(−)의 세금계산서 1장 발급	환입된 날	처음 세금 계산서 작성일	환입된 날 다음 달 10일까지 발급

여비교통비 정산에 따른 증빙관리, 어떻게 할 것인가?

국내 출장비는 일반적으로 회사의 출장비 규정에 따라 정액으로 지급되며
지출결의서나 여비교통비명세서를 제출하는 것이 실무적으로 많다.

회사에서 판공비 지출과 관련해 경리가 처리하는 증빙정리 중에 가장 많은 것이 아마 접대비와 여비교통비일 것이다. 여비교통비 지출에 대한 여비교통비 지급규정을 작성해 운영하는 것이 바람직하며, 지급규정이 있다고 하더라도 그 지출에 대해 당연히 법정지출증빙을 수취해야 한다. 이를 수취할 수 없는 경우에는 지출결의서, 여비교통비명세서, 출장신청서, 출장계획서 등으로 지출을 증명해야 한다.

국내 출장비는 일반적으로 회사의 출장비 규정에 따라 정액으로 지급되며 목적지, 업무내용, 출장비수령인이 기재된 지출결의서나 여비교통비명세서를 제출하는 것이 실무적으로 많다.

국내 출장비(교통비, 숙박비 등)는 지급관행상으로는 법정지출증빙을 필수로 요구하지 않고 있지만 유권해석에 의하면 국내 출장비(교통비, 숙박비 등)가 거래건당 3만 원을 초과하는 경우 법정지출증빙을 수취하도록 규정하고 있다. 다만 회사지급규정에 의해 정액으로 지급되는 일비는 법정지출증빙 제출의 대상이 아니라고 언급하고 있다.

출장비, 이렇게 처리하는 것이 답이다

출장자에게 일비를 제외한 지출내역에 대해 일일이 지출증빙을 요구하는 것은 실무적으로 어렵다. 실비정산을 할 수 없는 경우에는 여비 등을 급료와 임금의 제수당 등으로 회계처리하고 근로소득원천징수시 비과세소득으로 세무처리하는 것도 하나의 방법이 될 수 있다(여비로서 실비변상적인 성질의 금액은 비과세근로소득이다).

여비교통비와 관련해 중요한 부가가치세 관련 사항이 있다. 항공요금, KTX(고속철도)요금, 고속버스요금, 철도요금을 지출하면서 이와 관련한 부가가치세 매입세액공제 신청을 할 수 있는지에 대한 것인데, 간단히 결론만 말하면 신청할 수 없다.

항공이나 KTX 등에 의한 여객운송용역은 부가가치세 과세대상으로 부가가치세가 포함되어 있으나, 항공에 의한 여객운송용역을 공급하는 사업자는 영수증 교부의무자의 범위에 해당하며 사업자등록증을 제시하는 경우도 세금계산서를 발행할 수 없으므로 신용카드로 결제해도 매입세액은 공제받을 수 없다.

도표 3-7. 해외 출장비

• 여행사를 통한 해외 출장 비용의 손금산입 여부와 지출증빙

구분		손금산입 여부	지출증빙
여행알선 수수료		손금산입	여행사로부터 세금계산서 등의 법정지출증빙 수취	• 여행알선수수료는 부가가치세과세표준으로 하고, 항공료 등의 여행경비는 부가가치세과세표준에 포함하지 않음 • 따라서 여행알선수수료에 대해서만 여행객에게 세금계산서를 발행할 수 있으며, 항공료 등의 여행경비는 여행객에게 세금계산서를 발행할 수 없음
항공료 등 여행경비	여행알선 수수료와 여행경비를 구분계약하는 경우	손금산입	항공권 영수증 등	• 실제로 용역을 제공하는 자로부터 법정지출증빙을 수취해야 함 • '국외에서 재화·용역을 공급받은 경우' 및 '항공기의 항행용역을 제공받은 경우'는 지출증빙수취특례가 적용되어 세금계산서 등의 법정지출증빙 수취의무가 없음
	여행사에서 여행경비를 대신 지급하는 경우	항공권, 영수증 등에 의해 사업과 관련된 지출임이 확인되는 경우 손금산입		

※ 여행경비: 항공료, 숙박비, 교통비, 식사비 등
※ 여행사가 제공하는 정형화된 상품(패키지상품): 여행업자 등이 제공하는 정형화된 상품(패키지상품)을 이용한 여행은 원칙적으로 법인의 업무수행상 필요한 해외여행으로 보지 않으므로 손금불산입하며 해당 임원 또는 종업원의 근로소득에 포함한다.

도표 3-8. **여비교통비**

구분		지출증빙	
시내 교통비	택시요금	영수증	• 법정지출증빙 수취 의무가 없음 • 회사관리 목적으로 영수증, 승차권의 수취와 함께(없는 경우는 제출 안 해도 됨) 목적지나 업무내용이 기재된 '지출결의서'나 '여비교통비명세서' 제출
	시내버스요금	영수증 (현실적으로 증빙 수취가 어려움)	
	지하철요금		
	시외버스요금	승차권	
	고속버스요금	승차권	
국내 출장비	숙박비	영수증	• 일반적으로 회사의 출장비 규정에 의해 정액으로 일비가 지급되며 법정지출증빙 수취 의무가 없음 • 회사관리 목적으로 영수증, 승차권, 항공권 등의 수취와 함께(없는 경우는 제출 안 해도 됨) 목적지, 업무내용, 출장비수령인이 기재된 '지출결의서'나 '여비교통비명세서' 제출
	식사비(음식비)	영수증	
	항공요금	항공권	
	KTX(고속철도) 요금	승차권	
	고속버스요금	승차권	
	철도요금	승차권	
	시외버스요금	승차권	
	고속도로 통행료	영수증	
해외 출장비	숙박비	영수증	• 일반적으로 항공권 요금을 제외하고 회사의 출장비 규정에 의해 정액으로 지급되며, 법정지출증빙 수취 의무가 없음(국외에서 재화 또는 용역을 공급받은 경우 및 항공기의 항행용역을 제공받은 경우는 세금계산서 등의 법정지출증빙수취 의무가 없음)
	식사비(음식비)	영수증	
	항공요금	항공권	
주차료		세금계산서 등 법정지출증빙	• 국가 또는 지방자치단체에서 운영하는 주차장의 경우에는 법정지출증빙이 필요없음 • 간이사업자와 거래 시에 건당 3만 원(2007년까지 5만 원, 2008년 이후 3만 원)을 초과하는 경우 세금계산서는 수취를 못 하더라도 신용카드 매출전표, 현금영수증 등의 법정지출증빙을 수취해야 함

구분	지출증빙	
국외여행사의 여행용역 (여행알선수수료 등)	영수증	법정지출증빙 수취 의무가 없음(국외에서 제공받은 재화와 용역에 대해서는 세금계산서 등 법정지출증빙 수취 의무가 없음)
국내여행사의 여행용역 (여행알선수수료, 비자발급대행 수수료 등)	법정지출증빙 (세금계산서 등)	여행업은 영수증 교부 대상 사업자에 해당하나 그 공급을 받는 자가 사업자등록증을 제시하고 세금계산서의 교부를 요구하는 경우에는 세금계산서를 교부해야 하므로 세금계산서를 수취할 수 있음
렌터카 대여비용	법정지출증빙 (세금계산서 등)	렌터카업은 영수증 교부 대상 사업자에 해당하나 자동차를 대여받는 자가 사업자등록증을 제시하고 세금계산서의 교부를 요구하는 때는 세금계산서를 교부해야 하므로 세금계산서를 수취할 수 있음
고속도로통행료, 고속도로통행카드 (충전료 포함) 구입, 하이패스카드(충전료 포함) 구입	영수증	2008년 1월 1일부터 유료도로의 통행요금에 대해서 전국적으로 전산관리집계가 노출되므로 「유료도로법」에 따른 유료도로를 이용하고 통행요금을 지불하는 경우 법정지출증빙을 수취하지 않아도 됨

접대비에 대한 증빙관리,
어떻게 할 것인가?

접대비는 증빙불비가산세는 별개로 하더라도 그 지출을 증빙할 수 있는
증빙서류는 구비해두어야 세무조정 시 불이익처분을 받지 않는다.

접대비란 영업상 목적으로 거래처 등에 선물이나 식대 등을 지출하
는 것을 말하며, 기업이 업무와 관련 없이 지출하는 기부금과 성격
이 다르고 불특정다수에게 광고선전을 목적으로 지출한 비용 등과
도 구분된다.

접대비는 소비향락적인 지출로서 조세회피의 수단이나 기업의 불
건전한 소비지출로 인한 투자 저해 등 여러 사회문제를 야기할 수
있다고 보고, 과세 관청은 세법에서 엄격하게 규정해 일정 금액 이
상의 지출에 대해서는 세무상 비용으로 인정하지 않고 있다. 그에
따라 세법에서는 일정 사용한도를 두고, 한도를 초과하는 경우에는
세무상 계정과목을 접대비로 회계처리한 다음 세무조정에서 손금

도표 3-9. 접대비와 유사 계정과목 구분 기준

계정과목	구분 기준	
접대비	업무와 관련된 지출	특정 고객을 위한 지출
광고선전비		불특정 고객을 위한 지출
기부금	업무와 관련 없는 지출	

불산입(비용불인정)한다. 또한 접대비는 부가가치세 매입세액공제를 받을 수 없다.

접대비는 증빙불비가산세는 별개로 하더라도 그 지출을 증빙할 수 있는 증빙서류는 구비해두어야 세무조정 시 불이익처분을 받지 않는다. 증빙 자체가 없는 경우 접대비를 손금불산입(비용불인정)하고, 대표이사 또는 그 사용자에 대한 상여 등으로 처분하나 법정지출증빙은 아니더라도 관련 영수증을 구비해둔 경우 세무조정 시 접대비를 손금불산입(비용불인정)하고 그 소득처분은 기타사외유출로 할 수 있기 때문이다.

이처럼 접대비는 여러 가지 중요한 이슈가 있으므로 항상 머릿속에 접대비 한도, 증빙처리, 부가가치세 매입세액불공제, 이 3가지를 기억하고 있어야 한다.

접대비와 관련한 대표적인 지출방법으로는 상품권 구입이 있다. 상품권은 재화 또는 용역이 아니므로 상품권을 구입하는 시점에는 법정지출증빙을 수취하지 않아도 되며, 상품권으로 물건을 구입할 경우 법정지출증빙을 수취해야 한다. 다만 상품권 구매의 목적이 접대비라면 3만 원을 초과해 상품권 구매 시 법정지출증빙을 수취해

도표 3-10. 접대비 증빙구분

구분	지출증빙		매입세액 공제 여부	비용 인정 여부	증빙불 비가산세 적용 여부	비고
3만 원 이하	법정 지출 증빙	세금계산서, 계산서	매입세액불공제	접대비 한도 내에서 비용 인정	적용 안 됨	공제되지 않는 부가세매입세액은 접대비에 포함해 비용으로 처리함
		신용카드 매출전표 (법인카드)				
		신용카드 매출전표 (임직원개인카드)				
		현금영수증				
	비법정 지출 증빙	영수증	• 매입세액과 공급가액이 따로 구분되지 않음. 따라서 매입세액 자체가 없음	접대비 한도 내에서 비용 인정	적용 안 됨	–
		금전등록기 영수증				
		입금표				
3만 원 초과	법정 지출 증빙	세금계산서, 계산서	매입세액불공제	접대비 한도 내에서 비용 인정	적용 안 됨	공제되지 않는 부가세매입세액은 접대비에 포함해 비용으로 처리함
		신용카드 매출전표 (법인카드)				
		현금영수증				
	비법정 지출 증빙	신용카드 매출전표 (임직원개인카드)	매입세액불공제	비용 불인정	적용 안 됨 (비용 인정이 안 되었으므로 증빙 불비가산세 적용 안 됨)	• 기타 사외 유출로 소득처분 • 증빙 자체가 없는 경우는 대표이사 또는 사용자에 대한 상여로 소득처분함
		영수증	• 매입세액과 공급가액이 따로 구분되지 않음. 따라서 매입세액 자체가 없음			
		금전등록기 영수증				
		입금표				

도표 3-11. 법정지출증빙 수취 여부

구분	법정지출증빙 수취 여부		비고
	상품권 구매 시	상품권 사용 시	
일반적인 경우	법정지출증빙 수취의무 없음	상품권 사용금액이 3만 원을 초과하는 경우 법정지출증빙을 수취해야 함	–
거래처에 접대할 경우	3만 원 초과 상품권 구매시 법정지출증빙을 수취해야 함	상품권 사용금액이 1만 원을 초과하는 경우 법정지출증빙을 수취해야 함	• 취득한 상품권 가액이 50만 원 이상인 경우 접대 상대방별 가액이 50만 원에 미달해도 모든 거래처에 대해서 지출내역을 기재해야 함 (50만 원 이상 접대비 해당) • 단, 문화상품권은 접대 상대방이 50만 원 이상인 경우에만 50만 원 이상 접대비에 해당(2009년 이후 폐지)함
임직원에 지급할 경우	• 법정지출증빙 수취의무 없음 • 원천징수영수증 등을 비치하면 됨 • 상품권을 임직원에게 지급하는 경우에는 급여로 보아 다른 급여와 합산해 원천징수해야 함	상품권 사용금액이 3만 원을 초과하는 경우 법정지출증빙을 수취해야 함	• 액면 10만 원 상당의 상품권을 8만 원에 구입했다 하더라도 액면가액 10만 원을 급여로 지급한 것으로 보아 원천징수해야 함 • 임직원에게 지급하는 상품권을 급여가 아닌 복리후생비로 계정을 처리하는 경우도 있으나, 이 경우에도 원칙적으로 해당 직원의 급여에 포함시켜서 원천징수해야 함

야 한다. 상품권 구매 시 세금계산서는 발행되지 않으므로, 반드시 신용카드로 결제해 신용카드 매출전표를 수취해야 한다.

접대비, 이렇게 회계처리하면 된다

회사에서 생산하는 제품을 접대비로 사용하는 경우도 있다. 의류를 생산하는 업체의 경우 거래처에 의류를 선물로 제공하면 이를 세무상 시가로 평가해 접대비로 계상해야 한다. 당해 법인이 직접 생산한 제품 등을 접대행위에 사용한 경우 기업회계상 장부가액으로 회계처리해야 하나, 세무상 시가에 의해 접대비가액을 계산해야 한다. 예를 들어 당사제품(원가 10만 원, 시가 30만 원)을 거래처에 접대 목적으로 무상제공한 경우 회계상·세무상 처리내용은 아래와 같다.

- **기업회계기준**

(차) 접　　대　　비	130,000	(대) 제　　　　　　품	100,000
		부가가치세예수금	30,000

- **법인세법**

(차) 접　　대　　비	330,000	(대) 제　　　　　　품	100,000
		부가가치세예수금	30,000
		제 품 처 분 이 익	200,000

쉽게 설명하면 세법에서는 제품을 팔았을 때와 같이 해당 제품에 대한 처분이익을 인식하고 이익만큼 세금을 내도록 하는 것이다.

〈도표 3-12〉와 〈도표 3-13〉의 접대비조정명세서는 세금 신고 시에 부속명세서로 함께 제출해야 하는 양식이다. 즉 세금과 직접 관련이 있으므로 꼼꼼히 보면 접대비가 매우 구체적으로 관리되고 보고되고 있다는 것을 알 수 있을 것이다.

도표 3-12. 접대비조정명세서(갑)

[별지 제23호서식(갑)] <개정 2020. 4. 21.>

(앞쪽)

사 업 연 도	· · ~ · ·	접대비조정명세서(갑)	법 인 명	
			사업자등록번호	

구 분			금 액
① 접대비 해당 금액			
② 기준금액 초과 접대비 중 신용카드 등 미사용으로 인한 손금불산입액			
③ 차감 접대비 해당 금액(① - ②)			
일반 접대비 한도	④	$\dfrac{1,200만원}{(중소기업\ 3,600만원\ )} \times \dfrac{해당\ 사업연도\ 월수(\ \ )}{12}$	
	총수입금액 기준	100억원 이하의 금액 × 30/10,000(2020년 사업연도 분은 35/10,000) 100억원 초과 500억원 이하의 금액 × 20/10,000 (2020년 사업연도 분은 25/10,000) 500억원 초과 금액 × 3/10,000(2020년 사업 연도 분은 6/10,000)	
		⑤ 소계	
	일반수입금액 기준	100억원 이하의 금액 × 30/10,000(2020년 사업연도 분은 35/10,000) 100억원 초과 500억원 이하의 금액 × 20/10,000 (2020년 사업연도 분은 25/10,000) 500억원 초과 금액 × 3/10,000(2020년 사업 연도 분은 6/10,000)	
		⑥ 소계	
	⑦ 수입금액 기준	(⑤-⑥) × 20(10)/100	
	⑧ 일반접대비 한도액(④ + ⑥ + ⑦)		
문화접대비 한도 (「조세특례제 한법」 제 136조제3항)	⑨ 문화접대비 지출액		
	⑩ 문화접대비 한도액 (⑨와 (⑧ × 20/100)에 해당하는 금액 중 적은 금액)		
⑪ 접대비 한도액 합계(⑧ + ⑩)			
⑫ 한도초과액(③ - ⑪)			
⑬ 손금산입한도 내 접대비지출액(③과 ⑪에 해당하는 금액 중 적은 금액)			

210mm×297mm[백상지 80g/㎡ 또는 중질지 80g/㎡]

도표 3-13. 접대비조정명세서(을)

■ 법인세법 시행규칙 [별지 제23호서식(을)] <개정 2019. 3. 20.>

(앞쪽)

사 업 연 도	· · · ~ · · ·	접대비조정명세서(을)	법 인 명	
			사업자등록번호	

1. 수입금액명세

구 분	①일반수입금액	②특수관계인간 거래금액	③합 계 (① + ②)
금 액			

2. 접대비 해당 금액

④계 정 과 목					합 계
⑤계 정 금 액					
⑥접대비계상액 중 사적사용경비					
⑦접대비 해당 금액 (⑤ - ⑥)					
⑧신용카드 등 미사용 금액	경조사비 중 기준 금액 초과액	⑨신용카드 등 미사용금액			
		⑩총 초과금액			
	국외지역 지출액 (「법인세법 시행령」 제41조제2항제1호)	⑪신용카드 등 미사용금액			
		⑫총 지출액			
	농어민 지출액 (「법인세법 시행령」 제41조제2항제2호)	⑬송금명세서 미 제출금액			
		⑭총 지출액			
	접대비 중 기준금액 초과액	⑮신용카드 등 미사용금액			
		⑯총 초과금액			
	⑰신용카드 등 미사용 부인액 (⑨ + ⑪ + ⑬ + ⑮)				
⑱접 대 비 부 인 액 (⑥ + ⑰)					

210㎜×297㎜[백상지 80g/㎡ 또는 중질지 80g/㎡]

도표 3-14. 접대비조정명세서(갑) 작성방법

접대비조정명세서(갑) 작성방법

1. ① 접대비 해당 금액란에는 "접대비조정명세서(을)[별지 제23호서식(을)]"의 ⑦ 접대비 해당 금액의 합계란 금액을 적습니다.

2. ② 기준금액 초과 접대비 중 신용카드 등 미사용으로 인한 손금불산입액란에는 "접대비조정명세서(을)[별지 제23호서식(을)]"의 ⑯ 신용카드 등 미사용 부인액의 합계란 금액을 적습니다.
   - 기준금액(「법인세법 시행령」 제41조제1항)
     - 경조사비: 20만원
     - 경조사비 외의 접대비: 3만원

3. 일반접대비 한도(④ ~ ⑧)
   가. ④란에서 중소기업 외의 법인은 1,200만원, 중소기업은 3,600만원을 적용합니다.
   나. 총수입금액 기준란의 금액란은 "접대비조정명세서(을)[별지 제23호서식(을)]"의 ③란의 금액을 금액별 적용률에 따라 계산된 금액을 적습니다.
   다. 일반수입금액 기준란의 금액란은 "접대비조정명세서(을)[별지 제23호서식(을)]"의 ①란의 금액을 금액별 적용률에 따라 계산된 금액을 적습니다.
   라. 정부가 100분의 20 이상 출자한 정부출자기관 및 정부출자기관이 출자한 법인으로서 그 정부출자기관 등이 최대주주인 법인의 경우에는 ⑧ 일반접대비 한도액의 금액란에 「법인세법」 제25조제4항 각 호 외의 부분에 따른 금액을 합한 금액(④ + ⑧ + ⑦)의 100분의 70에 상당하는 금액을 적습니다.
   마. ⑦ 수입금액 기준란의 적용률은 2013년 1월 1일 이후 개시하는 사업연도 분부터는 10퍼센트를 적용합니다.
   바. ⑧ 일반접대비 한도액 계산 시 법인이 「법인세법 시행령」 제42조제2항에 해당하는 경우에는 ⑧ 일반접대비 한도액의 100분의 50에 해당하는 금액을 적습니다.

4. 문화접대비 한도(⑨ ~ ⑩)는 「조세특례제한법」 제136조제3항에 따른 문화접대비 지출금액이 있는 경우에 작성합니다.
   ⑨ 문화접대비 지출액은 ③ 차감 접대비 해당 금액 중 「조세특례제한법 시행령」 제130조제5항에 따른 지출액을 적습니다.

5. ⑫ 한도초과액은 음수인 경우에 "0"으로 적습니다.

210mm×297mm[백상지 80g/㎡ 또는 중질지 80g/㎡]

도표 3-15. 접대비조정명세서(을) 작성방법

접대비조정명세서(을) 작성 방법

1. ①일반수입금액란과 ②특수관계인간 거래금액란은 해당 업종별로 기업회계기준에 따라 계산한 매출액에 상당하는 금액을 적습니다. 다만, 「자본시장과 금융투자업에 관한 법률」에 따른 투자매매업자 또는 투자중개업자, 집합투자업자 등의 법인은 「법인세법 시행령」 제42조제1항 각 호에 따라 계산한 금액을 적습니다.

2. ④계정과목란은 접대비로 사용된 비용, 건설 중인 자산 또는 유형자산 및 무형자산 등의 계정과목을 각각 적습니다.

3. ⑦접대비 해당 금액란은 접대비 지출금액 중 사적비용 성격의 접대비를 제외한 금액을 적습니다(「법인세법」 제25조제2항에 따른 신용카드 등 증빙미수취에 따라 손금에 산입하지 아니한 금액을 포함하여 적습니다).

4. ⑧신용카드 등 미사용금액란은 해당 사업연도에 지출한 ⑦접대비 해당 금액 중 신용카드(직불카드와 해외발행 신용카드를 포함합니다), 현금영수증, 계산서·세금계산서 및 비사업자에 대한 원천징수영수증을 발급·발행하지 아니한 금액을 경조사비, 국외지역 지출액, 농어민 지출액 및 기준금액 초과액으로 구분하여 다음과 같이 적습니다.

   가. 경조사비 중 기준금액 초과액란: ⑨에는 경조사비 중 1회 20만원 초과 지출금액 중 신용카드 등 미사용금액, ⑩에는 총 초과금액을 적습니다.

   나. 국외지역 지출액란: ⑪에는 국외지역에서 지출한 금액 중 「법인세법 시행령」 제41조제2항제1호에 해당하는 지역 외의 지역에서 신용카드 등 미사용금액, ⑫에는 총 지출액을 적습니다.

   다. 농어민 지출액란: ⑬에는 「법인세법 시행령」 제41조제2항제2호에 따른 농어민으로부터 직접 접대 목적에 사용하기 위한 재화를 공급받는 경우의 지출로서 「금융실명거래 및 비밀보장에 관한 법률」 제2조제1호에 따른 금융회사등을 통하여 대가를 지급하지 않거나 「법인세법」 제60조에 따른 과세표준 신고시 송금명세서를 제출하지 아니한 금액, ⑭에는 총 지출액을 적습니다.

   라. 접대비 중 기준금액 초과액란: ⑮에는 ⑩, ⑫ 및 ⑭란의 지출금액을 제외한 1만원 초과 접대비 지출 중 신용카드 등 미사용금액, ⑯에는 총 초과액을 적습니다.

   마. ⑰신용카드 등 미사용 부인액란에는 ⑨,⑪, ⑬ 및 ⑮란의 합계액을 적습니다.

5. ⑱접대비부인액란: 사적사용경비 성격의 접대비와 신용카드 등 증빙미수취에 따른 손금불산입 접대비 금액을 더하여(⑥란과 ⑰란의 합계) 적습니다.

경리업무를 하지 않는 이상 매달 받는 급여의 계산구조 등에 대해서는 자세히 알기 어렵다. 본인이 받는 급여명세서를 생각하면서 읽어보면 이해하기가 좀 더 쉽고 재미있을 것이다. 과연 나의 급여의 원천징수가 기준에 맞게 잘 되고 있는지 확인해보자.

4장

실무에서
바로 써먹는
급여신고와
4대보험

원천징수란 무엇이고
어떻게 처리하나?

원천징수는 세금을 대상으로 한다.
좀 더 정확히 말하면 세금을 납부하는 방법 중 하나다.

급여신고와 관련해 가장 기초적인 개념인 원천징수에 대해서 먼저 알아보자. 원천징수란 일반적으로 사업자가 종업원 등 소득자에게 각종 소득(급여·사업·기타소득 등)을 지급할 때 소득자가 납부해야 할 세금을 미리 징수해 국가에 대신 납부하는 제도다. 즉 일을 하면서 얻게 되는 급여나 수당 등에 대해서 지급받는 자가 직접 국세청에 신고·납부하지 않고 지급하는 자가 하도록 하는 제도다.

일상에서 원천징수라는 말을 많이 들어봤지만 그것을 왜 하는지, 그것이 무엇인지를 생각해본 사람은 많지 않을 것이다. 원천징수는 세금을 대상으로 한다. 좀 더 정확히 말하면 세금을 납부하는 방법 중 하나다. 즉 돈을 받을 때마다 미리 내는 세금이라고 볼 수 있다.

도표 4-1. 원천징수

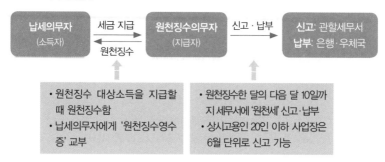

예를 들어 장동건 씨가 회사에 근무하고 100만 원의 월급을 받고 있다고 하자. 하지만 실제로는 월급날에 100만 원보다 조금 적은 금액을 수령한다. 회사에서 원천징수를 하기 때문이다. 즉 장동건 씨의 기본적인 공제사항을 반영해 임시로 계산한 뒤 세금을 미리 떼는 것이다. 이렇게 미리 징수한 세금은 실무상 회사가 보관하고 있다가 다음 달에 세무서에 신고·납부한다. 즉 국가에 매달 세금을 내고 있는 것이다. 이를 최종적으로 1년에 한 번 다음 해 2월경에 정산해 확정한다. 바로 이것이 연말정산인데 국민 개개인별로 총 급여액에서 각종 소득공제 등을 차감해 정확한 세금을 산정하고, 그동안 납부한 세금에서 더 내야 하는지 또는 덜 내야 하는지 판단한 뒤 덜 내야 하는 게 맞다면 환급을 받는다. 즉 원천징수란 소득의 지급자(회사)가 소득자(근로자)에게 소득을 지급할 때 일정한 금액을 미리 공제하는 것을 말한다.

그럼 이 제도가 왜 필요한 것일까? 우리는 왜 원하지도 않았는데 월급을 받기도 전에 세금부터 내야 하는 것일까? 그 이유는 여러 가지가 있을 수 있지만 그중 하나는 납세의무자인 근로자가 복잡한 세금계산을 피해 보다 편리하게 세금을 납부할 수 있도록 하는 것이고, 다른 한 가지 이유는 정부가 세금을 떼이지 않고 안전하게 미리 징수하고자 하는 목적이다. 결론적으로 원천징수는 국가가 세금을 미리 조금씩 걷어 국가 재정에 사용하기 위한 것이다. 근로자에게 월급이 지급될 때 바로 징수되기 때문에 정부 입장에서는 떼일 리가 없다는 장점이 있다.

어떤 소득에 대해서 원천징수를 하나?

근로자의 월급에서 원천징수하는 소득은 크게 근로소득, 사업소득, 기타소득, 금융소득으로 나눌 수 있다.

국가에서는 회사에 근로소득 원천징수 의무를 부과했고, 그에 따라 회사는 근로자에게 급여를 지급할 때 일정한 소득세를 기준에 따라 원천징수하고 그 달의 다음 달 10일까지 세무서에 신고·납부해야 한다. 이때 일정한 기준이라 함은 근로소득간이세액표를 말하며, 이는 근로자의 공제기준에 따라 미리 계산된 세액을 말하는 것으로 업무의 편의를 위해 사전에 계산된 금액이다. 이렇게 근로소득간이세액표에 의해 원천징수된 금액은 편의상의 금액일 뿐 정확한 금액이 아니므로 연말에 정산과정이 필요하다. 따라서 다음 해 2월 급여에 대한 원천징수 신고일인 3월 10일까지 연말정산을 한다.

사업소득에 대한 원천징수는 별도로 사업자등록을 하지 않고 인

적용역을 제공하는 사람들의 소득에 대해 부과하는 것이다. 일반적으로 말하는 사업자등록증이 있는 사람들의 소득과 관련된 것이 아니다. 원천징수의 대상이 되는 사업소득이란 일정한 인적용역 등을 말한다. 인적용역이란 프로선수나 보험모집인처럼 개인이 독립된 자격으로 제공하는 용역을 말한다. 즉 일부 사업소득의 경우는 원천징수의 대상이 되며 세법에서 명확히 규정되어 있으므로 반드시 해당 소득에 대해서 회사가 소득을 지급하면 원천징수를 해야 한다.

기타소득이란 일시적이거나 우발적으로 발생하는 소득으로 다른 소득 이외의 소득을 말한다. 예를 들면 특정소득이 이자·배당·사업·근로·연금·퇴직·양도 소득 중 하나에 해당하는 경우 그 소득으로 구분하고 어떤 것에도 해당하지 않을 때만 기타소득으로 구분한다.

금융소득의 원천징수는 일반적으로 경제활동을 하는 모든 국민에게 해당된다. 가지고 있는 통장에 일정 수준의 돈이 있으면 분기에 한 번씩 이자가 입금되는데 이때도 이미 세금이 원천징수되어 세금이 차감된 이자가 입금되는 것이다. 즉 이자소득이나 배당소득이 있는 경우에는 소득을 지급받을 때 원천징수를 당한다. 이때 거래 상대방은 주로 은행이나 투자한 회사가 될 테고 이들이 소득을 지급할 때 미리 원천징수한 금액을 주는 것이다.

금융소득의 경우에는 당연종합과세대상을 제외하고 개인별 금융소득이 2천만 원을 초과하지 않는 이상 일단 원천징수가 이루어지면 더 이상 세금으로 신경 쓸 사항은 없다. 즉 원천징수로 인해 세금을 납부할 의무가 완전히 끝난 것이라고 생각하면 된다. 당연종합과세대상을 제외하고 개인별 금융소득이 2천만 원을 초과하면 금융소득종합과세가 이루어지는데, 이는 뒤에서 다시 설명하도록 하겠다.

퇴직소득이란 근로자가 회사와의 고용관계를 종료할 때 받는 금액으로써 각종 수당을 포함한다. 퇴직소득도 근로소득과 마찬가지로 원천징수 대상이며 소득의 지급자인 회사가 원천징수의무자가 된다. 연금소득이란 사회보장제도로써의 국민연금이나 공적연금, 개인연금 등으로 수령하는 금액을 말하며 종합소득에 합산되어 과세된다.

일반적으로 연금의 개념은 세법 적용을 위해 구분해 생각할 필요가 있는데, 종류별로 법 적용이 다르기 때문이다. 정리하면 크게 공적연금과 사적연금으로 구분할 수 있다. 공적연금은 흔히 국민연금과 공무원연금 등을 말하고, 사적연금은 개인연금 등을 말한다.

원천징수 관련 실무를 익히자

예를 들어 사내 특강을 위해서 외부강사를 초빙해 강의료로 50만 원(차변, 교육훈련비)을 지급했다면, 이에 대해서 사업소득으로 소득세 3%와 주민세 0.3%로 총 3.3%인 16,500원(대변, 예수금)을 제외하고 483,500원(대변, 현금)만을 지급하고, 16,500원은 다음 달 10일까지 국세청에 신고·납부해야 한다. 회사 입장에서는 그렇게 함으로써 50만 원에 대한 비용(교육훈련비) 처리가 가능하다.

도표 4-2. 원천징수 대상 소득에 대한 신고·납부

	소득 종류	신고·납부
근로소득	급여·상여금	• 간이세액표에 의해 매월 급여에서 원천징수 • 다음 달 10일까지 홈택스 또는 세무서에 원천징수 이행상황신고를 하고 은행 등에 납부 • 다음 해 2월 급여 지급 시 연말정산하고, 3월 10일까지 지급명세서를 홈택스 또는 관할 세무서에 제출
일용근로소득	일용근로자	• 일용근로소득 원천징수세액 계산방법에 따라 원천징수하고 다음 달 10일까지 신고·납부 • 지급일이 속하는 분기의 마지막 달의 다음 달 말일까지 일용근로소득 지급명세서를 홈택스 또는 관할 세무서에 제출
퇴직소득	퇴직금, 퇴직위로금	• 퇴직소득과세표준에 원천징수세율을 적용해 계산한 소득세를 원천징수하고 다음 달 10일까지 신고·납부 • 다음 연도 3월 10일까지 소득자별 퇴직소득 지급명세서를 홈택스 또는 관할 세무서장에 제출
기타소득	상금, 당첨금, 원고료인세, 강연료, 알선 수수료 사례금, 위약금과 배상금, 서화·골동품 양도소득	• 기타소득금액에 원천징수세율을 적용해 계산한 소득세를 원천징수하고 다음 달 10일까지 신고·납부 • 다음 연도 2월 말일까지 소득자별 기타소득 지급명세서를 홈택스 또는 관할 세무서에 제출
사업소득	외부강사의 강사료 등 직업적 인적용역	• 지급금액에 원천징수세율을 적용해 계산한 소득세를 원천징수하고 다음 달 10일까지 신고·납부 • 다음 연도 3월 10일까지 소득자별 사업소득 지급명세서를 홈택스 또는 관할 세무서장에 제출
이자·배당소득	은행예금이자, 배당금, 비영업대금이익	• 지급금액에 원천징수세율을 적용해 계산한 소득세를 원천징수하고 다음 달 10일까지 신고·납부 • 다음 연도 2월 말일까지 지급명세서를 홈택스 또는 관할 세무서에 제출

도표 4-3. 대표적인 원천징수 대상 소득과 원천징수세율

원천징수 대상 소득	원천징수세율
이자소득	일반: 14% 비영업대금이익: 25%
배당소득	일반: 14%
근로소득	일반급여: 종합소득세율 일용근로자: 6%
사업소득(봉사료 제외)	지급금액의 3%
봉사료	지급금액의 5%

도표 4-4. 분개

구분		원천징수 대상 소득	원천징수 대상 제외 소득
세금 부담자(담세자)		소득자	소득자
세금 납부자		소득을 지급하는 자	소득자
세금 납부 절차	세액계산	소득을 지급하는 자	소득자
	신고서 제출	소득을 지급하는 자	소득자
	납부시기	소득 지급 시마다 납부 (분납 효과 발생)	신고시기에 납부 (일시납부에 따른 부담 발생)

인건비,
회계처리 노하우는 이것이다

급여와 관련된 계정과목은 여러 가지가 복합적으로 관련되는데,
회사 측에서 계상해야 하는 부분이 있기 때문이다.

인건비란 사용자와 근로자의 고용관계에서 근로의 대가로 지급하는
각종 비용을 말한다. 근로자의 입장에서는 급여, 상여, 수당, 복리후
생비 등을 명목으로 받게 된다. 이때 중요한 사항이 바로 복리후생
비로, 회사 입장에서는 실비변상적 비용으로 처리하지만 근로자 입
장에서는 해당 복리후생비에 대해서도 원천징수를 하는지를 궁금해
한다. 세법(법인세법)에서의 복리후생비란 법인이 임원 또는 사용인
을 위해 지출한 직장체육비, 직장연예비, 국민건강보험료 사용자 부
담금, 기타 임원 또는 사용인에게 사회통념상 타당하다고 인정되는
범위 안에서 지급하는 경조사비 등을 말한다.

  회사 입장에서는 근로자의 복리후생 증진, 근무 환경 개선 등 각

종 명목으로 지급하는 비용에 대해서 복리후생비 등으로 처리하지만 근로자 입장에서는 세금 부담을 해야 하는지가 또 다른 문제가 될 수 있다. 이에 대해서도 세법은 아주 구체적으로 규정하고 있다. 소득세법에서는 근로소득에 포함되는 것으로 종업원이 받는 공로금, 위로금, 학자금, 장학금(종업원의 자녀가 사용자로부터 받는 학자금·장학금 포함) 등 기타 이와 유사한 성질의 급여, 기밀비(판공비 포함), 교제비, 기타 이와 유사한 명목으로 받은 것으로 업무를 위해 사용된 것이 분명하지 않은 급여 등으로 자세히 규정하고 있다.

법조문을 그대로 인용하다 보니 복잡하게 들릴 수 있다. 몇 가지 예를 들어 쉽게 설명해보겠다.

일부 회사에서는 직원이 어학원에 다닐 경우, 회사 업무에 도움이 된다면 일정 부분 학원비를 지원해주는 경우가 있다. 이때 학원비 지원금은 복리후생비가 아닌 인건비로 처리하게 되며, 학원비를 지원받는 근로자 입장에서는 해당 지원금만큼 근로소득으로 잡혀 차후에 소득세를 부담하게 된다. 또한 영업사원이 영업활동 등을 위해 지출한 주유비, 식대 등을 증빙을 통해서 지출결의서를 올려 지급받는 경우에는 회사 입장에서 여비교통비 또는 접대비 등으로 회계처리하되 근로자 입장에서는 소득이 아니므로 당연히 소득세(원천징수) 부담을 하지 않는다.

하지만 만약 증빙이 되지 않는 정액 기밀비 등을 받는 경우에는 회사 입장에서 이에 대해 원천징수해 근로자가 소득세 부담을 해야 한다. 일반적으로 이러한 일은 일반근로자보다는 임원에게 발생하는 세무 문제라고 보면 될 것이다. 증빙 없이 품위유지비 등으로 지급하게 되는 경우 회사 입장에서는 인건비로 원천징수해야 한다.

급여와 관련한 계정 과목은 여러 가지가 복합적으로 관련된다. 이는 근로소득세와 4대보험료에 대한 부분을 회사 측에서 계상해야 하기 때문이다.

인건비와 관련된 계정과목

이번에는 급여 지급 시에 가장 궁금해하는 계정과목에 대해서 알아보자. 국민연금보험료 회사부담금은 세금과 공과금으로 처리하고, 건강보험료와 고용보험료 회사부담금은 복리후생비로 계상한다. 또한 산재보험료는 보통 보험료 계정과목을 사용한다. 그러나 이는 기준이 될 뿐이며, 각 회사에서 계정과목을 별도로 지정해 사용하기도 해 실익은 크지 않다. 단지 계정과목을 한 번 정하면 통일되게 계속 사용해야 하는 것이 더 중요하다.

급여와 함께 잡급이라는 계정도 있다. 이는 근로기간이 3개월 미만인 일용근로자에 대한 일당 개념의 지출이 있을 때 사용하는 계정이다. 구분 실익은 세무상 신고와 4대보험 등에서 정규직 근로자와 차이가 있기 때문이다. 관리적 측면에서도 당연히 별도로 계상해야 한다. 잡급 지급 시에는 지출증빙으로 일용노무비 지급명세서를 작성해야 하며, 일용근로자의 신분증 사본 등을 보관해야 한다. 급여 관련 회계처리에 대해서 간단하게 2가지로 나누어 설명해보겠다.

첫째, 급여를 해당 월에 지급하는 경우다. 보통의 회사가 대부분

여기에 해당할 것이다. 만약 1월분 급여를 1월 25일에 급여를 지급한다고 가정하면 통장에서 근로자에게 급여가 이체되는 날에 회계처리를 해야 한다. 만약 A의 급여 200만 원이 이때 지급되어야 한다고 가정하면, 예수금으로 근로소득세 등과 보험료에 해당하는 금액은 제외하고 지급한다. 이는 회사가 차감한 후 국세청과 국민건강보험공단에 납부해야 하는 것이다.

둘째, 급여를 해당 월에 지급하지 않고 다음 달에 지급하는 경우다. 보통 서비스업인 경우가 이에 해당하는데, 이는 해당 월에 일정한 성과 측정이나 상여 등의 정산 또는 서비스업에서 발생하는 이직이 매우 잦은 경우에 주로 나타난다. 이 경우에도 1월 31일에 급여에 대한 회계처리를 해야 하고, 대신 아직 지급하지 않은 급여에 대해서는 미지급 급여로 부채로 인식해둔다. 미지급 급여는 다음 달에 실제 이체할 때 상계처리를 한다.

급여와 관련된 회계처리

급여 미지급금 계상

㈜유진세무법인은 직원 급여를 급여귀속일이 속한 달의 다음 달 5일에 지급한다. 1월분 급여 300만 원을 1월 31일 결산시점에 계상한다.

| (차변) 직원급여 | 3,000,000 | (대변) 미지급비용 | 3,000,000 |

급여 지급 시 예수금을 징수한 경우

㈜유진세무법인에서는 직원들의 1월분 급여를 2월 5일에 지급했다. 1월분 급여는 300만 원이며, 급여 지급 시 각종 공제사항으로는 근로소득세 2만 2천 원, 주민세 2,200원, 임직원부담분 국민연금 8만 원, 임직원부담분 건강보험료 5만 원, 그리고 임직원부담분 고용보험료 2만 원이다.

고용보험은 사용자와 종업원이 나누어 부담하나 산재보험료는 회사에서만 부담한다.

(차변) 미지급비용	3,000,000	(대변) 보통예금	2,825,800
		근로소득세 · 주민세	24,200
		국민연금예수금	80,000
		건강보험예수금	50,000
		고용보험예수금	20,000

근로소득세 납부 시

3월 10일에 1월분 급여에 대한 근로소득세 및 주민세 24,200원을 보통예금에서 인출해 납부했다. 근로소득세는 급여지급일(1월분을 2월 5일에 지급)의 다음 달 10일까지 납부해야 하므로 이 경우 1월분 급여 지급 시 원천징수한 금액을 3월 10일까지 납부해야 한다.

(차변) 근로소득세예수금	24,200	(대변) 보통예금	24,200

국민연금, 건강보험료 납부 시

2월 10일에 1월분 국민연금 16만 원(직원부담금과 회사부담금 각 8만 원)을 납부했다. 건강보험료 10만 원(종업원부담금과 회사부담금 5만 원)을 보통예금통장에서 인출해 납부했다.

고용보험과 산재보험은 근로자 개인별 월평균보수액에 해당 보험료율을 곱한 금액의 합계액을 매월 산정·부과한다.

(차변) 국민연금예수금	80,000	(대변) 보통예금	260,000
건강보험예수금	50,000		
세금과공과	80,000		
복리후생비	50,000		

건강보험과 국민연금은 사용자와 종업원이 각각 1/2씩 부담하며, 공제액은 표준보수월액표에 의한다. 국민연금 회사부담금 계정과목은 보통 세금과공과로 처리한다. 건강보험 및 고용보험료 회사부담금 계정과목은 복리후생비로 처리한다.

세무상 중요한 포인트는 복리후생비와 임원급여다

법인이 사용인에게 상여금을 지급하고 이를 손비로 처리한 경우에는 전액 손금에 산입한다. 임원상여금 지급 시는 상여금 지급기준이 있는지 확인하고 지급해야 한다.

복리후생비란 임직원의 복리후생을 위해 지출하는 비용으로 사용인의 근로의욕 고취, 생산성 재고, 사용인의 육체적·정신적 건전화와 경제적 지위의 향상, 근로환경개선 등에 목적이 있다.

앞에서 간단히 알아본 바와 같이 복리후생비로 회계처리를 하지만 세무상 인건비에 해당되는 경우가 있으므로 그 구분이 중요하며, 증빙도 그에 따라 달라진다.

세무상 인건비에 해당되는 경우는 원천징수하므로 원천징수 영수증을 보관하고, 그 외에는 내부적으로 지급품의서와 전표를 작성·보관하면 된다. 외부와의 거래를 통한 복리후생비가 지출건당 3만 원을 초과하는 경우 세금계산서 등 법정지출증빙을 수취해야 한다.

도표 4-5. 복리후생비의 종류 및 급여와의 구분

복리후생비의 종류

법적관련	• 건강보험료 · 고용보험료 회사부담금 • 국민연금회사부담분은 세금과공과 또는 복리후생비로 처리함 • 산재보험료는 보험료로 처리함
복지관련	• 직장보육시설의 운영비 • 종업원을 위한 시설의 운영비 중 법인의 부담금(사택, 기숙사, 병원, 식당 등)
의료관련	정기건강진단료, 의무실 유지비, 의약품 구입비
소모품관련	피복비, 선물비, 다과비, 기타소모품
식대관련	휴일근무식비, 야근식비, 간식비, 회식비 등
기타	직장체육비, 야유회비, 주택보조금, 우리사주조합운영비

급여와 복리후생비의 구분

구분	인건비(급여, 상여 등)	복리후생비
의의	• 근로에 대한 대가 • 노동력의 유지를 위한 직접비	• 복리후생을 위한 지출 • 노동력의 유지 · 회복을 위한 생산성 향상 목적
소득세 과세 여부	근로소득세 과세(비과세소득 제외)	원천적으로 비과세

종업원에 대한 의료비 지원금은 복리후생비로 처리하되, 그 금액은 해당 직원의 근로소득에 합산해 근로소득세를 원천징수해야 한다. 사내 동호회에 지급하는 활동지원비를 금전으로 지급하는 경우 복리후생비로 처리 가능하며, 대신 동호회에서 이를 사용할 때 관련된 지출증빙 자료를 보관해야 한다.

직원들에게 지원하는 교육비의 경우에는 회계상으로 복리후생비로 볼 수 있으며, 단지 일정한 교육비가 아닌 경우에는 세법상 근로소득으로 봐야 한다. 소득세법상 비과세소득으로 보는 학자

금에는 교육법에 의한 학교 및 근로자 직원훈련촉진법에 의한 직원
능력개발훈련시설의 입학금, 수업료 등이 있다. 즉 대학원 등록금을
지원하는 경우에는 복리후생비로 처리하고, 근로소득으로도 보지
않기 때문에 근로소득 원천징수도 불필요하다. 그러나 일반 어학원
수강료 지원비에 대해서는 복리후생비지만 근로소득 비과세가 아니
기 때문에 근로소득 원천징수 문제가 발생한다.

회계상 처리원칙을 지키는 것이 중요하다

임직원에 대해 지급하는 경조사비는 복리후생비로 처리 가능하며,
관련된 청첩장 등의 자료를 첨부해 보관해야 한다.

임원급여는 대표이사, 전무, 상무, 이사, 감사 등 법인기업체의 임원에게 지급하는 급여로 상여금도 포함된다. 임원급여를 직원에게 지급하는 급여와 구분할 필요가 있는 경우에만 계정과목을 임원급여로 분류하며, 임원급여를 구분할 필요가 없는 경우 급료 및 임금으로 처리한다. 임원급여, 직원급여(급료 및 임금), 제수당 등의 구분은 외부보고 목적에서는 구분의 실익이 없으므로 기업회계기준에서는 통합하고 있으며, 내부관리 목적으로는 구분해 관리하는 것이 효율적이다. 임원급여가 중요한 이유는 바로 세무상 문제가 발생하기 때문이다.

임원의 인건비는 원칙적으로 손금에 산입한다. 그러나 다음에 해당하는 경우는 손금산입하지 않는다. 첫째, 합명회사 또는 합자회사의 노무출자사원에게 지급한 보수, 둘째, 비상근임원의 보수중 부당행위 계산부인의 대상이 되는 부분(과다보수로 인정되는 것), 셋째, 법인이 지배주주인 임원 또는 사용인에게 정당한 사유 없이 동일 직위에 있는 지배주주 외의 임원 또는 사용인에게 지급하는 금액을 초과해 지급한 보수 등이 이에 해당한다.

법인이 사용인에게 상여금을 지급하고 이를 손비로 처리한 경우에는 전액 손금에 산입한다. 반면에 임원상여금 지급 시는 상여금 지급기준이 있는지 확인하고 지급해야 한다.

임원에게 지급하는 상여금은 정관·주주총회·사원총회 또는 이사회의 결의에 의해 결정된 급여지급기준에 의해 지급하는 금액은 손금산입하고, 지급기준을 초과하거나 지급기준 없이 지급하는 상여금은 손금산입하지 않는다.

인건비 신고 시 소득의 종류에 대해 구분할 수 있어야 한다

인건비 신고를 근로소득으로 해야 할지, 사업소득으로 해야 할지, 기타소득으로 해야 할지 헷갈리는 경우가 종종 있기 때문에 근로소득과 다른 소득에 대해 알아둘 필요가 있다.

인건비 신고는 몇 가지로 나눌 수 있다. 정규직으로 보는 일반 근로소득자에 대한 인건비 신고, 흔히 아르바이트라고 하는 일용직근로자에 대한 인건비 신고, 그 외 학원 사업장에서 강사에 대해 인건비를 지급할 때 사용하는 사업소득자에 대한 인건비 신고가 있다. 그 외에도 퇴직소득, 외국인근로자소득 등에 대해서 구체적으로 알아보고, 마지막으로 연말정산에 대해서 검토하고자 한다.

근로소득과 다른 소득에 대해서 구체적으로 알아둘 필요가 있다. 왜냐하면 경리업무를 하면서 인건비를 지급하는데 해당 인건비 신고를 근로소득으로 해야 할지 사업소득으로 해야 할지, 또는 기타소득으로 해야 할지 헷갈리는 경우가 종종 있기 때문이다.

도표 4-6. 소득 구분

구분	내용	특징	4대보험 검토
근로소득자	정규직으로 채용되어 근로를 제공하는 자	근로소득세	건강보험,국민연금,고용보험, 산재보험 가입 및 납부 의무가 있다.
일용근로자	1일 단위의 계약기간으로 고용되고, 1일의 종료로써 근로계약도 종료하는 계약형식의 근로자	일당 15만 원까지 소득공제	일반적으로 4대보험 가입의무가 없다고 생각할 수 있으나, 절대 그렇지 않다. 이에 대해서는 장을 달리하여 검토하고자 한다.
사업소득자	법령에서 정한 원천징수 대상 사업소득을 지급하는 경우 이를 지급하는 자는 소득세를 원천징수해야 한다. 사업자등록을 한 사업자와는 다른 개념이다.	3.3%(소득세 3% 및 지방소득세 0.3%) 원천징수	인건비를 지급하는 자는 부담하지 않고, 사업소득자 본인이 지역가입자에 가입될 수 있다.
기타소득	기타소득은 이자소득 · 배당소득 · 사업소득 · 근로소득 · 연금소득 · 퇴직소득 및 양도소득 외의 소득으로 법령에서 규정한다.	기타소득이 연간 300만 원 초과시 종합소득세 합산 신고 대상	

일반적으로 근로소득은 고용관계 또는 이와 유사한 계약에 의해 비독립적 인적용역인 근로를 제공하고 그 대가로 지급받은 소득을 말하며, 기타 이와 유사한 성질의 것으로 급여·봉급·급료·세비·상여금 등이 이에 해당된다.

다른 소득과 구분하는 방법

고용관계나 이와 유사한 계약에 의해 근로를 제공하고 지급받는 대
가는 근로소득에 해당하고, 고용관계 없이 독립된 자격으로 계속적으
로 용역을 제공하고 지급받는 대가는 사업소득에 해당하며, 일시적으
로 용역을 제공하고 지급받는 대가는 기타소득에 해당한다.

도표 4-7. 강의에 대한 대가와 고문료

▌강의에 대한 대가

구분	소득 종류
학교에 강사로 고용되어 지급받은 급여	근로소득
일시적으로 강의를 하고 지급받은 강사료	기타소득
독립된 자격으로 계속적·반복적으로 강의를 하고 받는 강사료	사업소득
학교와 학원이 계약을 체결하고 당해 학원에 고용된 강사로 하여금 강의를 하고 그 대가로 학원이 지급받는 금액	당해 학원의 사업소득

▌고문료

구분	소득 종류
거주자가 근로계약에 의한 고용관계에 의해 비상임자문역으로 경영자문 용역을 제공하고 받는 소득 (고용관계 여부는 근로계약 내용 등을 종합적으로 판단)	근로소득
전문직 또는 컨설팅 등을 전문적으로 하는 사업자가 독립적인 지위에서 사업상 또는 부수적인 용역인 경영자문용역을 계속적 또는 일시적으로 제공하고 얻는 소득	사업소득
근로소득 및 사업소득 외의 소득으로 고용관계 없이 일시적으로 경영자 문용역을 제공하고 얻는 소득	기타소득

근로소득으로 보는 주요 사례

- 근로계약이 아닌 연수협약에 의해 연수생에게 지급하는 연수수당
- 장기근속 근로자에게 지급하는 금품(포상금)
- 근로자가 정상 근무시간 외에 사내교육을 실시하고 지급받는 강사료
- 퇴직 후 지급받는 성과금
- 해고되었던 자가 해고무효판결에 의해 일시에 받는 부당해고기간의 대가
  - 당해 소득의 귀속시기는 근로를 제공한 날(해고기간)임
- 퇴직교원이 초빙계약제의 기간제 교원으로 임용되어 초등학교에서 근로를 제공하고 공무원보수(수당)규정에 의해 월정액으로 지급받는 보수
- 사외이사가 고용관계나 이와 유사한 계약에 의해 독립적인 자격 없이 직무를 수행하고 지급받는 월정액급여 및 이사회 참석 시 별도로 지급받는 수당
- 일정기간 동안 회사에 근무하기로 근로계약(약정 근로기간 동안 근무하지 않는 경우 반환조건)을 체결하고 당해 계약에 따라 지급받는 사이닝 보너스(signing bonus)
- 사립유치원(「유아교육법」 제7조 제3호에 따라 사인이 설립·경영하는 유치원 포함) 및 보육시설(「영유아보육법」 제10조에 따른 가정보육시설, 부모협동보육시설, 민간보육시설 포함)이 해당 유치원의 원장 및 보육시설의 장에게 지급하는 급여
- 근로자파견계약에 따라 파견근로자를 사용하는 사업주가 직접 파견근로자에게 별도로 지급하는 수당 등

기타소득에 대해
좀 더 자세히 알아보자

원천징수 대상이 되는 기타소득을 지급하고도 원천징수를 하지 않으면 지급하는 자가 세금을 납부해야 한다. 기타소득을 지급할 때는 원천징수 대상인지 반드시 확인해야 한다.

사업을 하는 개인사업자 또는 회사의 임직원이라도 간혹 외부에서 강의를 하고 강사료를 받는다거나 복권이나 경품에 뽑혀 당첨금을 받는 등 일시적·불규칙적으로 발생하는 소득이 있을 수 있다. 세법에서는 이를 '기타소득'으로 분류한다. 여기서 기타소득이란 이자소득·배당소득·부동산임대소득·사업소득·근로소득·일시재산소득·연금소득·퇴직소득·양도소득·산림소득 이외에 일시적·불규칙적으로 발생하는 소득을 말한다.

기타소득은 일반 사람들에게는 자주 발생하는 소득이 아니므로 대부분의 사람들은 잘 모르는 세금의 종류다. 경리 담당자 입장에서 예를 들면 회사에서 외부강사가 와서 직무교육을 해주는 경우, 이에 대해서 기타소득으로 할지, 사업소득으로 인건비를 신고할지 잘 생각해봐야 한다. 일반적으로 실무에서 해당 강사가 1년에 한 번 정도 와서 직무교육이나 직원을 위한 특강을 해주는 경우 기타소득으로 신고하고, 그렇지 않은 전문 강사의 경우 사업소득으로 신고하는 것이 일반적이다.

기타소득에 대한 과세방법

구체적으로 기타소득에 대한 과세방법에 대해서 알아보자. 즉 기타소득으로 받는 자 입장에서 알아보려고 한다. 고용관계가 없는 자가 다수의 사람들에게 강연을 하고 받는 강사료는 기타소득에 해당한다.

기타소득은 다른 소득과 합산해 과세하는 것이 원칙이다. 하지만 기타소득금액의 연간 합계액이 300만 원 이하인 경우에는 납세자가 원천징수에 의해 납세의무가 종결되는 분리과세를 택하든지, 다른 소득과 합해 종합과세를 적용받든지 선택할 수 있다. 기타소득금액이 300만 원을 초과하는 경우에는 선택의 여지 없이 종합과세된다.

여기서 기타소득금액이 400만 원이면, 강연료의 경우 필요경비로 60%를 공제한 금액이므로 실제 강연료는 1천만 원이다. 다만 실제 소요된 필요경비가 60%를 초과할 경우 그 초과한 금액이 실제 소요경비다.

> 기타소득금액(400만 원) = 1,000만 원 − (1,000만 원 × 60%)

　이때 분리과세가 유리한지 아니면 종합과세가 유리한지를 따져봐야 한다. 원천징수세율은 20%이고 종합소득세율은 최저 6%에서 최고 45%(2021년 개정)까지 있으므로 자신의 다른 소득금액이 얼마나 되느냐에 따라 달라진다.

　기타소득과 근로소득만 있는 경우에는 기타소득금액의 합계액과 연말정산한 근로소득원천징수 영수증상의 과세표준을 합한 금액(종합소득과세표준)이 4,600만 원 이하라면 종합과세를 적용받아 세액의 일부를 환급받을 수 있다. 이는 종합소득과세표준이 1,200만 원 이하면 6%, 4,600만 원 이하면 15%의 세율이 적용되나 원천징수를 할 때는 20%의 세율을 적용하기 때문이다. 종합소득과세표준이 4,600만 원을 초과하면 24%의 세율이 적용되므로 분리과세를 받는 것이 유리하다.

　기타소득과 근로소득 외에 부동산임대소득이 있는 경우 기타소득금액 및 부동산임대소득금액의 합계액과 근로소득원천징수 영수증상의 과세표준을 합한 금액이 4,600만 원을 초과하는지 보고 판단하면 된다. 만약 분리과세를 받을 경우에는 강사료를 받을 때 소득세를 원천징수했으므로 별다른 조치가 필요 없으며, 종합과세를 적용받고자 하는 경우에는 다음 해 5월에 종합소득세 확정신고를 하면 된다.

도표 4-8. **분리과세 구분**

무조건 분리과세	복권당첨소득, 승마투표권 등 환급금, 슬롯머신 당첨금품
무조건 종합과세	• 계약의 위약 또는 해약으로 인해 받는 위약금·배상금(계약금이 위약금·배상금으로 대체되는 경우에 한함) • 뇌물, 알선수재에 따라 받은 금품
선택적 분리과세	1년 동안 기타소득금액이 300만 원 이하인 경우에는 납세자가 선택적으로 본인의 근로소득 등과 합산하지 않을 수 있다.

기타소득금액 계산

기타소득금액은 총수입금액에서 필요경비를 공제해 계산한다. 사업소득의 경우에는 장부와 증빙서류에 의해 지출 사실이 인정되어야 필요경비로 인정해주지만, 기타소득은 비용이 지출되지 않는 경우가 많으며 비용이 지출되더라도 증빙을 갖추기 어려운 경우가 대부분이다. 기타소득의 필요경비도 사업소득에 대한 필요경비와 같이 총수입금액을 얻기 위해 지출한 비용을 인정해주는 것이 원칙이나 다음의 경우 60%를 필요경비로 인정해주고 있다. 다만 실제로 소요된 필요경비가 60%(서화·골동품의 보유기간이 10년 이상인 경우는 90%)에 상당하는 금액을 초과하면 그 초과하는 금액도 필요경비로 인정한다.

기타소득금액 = 총수입금액 − 필요경비

지급금액의 60%를 필요경비로 인정하는 기타소득

- 광업권·어업권·산업재산권·산업정보, 산업상 비밀, 상표권·영업권, 토사석(土沙石)의 채취허가에 따른 권리, 지하수의 개발·이용권, 기타 이와 유사한 자산이나 권리를 양도 또는 대여하고 받는 금품
- 「전자상거래 등에서 소비자보호에 관한 법률」에 따라 통신판매중개를 하는 자를 통하여 물품 또는 장소를 대여하고 연간수입금액 500만 원 규모 이하의 사용료로서 받는 금품
- 공익사업과 관련된 지역권·지상권을 설정 또는 대여하고 받는 금품
- 문예·학술·미술·음악 또는 사진에 속하는 창작품에 대한 원작자로서 받는 원고료, 인세 등
- 인적용역을 일시적으로 제공하고 받는 대가(고용관계 없는 자가 다수인에게 강연을 하고 받는 강연료 등, 라디오·텔레비전 방송 등을 통하여 해설·계몽 또는 연기의 심사 등을 하고 받는 보수 등, 변호사·공인회계사·세무사·건축사·측량사·변리사·그 밖에 전문적 지식 또는 특별한 기능을 가진 자가 그 지식 또는 기능을 활용하여 용역을 제공하고 받는 보수 등, 그 밖에 고용관계 없이 용역을 제공하고 받는 수당 등)

지급금액의 80%를 필요경비로 인정하는 기타소득

- 공익법인이 주무관청의 승인을 얻어 시상하는 상금과 부상
- 다수가 순위 경쟁하는 대회에서 입상자가 받는 상금과 부상
- 계약의 위약 또는 해약으로 인하여 받는 위약금과 배상금 중 주택입주지체상금
- 점당 6천만 원 이상인 서화·골동품(국내 생존작가 작품 제외)을 양도하고 받는 금품(1억 원 이하 또는 10년 이상 보유 후 양도하는 경우 지급금액의 90%)
- 2천만 원 이하의 종교인 소득(2천만 원 초과 50%, 4천만 원 초과 30%, 6천만 원 초과 20%)

마지막으로 회계 담당자의 입장에서 회사에 와서 특강을 해준 강사에게 기타소득 강사료를 지급하려면 실무적으로 어떤 과정을 거치면 될까? 이때 바로 기타소득의 원천징수를 먼저 떠올리면 된다. 앞에서 설명했지만 세무는 반복이 중요하다. 그렇기 때문에 다시 한 번 기타소득에 대해서 검토한 후 회계 담당자로서 기타소득에 대한 원천징수에 대해서 재확인해야 한다.

원천징수세액은 지급금액에서 필요경비를 뺀 금액에 원천징수세율(20%)을 곱해서 계산한다. 이때 소득세의 10%인 지방소득세 소득분도 함께 원천징수한다.

원천징수할 세액 = (지급액 − 필요경비) × 20%

도표 4-9. 기타소득 원천징수 계산방식

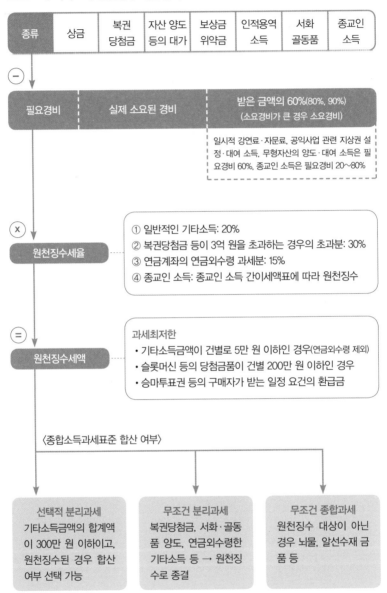

종류	상금	복권 당첨금	자산 양도 등의 대가	보상금 위약금	인적용역 소득	서화 골동품	종교인 소득

(−)

필요경비	실제 소요된 경비	받은 금액의 60%(80%, 90%) (소요경비가 큰 경우 소요경비)

일시적 강연료·자문료, 공익사업 관련 지상권 설정·대여 소득, 무형자산의 양도·대여 소득은 필요경비 60%, 종교인 소득은 필요경비 20~80%

(×)

원천징수세율

① 일반적인 기타소득: 20%
② 복권당첨금 등이 3억 원을 초과하는 경우의 초과분: 30%
③ 연금계좌의 연금외수령 과세분: 15%
④ 종교인 소득: 종교인 소득 간이세액표에 따라 원천징수

(=)

원천징수세액

과세최저한
• 기타소득금액이 건별로 5만 원 이하인 경우(연금외수령 제외)
• 슬롯머신 등의 당첨금품이 건별 200만 원 이하인 경우
• 승마투표권 등의 구매자가 받는 일정 요건의 환급금

〈종합소득과세표준 합산 여부〉

선택적 분리과세
기타소득금액의 합계액이 300만 원 이하이고, 원천징수된 경우 합산 여부 선택 가능

무조건 분리과세
복권당첨금, 서화·골동품 양도, 연금외수령한 기타소득 등 → 원천징수로 종결

무조건 종합과세
원천징수 대상이 아닌 경우 뇌물, 알선수재 금품 등

출처: 국세청

근로소득에 대한 인건비 신고, 이렇게 하면 좋다

근로소득자는 근로소득세(국세), 지방소득세를 부담해야 하며, 각 보험공단에서 관할하는 건강보험, 국민연금, 산재보험, 고용보험 등에 가입하고 일부 부담해야 한다.

우리가 흔히 말하는 정규직근로자뿐만 아니라 계약직근로자도 모두 일반근로소득자에 해당하므로 일반근로소득에 대한 인건비 신고를 해야 한다. 즉 일정한 고용계약에 의해서 사업주에게 근로를 제공하고 대가를 지급받는 자를 근로소득자로 하며, 이에 일용직근로자는 포함되지 않는다.

좀 더 어려운 말로 하자면, 고용관계 또는 이와 유사한 계약에 의해 비독립적 인적용역인 근로를 제공하고 그 대가로 지급받은 소득을 말하며, 기타 이와 유사한 성질의 것으로 급여·봉급·급료·세비·상여금 등이 근로소득에 해당된다.

근로소득이란 무엇인가?

근로소득이란 근로계약에 의해 근로를 제공하고 지급받은 대가로 급여·봉급·급료·세비·상여금 등을 말한다. 비과세되는 근로소득도 있다. 즉 회사에서 다음의 항목으로 받는 돈은 세금을 내지 않아도 된다.

비과세되는 근로소득

- 실비변상적인 급여
  - 일·숙직료, 여비
  - 자가운전보조금(월 20만 원 이내 금액)
- 국외근로소득
  - 국외에서 근로를 제공하고 받는 급여: 월 100만 원 이내 금액
  - 원양어업선박, 외국항행선박의 종업원이 받는 급여, 국외 건설현장 등에서 근로를 제공하고 받는 보수: 월 300만 원 이내 금액
- 월 10만 원 이하의 식사대(식사·기타 음식물을 제공받지 않는 경우에 한함) 등
- 기타 비과세되는 소득
  - 장해급여·유족급여, 실업급여 등
  - 근로자 본인의 학자금
  - 출산·보육수당(월 10만 원 이내)
- 생산직 근로자의 연장시간근로수당 등

좀 더 쉽게 예를 들어보면, 250만 원의 급여를 받는 사람의 경우 본인 차량을 업무에 사용하는 경우 20만 원 비과세가 적용되고, 점심 식사를 회사에서 지원하지 않는 경우 추가로 10만 원 비과세가 되며, 현재 만 6세 이하의 아이가 한 명 있다면 추가로 10만 원 비과세가 적용된다. 따라서 근로소득세의 원천징수는 40만 원의 비과세를 제외한 210만 원을 기준으로 원천징수하는 것으로 세금을 계산한다.

인건비 신고, 이렇게 하면 된다

근로소득자는 국세청에서 관할하는 근로소득세(국세), 지방자치단체(시청, 구청 등)에서 관할하는 지방소득세를 부담해야 하며, 각 보험공단에서 관할하는 건강보험, 국민연금, 산재보험, 고용보험 등에 가입되고 일부 부담도 해야 한다. 이와 관련한 인건비 신고는 다음과 같다.

근로소득에 대한 인건비 관련 신고

- 매월: 근로소득세 간이세액표 기준으로 원천징수 이행상황 신고 및 납부, 4대보험 신고 및 납부
- 1년에 한 번, 매년 3월 10일까지(2월 급여): 직전 1년간 연말정산된 세금과 2월 간이세액에 대한 원천징수 이행상황 신고
- 1년에 한 번, 매년 3월 10일까지: 지급명세서 신고

도표 4-10. **근로소득 원천징수 개요**

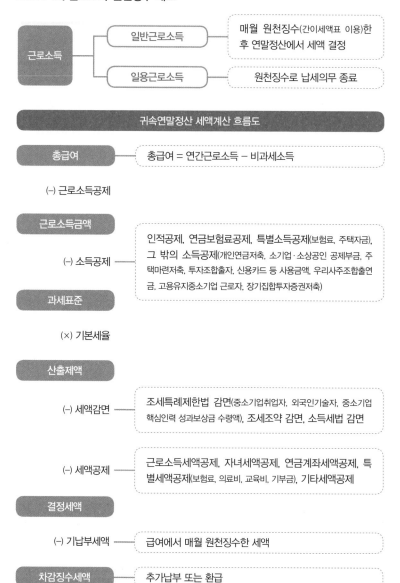

출처: 국세청

도표 4-11. 원천징수 이행상황신고서

■ 소득세법 시행규칙 [별지 제21호서식] <개정 2020. 3. 13.> (10쪽 중 제1쪽)

① 신고구분						[ ]원천징수이행상황신고서 [ ]원천징수세액환급신청서	② 귀속연월	년 월
매월	반기	수정	연말	소득 처분	환급 신청		③ 지급연월	년 월

원천징수 의무자	법인명(상호)		대표자(성명)		일괄납부 여부	여, 부
					사업자단위과세 여부	여, 부
	사업자(주민) 등록번호		사업장 소재지		전화번호	
					전자우편주소	@

❶ 원천징수 명세 및 납부세액

(단위: 원)

소득자 소득구분			코드	원천징수명세							⑨ 당월 조정 환급세액	납부세액	
				소득지급 (과세 미달, 일부 비과세 포함)		징수세액						⑩ 소득세 등 (가산세 포함)	⑪ 농어촌 특별세
				④ 인원	⑤ 총지급액	⑥ 소득세 등		⑦ 농어촌 특별세	⑧ 가산세				
개인·거주자·비거주자	근로소득	간이세액	A01										
		중도퇴사	A02										
		일용근로	A03										
		연말정산 합계	A04										
		연말정산 분납신청	A05										
		연말정산 납부금액	A06										
		가감계	A10										
	퇴직소득	연금계좌	A21										
		그 외	A22										
		가감계	A20										
	사업소득	매월징수	A25										
		연말정산	A26										
		가감계	A30										
	기타소득	연금계좌	A41										
		종교인소득 매월징수	A43										
		종교인소득 연말정산	A44										
		그 외	A42										
		가감계	A40										
	연금소득	연금계좌	A48										
		공적연금(매월)	A45										
		연말정산	A46										
		가감계	A47										
	이자소득		A50										
	배당소득		A60										
	저축 등 해지 추징세액 등		A69										
	비거주자 양도소득		A70										
법인	내·외국법인원천		A80										
수정신고(세액)			A90										
총 합 계			A99										

❷ 환급세액 조정

(단위: 원)

전월 미환급 세액의 계산			당월 발생 환급세액					⑱ 조정대상 환급세액 (⑭+⑮+⑯+⑰)	⑲ 당월조정환 급세액계	⑳ 차월이월 환급세액 (⑱-⑲)	㉑ 환급 신청액
⑫ 전월 미환급세액	⑬ 기환급 신청세액	⑭ 차감잔액 (⑫-⑬)	⑮ 일반 환급	⑯ 신탁재산 (금융 회사 등)	⑰ 그 밖의 환급세액						
					금융 회사 등	합병 등					

원천징수의무자는 「소득세법 시행령」 제185조제1항에 따라 위의 내용을 제출하며, 위 내용을 충분히 검토하였고 원천징수의무자가 알고 있는 사실 그대로를 정확하게 적었음을 확인합니다.

년 월 일

신고인 (서명 또는 인)

세무대리인은 조세전문자격자로서 위 신고서를 성실하고 공정하게 작성하였음을 확인합니다.

세무대리인 (서명 또는 인)

세 무 서 장 귀하

신고서 부표 등 작성 여부			
※ 해당란에 "○" 표시를 합니다.			
부표(4~5쪽)	환급(7~9쪽)	승계명세(10쪽)	

세무대리인	
성 명	
사업자등록번호	
전화번호	

국세환급금 계좌신고
※ 환급금액 2천만원 미만인 경우에만 적습니다.

예입처	
예금종류	
계좌번호	

210mm×297mm[백상지80g/㎡ 또는 중질지80g/㎡]

연말정산은 매년 초에 그동안 간이세액표에 따라 임시로 원천징수했던 세금에 대해서 1년에 한 번 정산하는 것이다. 근로자마다 부양가족이나 소득공제 항목이 다양한데 이에 대해서 매월 변동사항 등을 파악해 신고할 수 없으므로 1년에 한 번씩 1년 동안의 급여를 기준으로 근로자 개개인에 따른 소득세 부담을 정산하는 구조다.

결국은 가장 중요한 부분은 매월 하는 원천징수 이행상황신고이며, 해당 서류는 〈도표 4-11〉과 같다. 이에 대한 구체적인 작성방법은 실질적으로 일반 회사에서는 회계프로그램 또는 국세청에서 가능하므로 생략하기로 한다. 단지 근로소득 간이세액표에 대해서는 조금 더 설명하도록 하겠다.

근로소득 간이세액표란 무엇인가?

근로소득 간이세액표는 소득세법 제129조 제3항에 따라 원천징수의무자가 근로자에게 매월 급여를 지급하는 때 원천징수해야 하는 세액을 급여수준 및 가족수별로 정한 표이며, 매년 바뀐다.

근로소득 간이세액표에 따라 매월 원천징수한 세액의 연간 합계액이 과세기간 중 지출한 보험료, 의료비, 교육비, 기부금 등을 반영한 실제 세부담(연말정산 시 결정세액)보다 큰 경우 근로소득자는 연말정산에서 그 차액을 환급받을 수 있고, 실제 세부담보다 적은 경우 연말정산에서 그 차액을 추가 납부해야 한다. 근로소득 간이세액표는 국세청 홈택스 홈페이지에서 확인할 수 있다.

| 월급여액 (비과세 및 학자금 제외) | | 공제대상가족의 수 | | | | | | | | | | |
이상	미만	1	2	3	4	5	6	7	8	9	10	11
2,850	2,860	71,580	54,080	26,830	21,580	17,190	13,820	10,440	7,070	3,690	0	0
2,860	2,870	72,440	54,940	27,160	21,910	17,410	14,030	10,660	7,280	3,910	0	0
2,870	2,880	73,290	55,790	27,490	22,240	17,620	14,240	10,870	7,490	4,120	0	0
2,880	2,890	74,150	56,650	27,820	22,570	17,830	14,460	11,080	7,710	4,330	0	0
2,890	2,900	75,010	57,510	28,150	22,900	18,040	14,670	11,290	7,920	4,540	1,170	0
2,900	2,910	75,860	58,360	28,480	23,230	18,250	14,880	11,500	8,130	4,750	1,380	0
2,910	2,920	76,720	59,220	28,810	23,560	18,470	15,090	11,720	8,340	4,970	1,590	0
2,920	2,930	77,570	60,070	29,140	23,890	18,680	15,300	11,930	8,550	5,180	1,800	0
2,930	2,940	78,430	60,930	29,470	24,220	18,970	15,510	12,140	8,760	5,390	2,010	0
2,940	2,950	79,280	61,780	29,800	24,550	19,300	15,730	12,350	8,980	5,600	2,230	0
2,950	2,960	80,140	62,640	30,130	24,880	19,630	15,940	12,560	9,190	5,810	2,440	0
2,960	2,970	81,000	63,500	30,460	25,210	19,960	16,150	12,780	9,400	6,030	2,650	0
2,970	2,980	81,850	64,350	30,790	25,540	20,290	16,360	12,990	9,610	6,240	2,860	0
2,980	2,990	82,710	65,210	31,120	25,870	20,620	16,570	13,200	9,820	6,450	3,070	0
2,990	3,000	83,560	66,060	31,450	26,200	20,950	16,790	13,410	10,040	6,660	3,290	0
3,000	3,020	84,850	67,350	32,490	26,690	21,440	17,100	13,730	10,350	6,980	3,600	0
3,020	3,040	86,560	69,060	34,140	27,350	22,100	17,530	14,150	10,780	7,400	4,030	0

지급명세서란 무엇인가?

마지막으로 중요한 지급명세서(원천징수영수증)에 대해서 알아보자. 앞에서 알아본 바와 같이 매월 회사는 직원에게 지급한 급여에 대해서 원천세 신고를 하게 되며 이는 간이세액표를 기준으로 원천징수

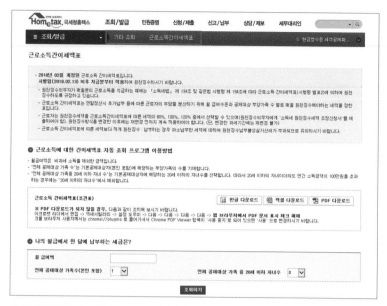

홈택스 홈페이지에서 제공하는 근로소득 간이세액표

이행상황을 신고하고 납부하는 것이다. 이렇게 매월 간이세액표 기준으로 임시로 세액 신고를 한 후 그다음 해 2월에 연말정산을 통해 정확한 세금을 계산(정산)한다. 이때 직원 개인별로 정산된 내용을 기재한 것이 지급명세서다. 즉 직원 개인별로 연말정산에 따른 각종 소득공제 등이 나타나고 1년 동안의 소득에 대한 정확한 개인별 세금 납부내용이 나온 서류를 지급명세서라고 하며, 원천징수영수증 이라고도 한다.

회사 직원들은 2월 초에 연말정산과 관련한 본인의 각종 서류를 회사에 제출하고, 회사는 이러한 개인별 소득공제 등 내용을 지급명 세서에 기재해 국세청에 3월 10일까지 신고한다.

도표 4-13. 근로소득 원천징수영수증

■ 소득세법 시행규칙 [별지 제24호서식(1)] <개정 2020. 12.31.개정안>

관리 번호		[　]근로소득 원천징수영수증 [　]근로소득 지 급 명 세 서 ([　]소득자 보관용 [　]발행자 보관용 [　]발행자 보고용)		

거주구분	거주자1/비거주자2
거주국	거주지국코드
내 · 외국인	내국인1 /외국인9
외국인단일세율적용	여 1 / 부 2
외국법인소속 파견근로자 여부	여 1 / 부 2
종교관련종사자 여부	여 1 / 부 2
국적	국적코드
세대주 여부	세대주1, 세대원2
연말정산 구분	계속근로1, 중도퇴사2

징 수 의무자	① 법인명(상 호)		② 대 표 자(성 명)	
	③ 사업자등록번호		④ 주 민 등 록 번 호	
	③-1 사업자단위과세자 여부	여1 / 부2	③-2 종사업장 일련번호	
	⑤ 소 재 지(주소)			
소득자	⑥ 성 명		⑦ 주 민 등 록 번 호(외국인등록번호)	
	⑧ 주 소			

	구 분	주(현)	종(전)	종(전)	⑯-1 납세조합	합 계
I 근 무 처 별 소 득 명 세	⑨ 근 무 처 명					
	⑩ 사업자등록번호					
	⑪ 근무기간	~	~	~	~	~
	⑫ 감면기간	~	~	~	~	~
	⑬ 급 여					
	⑭ 상 여					
	⑮ 인 정 상 여					
	⑯-1 주식매수선택권 행사이익					
	⑯-2 우리사주조합인출금					
	⑯-3 임원 퇴직소득금액 한도초과액					
	⑯-4 직무발명보상금					
	⑰ 계					
II 비 과 세 및 감 면 소 득 명 세	⑱ 국외근로	MOX				
	⑱-1 야간근로수당	OOX				
	⑱-2 출산 · 보육수당	QOX				
	⑱-4 연구보조비	HOX				
	⑱-5					
	⑱-6					
	~					
	⑱-36					
	⑲ 수련보조수당	Y22				
	⑳ 비과세소득 계					
	⑳-1 감면소득 계					

	구 분			⑱ 소 득 세	⑲ 지방소득세	⑳ 농어촌특별세
III 세 액 명 세	㉒ 결 정 세 액					
	기납부 세 액	㉓ 종(전)근무지 (결정세액란의 세액을 적습니다)	사업자 등록 번호			
		㉔ 주(현)근무지				
	㉕ 납부특례세액					
	㉖ 차 감 징 수 세 액 (㉒-㉓-㉔-㉕)					

위의 원천징수액(근로소득)을 정히 영수(지급)합니다.

년 월 일

징수(보고)의무자

(서명 또는 인)

세 무 서 장 귀하

210mm×297mm[백상지80g/㎡ 또는 중질지80g/㎡]

IV 정산명세서					세액감면			
㉑ 총급여(⑯, 외국인단일세율 적용시 연간 근로소득)					㊽ 종합소득 과세표준			
㉒ 근로소득공제					㊾ 산출세액			
㉓ 근로소득금액					㊿ 「소득세법」			
기본공제	㉔ 본 인				⑤ 「조세특례제한법」(⑤ 제외)			
	㉕ 배 우 자				⑤ 「조세특례제한법」 제30조			
	㉖ 부 양 가 족(명)				⑤ 조세조약			
추가공제	㉗ 경 로 우 대(명)				⑤ 세 액 감 면 계			
	㉘ 장 애 인(명)				세액공제	⑤ 근로소득		
	㉙ 부 녀 자					⑤ 자녀	공제대상자녀 (명)	
	㉚ 한 부 모 가 족						출산·입양자 (명)	
종합소득공제	연금보험료공제	㉛ 국민연금보험료	대상금액		연금계좌	⑤ 「과학기술인공제회법」에 따른 퇴직연금	공제대상금액	
			공제금액				세액공제액	
		㉜ 공적연금보험료공제	㉮ 공무원연금	대상금액		⑤ 「근로자퇴직급여 보장법」에 따른 퇴직연금	공제대상금액	
				공제금액			세액공제액	
			㉯ 군인연금	대상금액		⑤ 연금저축	공제대상금액	
				공제금액			세액공제액	
			㉰ 사립학교교직원연금	대상금액	특별세액공제	⑥ 보험료	보장성	공제대상금액
				공제금액				세액공제액
			㉱ 별정우체국연금	대상금액			장애인전용보장성	공제대상금액
				공제금액				세액공제액
	특별소득공제	㉝ 보험료	㉮ 건강보험료(노인장기요양보험료포함)	대상금액		⑥ 의료비	공제대상금액	
				공제금액			세액공제액	
			㉯ 고용보험료	대상금액		⑥ 교육비	공제대상금액	
				공제금액			세액공제액	
		㉞ 주택자금	㉮ 주택임차차입금 원리금상환액	대출기관	기부금	㉮ 정치자금기부금	10만원 이하	공제대상금액
				거주자				세액공제액
			㉯ 장기주택저당차입금 이자상환액	2011년 이전 차입분	15년 미만			10만원 초과	공제대상금액
					15년-29년				세액공제액
					30년 이상	㉯ 법정기부금	공제대상금액	
				2012년 이후 차입분 (15년 이상)	고정금리 이거나, 비거치상환 대출			세액공제액	
					그 밖의 대출	㉰ 우리사주조합 기부금	공제대상금액	
				2015년 이후 차입분	15년 이상	고정금리이면서 비거치상환 대출		세액공제액	
						고정금리 이거나 비거치상환 대출	㉱ 지정기부금(종교단체외)	공제대상금액
						그 밖의 대출		세액공제액
					10년~15년	고정금리 이거나, 비거치상환 대출	㉲ 지정기부금(종교단체)	공제대상금액
		㉟ 기부금(이월분)						세액공제액
		㊱ 계			⑭ 계			
㊲ 차 감 소 득 금 액					⑯ 표준세액공제			
그밖의소득공제	㊳ 개인연금저축				⑯ 납세조합공제			
	㊴ 소기업·소상공인 공제부금				⑰ 주택차입금			
	㊵ 주택마련저축소득공제	㉮ 청약저축			⑱ 외국납부			
		㉯ 주택청약종합저축			⑲ 월세액	공제대상금액		
		㉰ 근로자주택마련저축				세액공제액		
	㊶ 투자조합출자자 등				⑰ 세 액 공 제 계			
	㊷ 신용카드등 사용액				⑪ 결 정 세 액(㊾-⑤-⑰)			
	㊸ 우리사주조합 출연금				⑧ 실효세율(%) (⑪/㉑)×100			
	㊹ 고용유지 중소기업 근로자							
	㊺ 장기집합투자증권저축							
	㊻ 그 밖의 소득공제 계							
㊼ 소득공제 종합한도 초과액								

210mm×297mm[백상지80g/㎡ 또는 중질지80g/㎡]

202

연말정산, 경리 담당자에게는
중요한 업무 중 하나다

'연말정산 = 13번째 월급 = 간만의 용돈 = 못 받으면 바보'라고 생각하기도 한다.
사실 항상 그렇지는 않다. 13번째 월급은커녕 오히려 추가로 돈을 내야 하는 경우도 있다.

매년 12월이면 신문에 나오는 기사가 있다. 바로 연말정산 관련 기사다. "13번째 월급, 잊지 말고 챙기자." 선동적 제목만 보면 정말 13번째 월급이 있는 것처럼 왠지 기대감에 부풀게 되고, 세금에 대해 잘 모르는 사람은 당연히 '연말정산 = 13번째 월급 = 간만의 용돈 = 못 받으면 바보'라고 생각하기도 한다. 그러나 사실 항상 그렇지는 않다. 13번째 월급은커녕 오히려 추가로 돈을 내는 경우도 있다. 상당히 억울하다고 느껴질 수 있지만 그게 당연한 것이고, 그만큼 연말정산에 대해서 잘 모르고 있다는 이야기다.

'정산'이라는 단어는 꼭 세금에 대한 업무를 하지 않았어도 회사에서 누구나 들어봤을 것이다. 특히 출장을 자주 나가는 영업직이라면 '교통비 정산'이나 '식대 정산' 이라는 말을 많이 사용해봤을 것이다.

정산의 사전적 의미는 '정밀하게 계산한다'는 것이다. 그렇다면 연말정산이란 무엇일까? 연말에 한 번 정확하게 계산한다는 의미다. 그렇다면 이런 생각이 들 법하다. '아니, 처음부터 정확하게 계산하면 되지. 연중에는 뭐하다가 연말에 와서 정확하게 계산한다는 거지?' 왜 그럴까? 매월 급여명세서를 보면 국민연금, 건강보험료 등 각종 보험료와 더불어 구석에 조그맣게 '소득세'라고 쓰여 있는 것을 보았을 것이다. 즉 우리는 월급을 받으면서 세금을 미리 떼고 받고 있다. 그렇게 12개월 동안 월급을 받음과 동시에 세금을 미리미리 낸다. 앞에서 설명했듯이 매월 원천징수를 하고 있는 것이다.

올 한 해 내야 할 세금 vs. 매월 월급에서 나갔던 세금

- 내야 할 세금 > 매월 월급에서 나간 세금 = 추가로 납부
- 내야 할 세금 < 매월 월급에서 나간 세금 = 돌려받음
- 이 두 금액을 비교해서 매월 월급에서 나간 세금이 더 많으면 돌려받고(연말정산 환급, 13월의 급여), 그 금액이 더 적으면 추가로 내야 하는 것이다. 즉 연말정산을 한다고 무조건 받는 것이 아니라 금액을 서로 비교해서 돌려받을 수도 있고, 더 낼 수도 있다.

이 두 금액을 비교해서 매월 월급에서 나간 세금이 더 많으면 돌려받는 것(연말정산 환급, 13월의 급여)이고, 그 금액이 더 적으면 추가

로 내야 하는 것이다. 즉 연말정산을 한다고 무조건 받는 것이 아니고, 금액을 서로 비교해서 돌려받을 수도, 더 낼 수도 있는 것이다.

연말정산의 개념에서 살펴본 것처럼 연말정산을 하면 두 금액을 비교해서 그 차액을 돌려받거나 더 내게 되어 있다. 그런데 연말정산의 묘미는 바로 내야 할 세금을 줄일 수 있다는 것에 있다.

연말정산의 구조상 내야 될 세금이 줄어들면 돌려받을 가능성이 커지고, 줄이면 줄일수록 차액은 점점 커져서 돌려받는 금액도 커진다. 그 줄이는 역할을 하는 것이 바로 '공제'다. 우리가 현금으로 물건을 사면서 끊었던 현금영수증, 교회에 다니면서 냈던 헌금, 근무시간에 몰래 쇼핑몰에 들어가서 결제하는 데 사용했던 신용카드 등이 한 해 동안 벌어들인 소득을 줄여줘서 내야 할 세금이 줄어들고 결국엔 돌려받을 확률을 크게 만들어주는 '공제' 역할을 하는 것이다.

물론 전액 다 빼주는 것은 아니기 때문에 카드를 몇 억 원을 썼던, 헌금을 몇 억 원을 냈던 무조건 낸 세금을 환급받는 것이 아니다. 최근에 더욱 이슈가 되고 있는 부동산 취득에 따른 자금출처 조사에서 이러한 카드사용내역이 소명의 기준이 되는 소득금액에서 빠지게 된다는 점도 함께 알고 있어야 한다.

국세청 연말정산 서비스

요즘은 국세청에서 다음과 같은 서비스를 제공하기 때문에 본인의 공제액이 얼마인지 손쉽게 알아볼 수 있다. 그러나 모든 공제액을

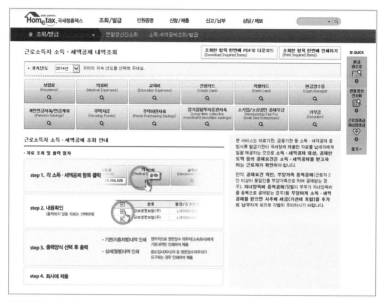

연말정산 간소화 서비스

다 알려주는 것은 아니기 때문에 해당되는 사항이 있다면 빠뜨리지 말고 해당 서류를 제출해서 공제를 받아야 한다.

도표 4-14. 근로소득 연말정산 세액 계산방법

총급여세액(비과세소득제외)

(−)

근로소득공제

총급여액	근로소득공제금액
500만 원 이하	총 급여액의 70/100
500만 원 초과 1,500만 원 이하	350만 원+(총급여액−500만 원)×40%
1,500만 원 초과 4,500만 원 이하	750만 원+(총급여액−1,500만 원)×15%
4,500만 원 초과 1억 원 이하	1,200만 원+(총급여액−4,500만 원)×5%
1억 원 초과	1,475만 원+(총급여액−1억 원)×2%

(=)

근로소득금액

(−)

인적공제

기본공제	추가공제
• 본인	• 경로우대자 • 한부모
• 배우자	• 장애인
• 부양가족	• 부녀자

(−)

연금보험료공제

(−)

특별소득공제

• 건강보험료 등 고용보험료 • 월세액 • 주택임차차입금 원리금상환액
• 장기주택저당차입금 이자상환액 • 기부금(이월분)

(−)

그 밖의 소득공제

• 개인연금저축 • 주택마련저축
• 소기업 · 소상공인 공제부금 • 투자조합출자 등
• 신용카드 등 • 우리사주조합 출연금 · 기부금
• 장기집합투자증권저축 • 고용유지중소기업
• 목돈 안드는 전세 이자상환액

(=)

과세표준 (x) **세 금**

(=)

산출세액

과세표준구간	세 율
1,200만 원 이하	6%
1,200만 원~4,600만 원	15% − 108만 원
4,600만 원~8,800만 원	24% − 522만 원
8,800만 원~1.5억 원	35% − 1,490만 원
1.5억 원~3억 원	38% − 1,940만 원
3억 원~5억 원	40% − 2,540만 원
5억 원 초과	42% − 3,540만 원

(−)

세액공제 · 감면

• 근로소득 • 특별세액공제(정치자금기부금 포함) • 주택자금이자
• 외국납부세액 등 • 소득세법 및 조세특례제한법상 세액감면

(=)

결정세액

(−)

기납부세액

매월 급여에 대해 근로소득 간이세액표에 따라 원천징수한 세액의 연간 합계액

(=)

차감징수세액

• 결정세액 < 납부세액: 차액을 납부
• 결정세액 > 납부세액: 차액을 환급

외국인근로자의
인건비 신고, 이렇게 하자

외국인은 내국인과 같은 방식의 소득공제와 연간 급여의 19% 단일세율을 적용해서
정산하는 방식 가운데 하나를 선택할 수 있다.

요즘 같은 글로벌 사회에서는 회사에 외국인근로자가 있는 경우가
많다. 외국인근로자란 해당 과세연도 종료일 현재 대한민국의 국적
을 가지지 않은 사람을 의미하므로, 대한민국 국적을 가진 재외국민
은 외국인근로자에 해당되지 않는다.

외국인근로자가 거주자인 경우에는 내국인과 동일하게 소득공제
를 적용받을 수 있다. 다만 주택자금 공제, 장기주택저당차입금 이
자상환액 공제, 월세액 공제, 주택마련저축 납입액 공제 등은 적용
되지 않는다. 반면 비거주자인 외국인근로자는 본인에 대한 기본공
제와 연금보험료 공제 등 일부만 공제받을 수 있다. 의료비, 교육비
등 특별공제와 그 밖에 대부분의 소득공제는 적용받지 못한다.

외국인근로자를 위한 특례

1. 외국인근로자가 국내에서 근무함으로써 지급받는 급여에 대해 내국인근로자와 동일하게 연말정산을 하나, 외국인 근로자가 단일세율 신청을 한 경우에는 지급받은 근로소득에 19%를 곱한 금액을 세액으로 납부하고, 당해 근로소득은 종합소득세 계산에 있어 이를 합산하지 않는다.
2. 외국인근로자 과세특례 적용기한
   ① 국내 근무 시작일부터 5년간만 적용
   ② 다만 2014년 이전에 국내 근무를 시작한 외국인근로자의 경우 조세특례제한법상 과세특례 일시적 계속 적용 중
   ③ 「외국인투자 촉진법」 시행령 제20조의2 제4항 제1호에 따른 지역본부(헤드쿼터 인증기업*)에 근무하는 근로자는 근로 시작일부터 5년간 적용
   * 글로벌 기업의 핵심기능(사업전략, 인사관리, R&D 등) 지원·조정업무 수행

　외국인을 위한 과세특례 조항에 따르면 외국인은 내국인과 같은 방식의 소득공제와 연간 급여(비과세소득 포함)의 19% 단일세율을 적용해서 정산하는 방식 가운데 하나를 선택할 수 있다. 즉 외국인근로자가 국내에서 근무함으로써 매월 지급받는 근로소득에 대해 소득세를 원천징수하는 경우, 근로소득간이세액표에 의한 원천징수 방법과 해당 근로소득에 19%를 곱한 금액을 원천징수하는 방법 중에 하나를 선택해 적용할 수 있다. 만약 단일세율을 적용하면 비과세소득, 근로소득공제, 종합소득공제(인적공제, 연금보험료공제, 특별공

도표 4-15. **외국인 근로자의 과세특례 적용 비교**

일반적인 경우	단일세율 · 분리과세 적용
급여총계(비과세 포함)	급여총계(비과세 포함)x19%
– 비과세급여	
– 근로소득공제	
– 인적공제(본인의 기본공제 및 추가공제)	
– 연금보험료공제	
– 특별소득공제 등	
산출세액(과세표준에 기본세율 적용)	
– 근로소득세액공제 등	
= 결정세액	= 결정세액

도표 4-16. **외국인근로자 단일세율적용신청서**

■ 조세특례제한법 시행규칙 [별지 제8호서식] <개정 2014.3.14>

외국인근로자 단일세율적용신청서

❶ 신청인	성명		외국인등록번호	
	국적		직책	
	주소			

❷ 단일세율 적용신청 근로소득(과세기간: 년도)

근 무 처	사업자등록번호	소 재 지	근 로 소 득

위의 근로소득에 대하여 「조세특례제한법」 제18조의2제2항 및 같은 법 시행령 제16조의2제3항에 따라 외국인근로자 단일세율의 적용을 신청합니다.

년   월   일

신청인(소득자)   (서명 또는 인)

귀하

제), 그 밖에 소득공제는 받지 못한다. 즉 둘 중 하나를 선택해 적용할 수 있으므로 당연히 2가지의 방법을 비교해 세금 부담이 낮은 방법을 선택해야 할 것이다. 단, 이러한 단일세율 특례는 국내에서 최초로 근로제공일로부터 5년간만 적용받을 수 있다.

대략 계산을 해보면 연봉이 약 1억 원 이하인 경우에는 국내근로자처럼 소득공제 등을 받고 연말정산을 하는 것이 유리해 보인다. 즉 이 제도는 해외에서 스카웃되어 고액 연봉을 받는 외국인근로자에게 국내에 정착할 수 있도록 5년 정도 세제혜택을 주는 것이다. 그 이상은 사실 국내근로자로 볼 수 있기 때문이다.

원어민 교사도 한국이 체결한 조세조약 중 교사(교수) 면세 조항이 있는 국가의 거주자가 국내에서 일정 기간(대부분 2년) 받는 강의·연구 관련 소득은 면세된다. 미국, 영국, 호주 등이 이에 해당한다. 엔지니어링 기술도입 계약 체결 또는 특정 연구기관에 연구원으로 근무하는 등의 일정 요건을 충족하는 외국인 기술자는 2년간 발생한 근로소득에 대해 산출세액의 50%를 감면받을 수 있다. 이처럼 외국인의 경우 잘 찾아보면 여러 가지 세금혜택 규정이 있으나 일반적으로 회사 회계팀에서는 이러한 부분을 일일이 알기 어렵다. 따라서 외국인근로자 본인이 직접 알아볼 수밖에 없는데 한국어가 익숙하지 않기 때문에 쉽지 않다. 그래서 국세청에서는 외국인 전용 상담전화(1588-0560)도 운영하고 있다.

이러한 세제혜택 등은 회사 입장에서 고려한다기보다는 경리·회계 담당자가 외국인근로자에게 절세지식을 안내할 수 있다는 점, 즉 회사에 또 다른 직무능력을 보여줄 수 있는 기회가 될 것이다.

외국인 세액감면

- 정부 간의 협약에 따라 우리나라에 파견된 외국인이 그 양쪽 또는 한 쪽 당사국의 정부로부터 받는 급여에 대해 세액 감면
- 감면을 받으려는 자는 외국인근로소득 세액감면신청서를 국내에서 근로소득금액을 지급하는 자를 거쳐 그 감면을 받고자 하는 달의 다음 달 10일까지 원천징수 관할 세무서장에게 제출

조세조약에 따른 세액감면(원어민교사)

- 원어민교사는 일반적으로 거주자인 내국인과 동일한 절차에 따라 과세
- 조세조약상 교사·교수조항의 면세요건을 충족하면 일정기간(주로 2년, 중국은 3년) 동안 우리나라에서 발생된 근로소득에 대해 면세혜택

  ※ 조세조약 체결 국가(영어권): 미국, 영국, 남아프리카공화국, 뉴질랜드, 호주, 아일랜드/조세조약상 교직자 조항이 없는 국가(영어권): 캐나다(과세대상 근로소득에 해당)

외국인 기술자의 소득세 감면

국내에서 기술을 제공하거나 연구원으로 근무하는 외국인 기술자의 근로소득에 대해 소득세 면제 규정

구분	근로소득 감면 요건
대상 근로자	엔지니어링기술 도입계약에 의해 기술을 제공하는 외국인근로자, 일정 외투기업의 연구개발 시설에서 연구원으로 근무하는 외국인
감면혜택	근로제공 후 최초 5년간 근로소득세 50% 감면

퇴직연금에 대해
구체적으로 알아보자

퇴직연금제도는 회사가 근로자의 퇴직급여를 금융기관에 위탁해 운용한 뒤
근로자가 퇴직할 때, 연금이나 일시금으로 주는 제도다.

퇴직연금제도에 관한 근거법령이 근로기준법에서 근로자퇴직급여
보장법률로 달라졌다. 이 법은 2005년 12월 1일부터 시행되었다. 다
만 상시 4인 이하의 근로자를 사용하는 사업은 2008년 이후 2010년
을 넘지 않은 기간 이내에서 동법 시행령이 정하는 날부터 시행하기
로 했다. 퇴직연금제도는 회사가 근로자의 퇴직급여를 금융기관에
위탁해 운용한 뒤 근로자가 퇴직할 때, 연금이나 일시금으로 주는
제도다. 이는 2005년 12월 1일부터 근로자 5인 이상의 사업장부터
실시했고, 2010년부터는 모든 사업장에 도입되었다. 따라서 2010년
까지는 기존의 퇴직금제도[기업회계기준 제27조(퇴직급여충당금)]와 퇴
직연금제도가 병행되었다.

도표 4-17. **연금의 종류 및 공제금액 한도**

연금의 종류		공제항목	공제한도	과세적용	공제율
공적 연금	국민연금	연금보험료 공제	불입액 전액	'02년부터	'01년 분은 불입액의 50% 공제, 과세 제외
	직역연금		불입액 전액	'02년부터	
사적 연금	퇴직연금		전체 700만 원 이내 금액	'05년부터	
	연금저축	연금저축 공제		'01년부터	'05년 (240만 원까지)

※ 퇴직보험연금은 퇴직보험의 보험금을 2005년 1월 1일 이후 최초로 퇴직하는 근로자가 연금형태로 지급
받는 경우 연금소득으로 과세되나 불입 시 근로자가 부담하는 금액이 없어 소득공제가 적용되지 않음
※ 직역연금에는 공무원연금, 군인연금, 사립학교교직원연금, 별정우체국법에 의해 지급받는 각종 연금이
포함됨

도표 4-18. **퇴직연금에 대한 과세 개요**

부담금 불입 시		(근로자) 수령 시	
구분	세무상 처리	수령방법	소득구분
사용자(부담금)	필요경비 인정	일시금	퇴직소득
근로자(부담금)	소득공제	연금	연금소득

※ 퇴직연금에는 「과학기술인 공제회법」에 따른 퇴직연금급여사업 포함

퇴직연금제도의 종류

퇴직연금제도의 종류에는 크게 2가지가 있는데, 확정급여형 퇴직연
금제도와 확정기여형 퇴직연금제도가 있다. 만약 사용자가 퇴직급
여제도의 종류를 선택하거나 선택한 퇴직급여제도를 다른 종류로
변경하고자 하는 경우에는 당해 사업에 근로자의 과반수로 조직된
노동조합이 있다면 그 노동조합의 동의를 얻어야 하고, 근로자의 과

반수로 조직된 노동조합이 없다면 근로자 과반수의 동의를 얻어야 한다.

먼저 확정급여형(DB; Defined Benefit) 퇴직연금제도는 근로자가 지급받을 급여의 수준이 사전에 결정되어 있는 퇴직연금을 말한다. 기업주가 퇴직급여와 관련된 적립금의 운용을 책임지는 형태이므로, 적립금의 운용실적에 따라 기업주가 부담해야 하는 기여금이 변동한다. 근로자는 퇴직 후 일정한 금액을 정기적으로 받을 수 있어 안정적이다. 이 제도에서는 기업주가 부담금의 40%까지 사내에 적립할 수 있는데(동법 시행령 제9조), 기업이 도산하는 경우에는 외부에 적립된 60%만 퇴직연금으로 보장받을 수 있다.

다음으로 확정기여형(DC; Defined Contribution) 퇴직연금제도는 퇴직급여의 지급을 위해 사용자가 부담해야 할 부담금의 수준이 사전에 결정되어 있는 퇴직연금을 말한다. 이 제도에서는 근로자가 적립금의 운용에 대한 책임을 진다. 근로자는 퇴직연금규약에서 금융기관이 제시하는 운용방법 가운데 하나를 선택해 운용하면서 운용결과에 대해 책임을 진다. 적립금이 사용자와 독립되어 개인 명의로 적립되므로 근로자의 입장에서는 기업이 도산해도 수급권이 100% 보장된다.

여기서 두 유형의 차이점을 알아보자. 확정급여형 퇴직연금제도는 처음 설계할 때 근로자가 퇴직 시 받을 일시금을 현행 퇴직금 수준으로 사전에 정해놓은 데 비해, 확정기여형 퇴직연금제도는 사용자(기업)가 낼 연금부담금의 수준만 정해지며 근로자가 퇴직 시 받을 일시금 수준은 본인이 적립금을 운용한 결과에 따라 달라진다는 점이 가장 큰 차이점이다. 기업의 입장에서는 퇴직급여에 대한 부담금이 일정하게 정해져 있으므로 효율적인 재정관리를 할 수 있고, 적립금 운용실적에 대해 책임지지 않는다는 장점이 있다.

기존의 퇴직금제도에서 확정급여형 퇴직연금제도 또는 확정기여형 퇴직연금제도로 변경하는 경우 기존 퇴직급여충당금에 대한 회계처리는 다음과 같은 방법을 따른다.

퇴직금제도를 변경하면서 기존 퇴직급여충당금을 정산하는 경우 기존 퇴직급여충당금의 감소로 회계처리한다. 확정기여형 퇴직연금제도가 장래 근무기간에 대해 설정되어 과거 근무기간에 대해서는 기존 퇴직금제도가 유지되는 경우 임금수준의 변동에 따른 퇴직급여충당금의 증감은 퇴직급여(비용)로 인식한다.

과거 근무기간을 포함해 확정급여형 퇴직연금제도로 변경하는 경우 기존 퇴직급여충당금에 대해 부담금 납부 의무가 생기더라도, 이는 사내적립액을 사외적립액으로 대체할 의무에 지나지 않으므로 별도의 추가적인 부채로 인식하지 않고 납부하는 시점에 퇴직연금 운용자산으로 인식한다.

4대보험이란 무엇이고
어떻게 처리해야 하는가?

4대보험은 근로자 1명 이상을 고용하는 경우 가입을 해야 한다.
다시 말하면 직원이 있으면 반드시 4대보험 사업장 가입을 해야 한다.

4대보험이란 말은 참 많이 들어봤을 것이다. 직장에 들어가면 건강
보험증을 받으면서 급여명세서의 국민연금, 건강보험 등으로 급여
실수령액이 줄어드는 항목으로 가장 먼저 그 존재를 깨닫는다.

사회적 위험이란 질병, 장애, 노령, 실업, 사망 등을 의미하며 이러
한 사회적 위험은 사회구성원 본인은 물론 부양가족의 경제생활을
불안하게 하는 요인이 된다. 따라서 사회보험제도는 사회적 위험을
예상하고 이에 대처함으로써 국민의 경제생활을 보장하려는 소득보
장제도다.

우리나라의 4대사회보험제도는 업무상의 재해에 대한 산업재해
보상보험, 질병과 부상에 대한 건강보험 또는 질병보험, 폐질 · 사

망·노령 등에 대한 연금보험, 실업에 대한 고용보험제도가 있다.

4대보험은 근로자 1명 이상을 고용하는 경우 가입을 해야 한다. 다시 말하면 직원이 있으면 반드시 4대보험 사업장 가입을 해야 한다. 당장 4대보험료가 부담스러울 수 있으나 설명한 바와 같이 반드시 필요한 제도이므로 사업을 하는 입장에서 직원을 채용하면 가입하도록 한다.

도표 4-19. 20X5년 9월분 급상여명세서

(단위: 원)

| 사원코드: 2012080101 | | 사원명: 장동건 | | 입사일: 20120801 | |
| 부서: 재무본부 | | 직급: 과장 | | 호봉· | |
지급내역	지급액	공제내역	공제액
기본급	2,801,458	국민연금	124,240
상여		건강보험	83,860
차량유지비		고용보험	18,200
식대	100,000	장기요양보험료	5,490
육아수당	100,000	소득세	196,390
연장수당	743,750	지방소득세	19,630
야간수당	123,958	농특세	
휴일수당	297,500	기타공제	
기타			
특별수당			
유급연차수당			
발명수당			
중소기업취업청년소득세감면			
		공제액계	447,810
지급액계	4,166,666	차인지급액	3,718,856

※ 귀하의 노고에 감사드립니다.

유진세무회계

4대보험료 부담 수준

4대사회보험 정보연계센터 홈페이지(www.4insure.or.kr)를 방문해보면 월 급여에 따른 국민연금, 건강보험, 산재보험 등 부담액을 구체적으로 알아볼 수 있다.

예를 들어 급여 200만 원을 받는 직원이 새로 들어오면 회사 입장(회사부담액)에서는 22만 원 정도의 보험료를 부담해야 하고, 직원입장(근로자 부담액)에서는 18만 원을 부담한다. 즉 근로자는 월급을

4대사회보험 정보연계센터

받는 날 200만 원을 전부 받지 못하고 18만 원과 근로소득세를 차감한 금액을 급여로 받는 것이다.

4대보험, 성실 신고가 중요하다

4대보험에 가입한다는 것은 보험관계성립신고를 말하고, 그 이후에 근로자가 입사·퇴사할 때마다 취득·상실 신고를 해야 한다.

사업장적용신고서(보험관계성립신고서)와 직장 가입자 자격취득신고서를 작성해 관할 공단 지사(국민건강보험공단 또는 국민연금공단 근로복지공단 중 한 군데)에 전자신고를 하거나 팩스로 접수하면 된다. 신고기한은 입사 또는 퇴사한 날이 속하는 달의 다음 달 2주 이내로 보면 된다.

4대보험 신고와 관련한 구체적인 방법은 4대사회보험 정보연계센터 홈페이지나 4대보험 공단 고객센터에 전화해보면 된다. 그중 가장 핵심인 보험료 산정 기준인 기준소득월액에 대해서만 알아보고자 하며, 이는 국민연금을 기준으로 한다.

기준소득월액은 국민연금의 보험료 및 급여 산정을 위해 가입자가 신고한 소득월액에서 1천 원 미만을 절사한 금액을 기준으로 매년 최저금액과 최고금액까지의 범위로 조정해 결정된다(2020년 기준 최저금액 32만 원, 최고금액 503만 원). 즉 월급이 아무리 많아도 최고금액 상한액을 두었으므로 소득세처럼 부담이 무한대로 올라가지 않는 구조다. 여기서 기준소득월액이란 비과세근로소득(월 식대 10만 원, 자가운전보조금 20만 원 등)을 제외한 근로소득에 해당 사업장의 근무일수로 나눈 금액의 30배에 해당하는 금액을 말한다.

연간소득총액(근로소득) / 근무일수 × 30 = 기준소득월액(1천 원 미만 절사)

사업장가입자의 기준소득월액 결정 방법은 다음의 2가지다.

첫째, 최초 입사 시 기준소득월액의 경우 사용자가 근로자에게 지급하기로 약정했던 금액으로 결정하며, 입사(복직) 당시 지급이 예측 가능한 모든 근로소득을 포함해 사용자가 공단에 신고한 소득으로 결정한다. 즉 사업장에서 신고한 소득으로 결정된다.

둘째, 기존 가입자의 기준소득월액은 전년도 중 당해 사업장에서 얻은 소득총액을 근무일수로 나눈 금액의 30배에 해당하는 금액으로 결정하되, 전년도의 소득을 당해 연도 7월부터 다음 연도 6월까지 적용한다. 즉 직전연도 연봉을 기준으로 월급 평균액을 산정한다.

4대보험료를 줄여주는 혜택은 무엇인가?

부담스러운 4대보험료를 줄여주는 혜택이 있다. 바로 두루누리 사회보험료 지원(고용보험·국민연금)이다. 월 보수 215만 원 미만 근로자가 있는 10인 미만 사업장의 고용보험료 및 국민연금을 국가가 90% 지원해준다. 신청방법은 다음과 같다.

- 온라인: 4대사회보험 정보연계센터에서 신청사항 입력
- 서면: 제출서류 작성 후 관할 근로복지공단이나 국민연금공단에
  제출(우편, 방문, 팩스 가능)
- 기타 자세한 사항은 두루누리 사회보험 홈페이지(www.insurance
  support.or.kr)를 이용

도표 4-20. 4대보험 구분

		국민연금	건강보험	고용보험	산재보험
가입대상	연령	18세 이상 60세 미만	연령제한 없음	근로기준법에 의한 모든 근로자 (근로를 제공하고 소득받는 자)	
	제외	• 타공적연금 가입자·수급자 • 1개월 미만 일용근로자, 월 60시간미만 단시간근로자	• 유공자등의료보호 대상자(선택) • 의료급여수급자 • 1개월 미만 일용근로자, 월 60시간미만 단시간근로자	• 65세 이상(가입 의무·보험료미부과·실업급여 제외) • 1개월 60시간(주15시간) 미만 • 타연금 가입자·외국인·사용자	• 타연금 가입자 • 사용자 • 연령제한 없음
	사용자	가입대상 (무보수 대표이사 제외)	가입대상 (무보수 대표이사 제외)	가입불가	
	외국인	보험 가입 여부는 보험별로 다르므로 해당 기관에 직접 문의			
취득		• 취득일 1일은 당연 납부 • 월중 입사자 보험료 납부여부 선택 (희망/미희망)	• 월중입사자는 다음 달부터 • 취득일 1일: 납부 • 피부양자 취득신고	• 학력·직종·주당근무 시간 등 신고 • 입사(퇴사)한 달 일할 계산한 보험료 산정	
상실		• 2일 이후 상실: 1개월분 납부	• 상실신고 시 당해년도 보수총액 신고함으로써 보험료 정산실시	• 고용보험 신고 시 유의사항: 퇴직 사유 정확히 기재(실업급여를 받는 사유) • 상실신고 시 당해연도 보수총액 신고함으로써 보험료 정산실시	

	국민연금	건강보험	고용보험	산재보험
보험료율	• 기준소득월액의 9% – 사용자와 근로자가 1/2씩	• 보수월액의 6.86% (건강보험료) + 건강보험료의 11.52% (요양보험료) – 사용자와 근로자가 1/2씩	• 사업장 근로자 전체의 개인별 월평균 보수의 전체 합계액 × 보험료율 – 실업급여(1.6%, 사용자와 근로자가 1/2씩) – 고용안정·직업능력개발사업 및 산재보험료는 규모 또는 사업종류에 따라 보험료율 다름, 사용자만 부담	
신고마감 납부마감	• 매월 15일 신고 마감 후 다음 달 10일까지 납부 (2011년 1월부터 건강보험공단에서 보험료 고지)			
소득 (적용기간)	• 전년도 소득을 기준으로 연 1회 정기결정 • 개인사업장 사용자 및 근로소득 미확인자는 5월 소득총액신고 안내 – 적용기간: 당해 7월~다음 해 6월	• 매년 2월 전년도 보수총액 신고(보험료 정산), 급여 변동 시 또는 퇴직 시 보수총액 신고 – 적용기간: 당해 1월 ~ 당해 12월	• 매년 2월 말까지 신고해 전년도 보험료 정산 및 당해연도 보험료 결정(자진신고 자진납부 원칙·국세청 자료 등을 통해 확인 및 정산)	
급여변경	±20% 이상 변경 시 신고가능	신고가능 (직장가입자보수월액 변경신청서)	신고가능 (월평균보수변경신청서)	

※ 위 내용은 공단의 업무지침 변경에 따라 다를 수 있으므로, 자세한 사항은 각 공단으로 문의 바람

기관 홈페이지 및 전화번호 안내

• 국민연금(www.nps.or.kr): 국번없이 1355
• 국민건강보험(www.nhic.or.kr): 1577-1000
• 근로복지공단(www.kcomwel.or.kr): 1588-0075
• 고용보험(www.ei.go.kr): 국번없이 1350

도표 4-21. 4대보험 사업장성립신고

[별지 제2호서식] <개정 2020. 12. 10.>

국민연금 [ ]당연적용사업장 해당신고서
건강보험 [ ]사업장(기관) 적용신고서
고용보험 ([ ]보험관계성립신고서 [ ]보험가입신청서)
산재보험 ([ ]보험관계성립신고서 [ ]보험가입신청서)

※ 제1쪽 뒷면의 유의사항 및 작성방법을 읽고 작성하시기 바라며, 색상이 어두운 난은 신고인(신청인)이 적지 않습니다.　　　　(제1쪽 앞면)

접수번호		접수일		처리기간 국민연금·건강보험 3일, 고용·산재보험 5일		

공통	사업장	사업장관리번호		명칭		사업장 형태 [ ]법인 [ ]개인
		소재지	우편번호( )			
		우편물 수령지	우편번호( )		전자우편주소	
		전화번호		(휴대전화)	팩스번호	
		업태		종목	(주생산품)	업종코드
		사업자등록번호		법인등록번호		
		환급(반환) 계좌 사전신고	은행명	계좌번호		[ ] 자동이체 계좌와 동일
			예금주명	* 보험료 정산 등 환급(반환)금액 발생 시 지급될 계좌입니다. (지급 관련하여 통장사본 등 추가 서류를 요청할 수 있습니다.)		
	사용자 (대표자)	성명		주민(외국인)등록번호		전화번호
		주소				
	보험료 자동이체신청	은행명		계좌번호		
		예금주명		예금주 주민등록번호(사업자 등록번호)		
		합산자동이체 적용여부 [ ]적용 [ ]미적용		이체희망일 [ ]납기일 [ ]납기전월 말일(월별보험료)		
		※ 고용·산재보험 건설업 일시납 개산보험료 및 1기 분납 보험료는 자동이체 처리되지 않음에 유의하여 주시기 바랍니다.				
	전자고지 신청	고지방법 [ ]전자우편 [ ]휴대전화 [ ]전자문서교환시스템 [ ]인터넷홈페이지(사회보험통합징수포털)				
		수신처(전자우편주소, 휴대전화번호 또는 아이디)				
		수신자 성명		수신자 주민등록번호		

국민연금/건강보험	건설현장사업장 [ ]해당 [ ]비해당	건설현장 사업기간

연금(고용)보험료 지원 신청	「국민연금법」 제100조의3 또는 「고용보험 및 산업재해보상보험의 보험료징수 등에 관한 법률」 제21조·제48조의2제3항제3호에 따라 아래와 같이 연금(고용)보험료 지원을 신청합니다(근로자 수가 10명 미만인 사업(장)만 해당합니다). 국민연금 [ ] 고용보험 [□ 근로자 종사 사업(장), □ 예술인 종사 사업(장)]

국민연금	근로자수	가입대상자수	적용 연월일(YYYY.MM.DD)
	분리적용사업장 [ ]해당 [ ]비해당	본점사업장관리번호	

건강보험	적용대상자수		본점사업장관리번호		적용 연월일	
	사업장 특성부호		회계종목(공무원 및 교직원기관만 작성)	1	2	3

고용보험	[ ] 근로자 종사 사업(장)	상시근로자수	피보험자수	성립일
	[ ] 예술인 종사 사업(장)	예술인수		
	보험사무대행기관 (명칭)		(번호)	
	주된 사업장	명칭	사업자등록번호	
		우선지원대상기업 [ ]해당 [ ]비해당	관리번호	

산재보험	상시근로자수	성립일	사업종류코드
	사업의 형태 [ ] 계속 [ ] 기간이 정해져 있는 사업(사업기간: -)		
	성립신고일(가입신청일) 현재 산업재해발생여부	[ ]있음 [ ]없음	
	주된 사업장 여부 [ ]해당 [ ]비해당	주된 사업장 관리번호	
	원사업주 사업장관리번호 또는 사업개시번호 (사내하도급 수급사업주인 경우만 적습니다)		

행정정보 공동이용 동의서
본인은 이 건 업무처리와 관련하여 담당 직원이 「전자정부법」 제36조제2항에 따른 행정정보의 공동이용을 통하여 담당 직원 확인사항의 행정정보를 확인하는 것에 동의합니다. *동의하지 않는 경우에는 신청인이 직접 관련 서류를 제출하여야 합니다.
신고인(신청인)　　　　　　　　　　　　　　　　　　(서명 또는 인)

위와 같이 신고(신청)합니다.

　　　　　　　　　　　　　　　　　　　　　　　　　　　　　　　년　　　월　　　일

　　　　　　　　신고인·신청인(사용자·대표자)　　　　　　　　(서명 또는 인)
　　　　　[ ]보험사무대행기관(고용·산재보험만 해당)　　　　(서명 또는 인)

국민연금공단 이사장/국민건강보험공단 이사장/근로복지공단 지역본부장(지사장) 귀하

210mm×297mm[백상지(80g/㎡) 또는 중질지(80g/㎡)]

직원 채용과 퇴사는 회사뿐만 아니라 근로자 본인도 잘 알고 있어야 하는 내용이다. 즉 급여와 마찬가지로 본인이 입사할 때와 퇴사할 때의 절차를 생각해보고, 본인이 직원을 퇴사시켜야 할 때 지켜야 하는 근로기준법 등을 생각하며 읽으면 훨씬 이해하기 쉬울 것이다. 물론 현실과 법과의 차이도 있으므로, 차후에 살아가면서 억울함을 느끼지 않도록 노무 관련 법률과 규정을 공부하는 기회로도 삼을 수 있다.

실무에서
바로 써먹는
근로기준법과
노무관리

5장

입사·퇴사 시 챙겨야 할 서류와 신고사항은 무엇인가?

근로기준법이 정한 기준에 달하지 못하는 근로조건을 정한 근로계약은 그 부분에 한해 무효로 하고, 무효로 된 부분은 근로기준법에 정한 기준에 의한다.

보통 소기업 경리 담당자는 기본적인 노무 업무까지 담당하게 된다. 이는 회사 업무이기도 하지만 잘 배워두면 본인의 고용관계에 대해서 생각해볼 수 있고, 더 나아가 회사 근로자들을 보호해주는 역할도 할 수 있을 것이다.

일반적으로 회사에서 신규 또는 경력 직원을 채용하는 경우 경리 담당자가 챙겨야 하는 서류가 있다. 주민등록등본의 경우 4대보험에 가입하면서 건강보험상 피부양자 등록을 원하는 자가 있을 수 있으므로 주민등록등본이나 가족관계증명서에 표기해주도록 하면 편리할 것이다. 그리고 통장사본은 일괄적으로 회사의 주거래은행 통장으로 요청하는 것이 좋다. 수수료 등이 급여이체 때마다 추가로

도표 5-1. 직원 채용 시 받아야 할 서류

	신규 직원	경력 직원
서류	• 주민등록등본 또는 가족관계증명서 • 이력서 및 자기소개서 • 통장사본 • 학력증명서(졸업 및 성적증명서) • 비상연락망	• 신규 직원 채용 시 받을 서류와 동일 • 경력증명서

계상되어 차후에 기장 등 업무에서 불편할 수 있기 때문이고, 근로자 본인도 주거래은행의 급여통장으로 해당 은행에서 근로자에게 부여하는 혜택을 누릴 수 있어 일석이조다.

마지막으로 비상연락망을 확보해두는 것이 좋다. 특히 단순히 집 전화가 아닌 가족 중 한 명의 휴대전화 번호까지 받아두고 혹시 모를 비상시 연락을 취할 수 있도록 준비하는 것도 경리 및 노무 담당자가 해야 할 일이라고 생각한다. 그 외 어떤 기업의 경우 입사 시 신원보증보험 또는 신원보증을 하도록 입사자에게 요청하는 경우도 있고, 입사 시 건강진단을 받도록 하는 경우도 있다. 각 회사만의 규정이므로 회사 규모가 커가면서 노무 담당자도 이러한 제도 등에 대해서 검토해보고 도입 여부를 결정하는 것도 유능한 경리로서의 역할일 것이다.

퇴사 시에 가장 중요한 것이 자발적 퇴사인지 비자발적 퇴사인지에 관련한 서류를 확보하는 것이다. 즉 사직사유를 일신상의 이유, 건강상의 이유 등으로 기재해 근로자가 사직서를 제출하는 경우에는 자발적 퇴사로 보고 최소한 이를 해당 근로자에게 재확인하는 것이 중요하다. 비자발적 퇴사의 경우 통상 사직서에 회사 경영상 권고에 의한 사직이라고 기재하는데, 4대보험 퇴사신고를 할 때도 반드시 비자발적 퇴사로 신고해야 퇴사하는 직원이 실업급여 등의 혜택을 받을 수 있다. 이를 잘못 기재해 자발적 퇴사로 신고해버리면 이를 번복하기가 매우 어렵거나 받아들여지지 않을 수 있기 때문에 주의해야 한다. 만약 잘못 기재해 신고하게 되면 퇴사자 본인이 매우 곤란해지므로 노무 담당자로서 매우 큰 실수를 하게 되는 것이다. 즉 퇴사 직원에게 받아야 할 서류 중에서 가장 중요한 것은 사직서이며, 특히 사직서에 기재하는 퇴사 이유가 중요하다.

그 외에 회사에서 지급한 비품(노트북, 외장하드 등)이 있다면 회수해야 하며, 1년 이상 근무한 경우 퇴직급여 산정을 해야 한다. 만약 퇴직연금보험에 가입한 사업장이라면 해당 보험사의 퇴직연금 담당자로부터 필요서류 등을 안내받아 퇴사 직전에 해당 근로자에게 받아야 할 자필서류 등을 챙겨야 한다.

근로계약에 대해서 구체적으로 알아보자

근로계약은 근로자가 사용자에게 근로를 제공하고 사용자는 이에 대해 임금을 지급함을 목적으로 체결된 계약을 말한다. 즉 근로자가 회사(사용자)의 지시에 따라 일을 하고 이에 대한 대가로 회사가 임금을 지급하기로 한 계약이다.

도표 5-2. 표준근로계약서

표준근로계약서

_____ (이하 "사업주"라 함)과(와) _____ (이하 "근로자"라 함)은 다음과 같이 근로계약을 체결한다.

1. 근로계약기간: 년 월 일부터   년 월 일까지
   (근로계약기간을 정하지 않는 경우에는 "근로개시일"만 기재)
2. 근무장소:
3. 업무의 내용:
4. 소정근로시간: ___시 ___분부터 ___시 ___분까지(휴게시간: 시 분~ 시 분)
5. 근무일/휴일: 매주 ___일(또는 매일단위) 근무, 주휴일 매주 ___요일
6. 임금
   • 월(일, 시간)급: _____원
   • 상여금: 있음 ( ) _____원, 없음 ( )
   • 기타급여(제수당 등): 있음 ( ), 없음 ( )
   – _____ 원, _____원
   – _____ 원, _____원
   • 임금지급일: 매월(매주 또는 매일) ___일(휴일의 경우는 전일 지급)
   • 지급방법: 근로자에게 직접지급 ( ), 근로자 명의 예금통장에 입금 ( )
7. 연차유급휴가
   • 연차유급휴가는 근로기준법에서 정하는 바에 따라 부여함
8. 사회보험 적용 여부(해당란에 체크)
   □ 고용보험   □ 산재보험   □ 국민연금   □ 건강보험
9. 근로계약서 교부
   • 사업주는 근로계약을 체결함과 동시에 본 계약서를 사본해 근로자의 교부요구와 관계없이 근로자에게 교부함(근로기준법 제17조 이행)
10. 기타
   • 이 계약에 정함이 없는 사항은 근로기준법령에 의함

                         년   월   일

(사업주) 사업체명: (전화:)
        주   소:
        대 표 자: (서명)

(근로자) 주   소:
        연 락 처:
        성   명: (서명)

근로계약은 특별한 형식을 요구하지 않으므로 구두합의만으로도 성립할 수 있으나 당사자 사이의 분쟁을 예방하기 위해서 계약을 서면으로 체결해 계약내용을 명확히 하는 것이 필요하다. 근로기준법이 정한 기준에 달하지 못하는 근로조건을 정한 근로계약은 그 부분에 한해 무효로 하고, 무효로 된 부분은 근로기준법에 정한 기준에 의한다.

사용자는 근로계약을 체결할 때 근로자에게 임금, 소정근로시간, 휴일, 연차유급휴가, 그 밖의 근로조건(취업장소와 종사업무, 취업규칙의 필요적 기재사항, 사업자의 부속기숙사에 근로자를 기숙하게 하는 경우에는 기숙사규칙에 관한 사항)을 명시해야 한다. 이 경우 임금의 구성항목, 계산방법 및 지불방법, 소정근로시간, 휴일, 연차유급휴가에 관한 사항에 대해서는 서면으로 명시해야 한다.

근로조건의 명시는 구두로 해도 무방하지만 서면으로 해야 분쟁을 줄일 수 있다. 일반적으로 미리 작성되어 있는 취업규칙을 제시하고, 특별한 사항에 대해서는 계약서에 명시하는 방법을 택한다. 근로조건 중 임금, 소정근로시간, 휴일, 연차유급휴가에 관한 사항은 기본적이고 중요한 사항이므로 서면으로 명시해야 한다.

임금과 퇴직금 규정, 이렇게 처리하자

통상임금과 평균임금은 왜 중요할까?
그것은 바로 각종 수당을 산정하는 기준이 되기 때문이다.

임금이란 사용자가 근로의 대가로 근로자에게 임금 또는 봉급, 그 밖에 어떠한 명칭으로든지 지급하는 일체의 금품을 말한다. 임금은 근로의 대상이므로 임금지급의 목적이 근로에 대한 대가로 사용자의 지휘·감독하에 제공하는 종속노동관계에서의 근로에 대한 대가여야 한다. 따라서 근로의 대가가 아닌 호의적·은혜적·실비변상적 급여는 임금이 아니다. 경조금이나 장려금과 같은 은혜적인 급여나 영업활동비나 출장비와 같은 실비변상적 급여도 마찬가지다.

좀 더 구체적으로 임금에 대해서 알아보면, 임금은 통상임금과 평균임금으로 나뉜다. 평균임금은 근로자가 정상적인 근로를 하지 않거나 퇴직을 하는 경우 근로자의 정상적인 생활을 보장하기 위해 지

도표 5-3. **통상임금과 평균임금의 수당 산정 기준**

통상임금	평균임금
• 해고예고수당 • 휴업수당 • 야간수당, 연장, 휴일근무수당 • 연차유급휴가수당	• 퇴직금 산정 • 휴업수당 • 각종 재해보상 산정

급되는 통상적인 생활임금의 기준액을 말한다. 통상적인 근로를 할 수 없을 때도 가능한 한 실제 받았던 통상적인 생활임금에 따른 근로자의 생활을 보장하려는 데 제도적 취지가 있다.

평균임금은 산정사유 발생일 이전 3개월간 근로자에게 지급된 임금의 총액을 해당 기간의 총 일수로 나눈 금액이며, 취업 후 3개월 미만도 이에 준한다. 산출된 평균임금이 근로자의 통상임금보다 저액일 경우에는 그 통상임금액을 평균임금으로 한다.

통상임금은 통상의 근로일이나 근로시간에 대해 통상적으로 지급되는 임금을 말한다. 근로자에게 정기적·일률적으로 소정근로 또는 총 근로에 대해 지급하기로 정해진 시간급금액·일급금액·주급금액·월급금액 또는 도급금액을 말한다. 즉 소정의 근로의 양 또는 질에 대해 지급하기로 된 임금으로, 실제 근무일수나 수령액에 구애받지 않고 정기적·일률적으로 임금산정기간에 지급하기로 정해진 고정된 일반임금을 의미한다.

그렇다면 통상임금과 평균임금은 왜 중요할까? 바로 〈도표 5-3〉에서 보듯이 각종 수당을 산정하는 기준이 되기 때문이다.

퇴직금에 대해 자세히 알아보자

퇴직금은 근로자가 퇴직 후 안정적인 생활을 할 수 있도록 도입된 제도로, 퇴사 전 급여액(3개월분의 평균금액)을 기준으로 근속연도를 곱해 계산한다. 예를 들면 장동건 씨가 12년 동안 근무했던 회사에서 퇴사를 하는데, 퇴사 시점 기준 3개월 동안 월 급여가 200만 원이었다. 그렇다면 2,400만 원(200만 원×12년)을 퇴직금으로 수령한다.

이러한 퇴직금은 예전에는 상시 4인 이하의 근로자를 사용하는 사업장에 적용되지 않았다. 그러나 법 개정으로 2010년 12월 1일부터 4인 이하 사업장에도 퇴직금제도가 적용되어 4인 이하 사업장에 소속된 근로자들도 퇴직금을 받을 수 있다. 다만 근속기간이 오래되었더라도 퇴직금 산정을 위한 근속기간은 4인 이하 사업에 퇴직금제도가 시행되는 2010년 12월 1일을 최초 입사일로 본다. 하지만 사용자의 부담을 완화하기 위해 예외적으로 2012년 12월 31일까지는 퇴직금의 50%만 지급할 수 있도록(2013년 1월 1일부터는 100% 지급) 법에서 규정하고 있으므로 이를 알아두자.

또한 근로자퇴직급여 보장법 제8조 제2항에서 "사용자는 주택구입 등 대통령령으로 정하는 사유로 근로자가 요구하는 경우에는 근로자가 퇴직하기 전에 해당 근로자의 계속근로기간에 대한 퇴직금을 미리 정산해 지급할 수 있다."라고 규정한다. 즉 기존에는 제한 없이 근로자의 신청과 사용자의 승인만으로 가능했던 중간정산이 2012년 7월 26일부터는 사유가 있어야만 허용된다. 근로자퇴직급여 보장법 시행령이 정하는 퇴직금 중간정산 사유는 다음과 같다.

근로자퇴직급여 보장법 시행령 제3조 【퇴직금의 중간정산 사유】

① 법 제8조 제2항 전단에서 "주택구입 등 대통령령으로 정하는 사유" 란 다음 각 호의 어느 하나에 해당하는 경우를 말한다.

1. 무주택자인 근로자가 본인 명의로 주택을 구입하는 경우

2. 무주택자인 근로자가 주거를 목적으로 「민법」 제303조에 따른 전세금 또는 「주택임대차보호법」 제3조의2에 따른 보증금을 부담하는 경우. 이 경우 근로자가 하나의 사업에 근로하는 동안 1회로 한정한다.

3. 6개월 이상 요양을 필요로 하는 다음 각 목의 어느 하나에 해당하는 사람의 질병이나 부상에 대한 요양 비용을 근로자가 부담하는 경우

   가. 근로자 본인

   나. 근로자의 배우자

   다. 근로자 또는 그 배우자의 부양가족

4. 퇴직금 중간정산을 신청하는 날부터 거꾸로 계산해 5년 이내에 근로자가 「채무자 회생 및 파산에 관한 법률」에 따라 파산선고를 받은 경우

5. 퇴직금 중간정산을 신청하는 날부터 거꾸로 계산해 5년 이내에 근로자가 「채무자 회생 및 파산에 관한 법률」에 따라 개인회생절차개시 결정을 받은 경우

6. 사용자가 기존의 정년을 연장하거나 보장하는 조건으로 단체협약 및 취업규칙 등을 통해 일정나이, 근속시점 또는 임금액을 기준으로 임금을 줄이는 제도를 시행하는 경우

   6의2. 사용자가 근로자와의 합의에 따라 소정근로시간을 1일 1시간 또는 1주 5시간 이상 변경해 그 변경된 소정근로시간에

따라 근로자가 3개월 이상 계속 근로하기로 한 경우

6의3. 법률 제15513호 근로기준법 일부 개정법률의 시행에 따른 근로시간의 단축으로 근로자의 퇴직금이 감소되는 경우

7. 그 밖에 천재지변 등으로 피해를 입는 등 고용노동부장관이 정해 고시하는 사유와 요건에 해당하는 경우

② 사용자는 제1항 각 호의 사유에 따라 퇴직금을 미리 정산해 지급한 경우 근로자가 퇴직한 후 5년이 되는 날까지 관련 증명 서류를 보존해야 한다.

상시 근로자 수에 따른
노무관리 핵심 포인트

경리업무를 하면서 노무 관련 법률을 모두 알기는 어렵기 때문에
어떻게 문제를 풀어가는지만 알아도 유능한 경리 담당자라고 할 수 있다.

대부분의 노동관계법은 사업(장)에서 사용하는 상시 근로자 수가
1인 이상인 경우 적용된다. 다만 근로기준법, 기간제 및 단시간근로
자 보호 등에 관한 법률 등에서는 상시 근로자 수(5인 이상)를 기준
으로 사업주가 근로자에게 준수해야 할 의무를 적용하는 경우가 있
다. 산업안전보건법, 남녀고용평등과 일·가정 양립 지원에 관한 법
률 등의 경우 상시 근로자 수와 상관없이 법이 전면 적용되지만, 특
정 법조항의 경우 상시 근로자 수 일정 수준 미만에 대해서는 이를
면제하는 경우가 있다.

또한 장애인고용촉진 및 직업재활법과 같이 일정한 기준 이상의
상시 근로자를 사용하는 사업주는 장애인 고용에 대한 의무는 부담하

나, 이 의무를 위반했을 시에 부담금을 납부할 대상이 되는 기준이 기존과 다른 경우도 있다. 따라서 여기에서는 기업의 사업(장) 내 상시 근로자 수에 따른 기업의 노동관계법 준수 의무에 대해 살펴보도록 한다.

근로기준법상 상시 근로자 수 산정방법

다수의 노동관계법에서는 상시 근로자 수 산정방법과 관련해 별도의 규정을 두지 않고 있는 경우가 많다. 따라서 별도의 규정을 두고 있는 산업재해보상보험법 등을 제외하고는 상시 근로자 수 산정방법과 관련해서 근로기준법상 상시 근로자 수 산정방법을 참고할 수 있다.

근로기준법 및 동법 시행령에 따르면 상시 근로자 수를 산정하는 방법은 원칙상 해당 사업 또는 사업장에서 법 적용 사유 발생일 전 1개월 동안 사용한 근로자의 연인원을 같은 기간 중의 가동일수로 나누어 산정하되, 예외적으로 그 산정 결과가 해당 사업 또는 사업장의 상태적인 고용 현황을 반영하지 못하는 경우에는 상태적인 고용 현황에 따라 법을 적용하도록 하고 있다.

조금 복잡한 내용으로 이어질 수 있는데, 우선 경리 담당자의 경우에는 이러한 내용이 있다는 것으로 넘어가고, 구체적으로 우리 사업장의 상시 근로자가 몇 명인지는 고용노동부 콜센터에 문의하는 것이 가장 빠르고 정확하다. 경리업무를 하면서 관계 법률을 모두 알기는 어렵기 때문에 어떻게 문제를 풀어가는지만 알아도 유능한 경리 담당자라고 할 수 있다.

1인 이상 모든 사업장

최저임금법, 남녀고용평등과 일·가정 양립 지원에 관한 법률, 파견 근로자보호 등에 관한 법률, 근로자퇴직급여 보장법 등 다수의 법령이 1인 이상 사업장에 적용된다. 다만 근로기준법과 기간제 및 단시간근로자 보호 등에 관한 법률은 '상시 5명 이상의 근로자를 사용하는 모든 사업 또는 사업장'에 전면 적용되며, '상시 4명 이하의 근로자를 사용하는 사업 또는 사업장'에 대해서는 대통령령으로 정하는 바에 따라 법의 일부 규정만을 적용한다.

근로기준법

근로기준법상 해고에 관한 일부 규정(정당한 이유 없는 해고 제한, 정리해고, 해고 사유 및 시기 서면통지, 노동위원회를 통한 부당해고 구제절차, 감급의 제재), 근로시간에 관한 일부 규정(일반근로자의 법정근로시간 적용, 근로시간 계산 특례 등), 연장 근로 등에 대한 가산수당, 연차유급휴가, 여성 및 모성보호 관련 규정 중 일부(생리휴가, 태아검진시간, 육아시간 등), 취업규칙 및 기숙사 관련 규정이 적용되지 않는다. 상기사항을 제외하고는 1인 이상 근로자를 사용하는 사업주는 다음과 같은 의무를 부담한다.

1인 이상 근로자를 사용하는 사업주의 의무

- 근로계약서 작성 교부 의무: 근로자 채용 및 근로조건 변경 시 근로계약서(임금, 소정근로시간 및 휴게, 휴일, 휴가, 근무장소 및 업무를 명시함)를 서면으로 작성해 이 중 1부를 근로자에게 교부해야 한다.

- 근로계약에 관한 중요서류 사업장 비치·보존 의무: 근로자명부, 임금대장 등 근로계약에 관한 중요서류를 3년간 사업장에 비치하고 보전할 의무를 부담한다.

- 휴게시간 및 휴일 부여 의무: 근로시간이 4시간인 경우 30분 이상, 8시간 이상인 경우 1시간 이상의 휴게시간을 부여해야 하며, 휴게시간은 근로시간 도중에 주어야 하고, 근로자가 자유롭게 이용할 수 있어야 한다. 또한 1주를 개근한 근로자에 대해서는 유급주휴일을 부여해야 하며, 근로자의 날(5월 1일)도 유급휴일로 부여해야 한다.

- 임금의 4대 원칙 준수 및 퇴직 14일 이내 금품청산 의무: 임금은 매월 1회 이상 일정한 날짜를 정해 근로자에게 현금 또는 본인명의 통장으로 그 전액을 지급해야 한다(정기불, 일정기불, 전액불, 통화불 원칙). 물론 근로소득세, 사회보험료 등은 사전공제가 가능하며, 한 달을 전부 일하지 않더라도 일한 일수만큼 임금을 지급해야 한다. 또한 근로자가 사망 또는 퇴직한 경우에는 그날로부터 14일 이내에 임금 등 일체의 금품을 지급해야 한다.

- 해고 시 해고예고 의무 또는 해고예고수당 지급 의무: 근로자 해고 시 적어도 30일 전에 해고예고를 해야 하며, 이를 하지 않을 경우에는 30일 분의 통상임금을 지급해야 한다. 20일 이전에 해고예고를 하면서 10일 치 통상임금을 주는 것과 같이 해고예고 의무와 해고예고수당 지급 의무를 혼합하는 것은 인정되지 않는다.

- 사용증명서(경력증명서) 청구 시 즉시 발급의무: 30일 이상 일한 근로 자가 퇴직 후 3년 이내 사용증명서를 청구하는 경우에는 이를 발급 해주어야 한다. 다만 근로자가 희망하지 않는 사항은 기재하지 말아 야 한다.

- 임산부·18세 미만자 연장근로 제한 및 야간·휴일 근로 금지 의무: 연장근로의 경우 임부는 연장근로가 금지되며, 18세 미만 연소자의 경우 1일 7시간, 1주 40시간을 초과해 근로시킬 수 없다. 다만 당사 자와 합의가 있는 경우 1일 1시간 1주 6시간 한도에서 연장근로를 시킬 수 있으며, 산후 1년 미만의 산부의 경우 1일 2시간, 1주 6시간, 1년 150시간을 초과하는 연장근로가 금지된다. 야간·휴일근로의 경우 노동부 장관의 인가를 받지 않는 이상 임산부, 18세 미만 연소 자의 야간·휴일근로는 금지된다.

- 출산 전후의 여성 및 유·사산을 한 여성에게 보호휴가 의무: 임신 중 의 여성에게 출산 전과 출산 후를 통해 90일의 출산전후휴가를 부여 (산후 45일 이상)해야 하며, 유·사산을 한 여성에 대해서도 근로자 청 구시에 유·사산한 날로부터 최대 90일 범위 내에서 유·사산휴가를 부여해야 한다(출산전후휴가 및 유·사산휴가 모두 최초 60일까지만 유급 처 리하면 되고, 통상임금을 기준으로 지급해도 됨).

기간제 및 단시간근로자 보호 등에 관한 법률

상시 근로자 수 5인 미만을 사용하는 사업(장)에는 기간제 및 단 시간근로자 보호 등에 관한 법률상 핵심이 되는 2년을 초과해 기간 제 근로자를 사용하는 것을 금지하는 '기간제 및 단시간근로자 보호 등에 관한 법률상 사용기간 제한' 및 기간제 근로자와 기간의 정함이 없는 근로자 간에 유사한 업무를 함에도 불구하고 근로조건 등에 합리적인 이유가 없는 차별을 금하는 '기간제 및 단시간근로자 보호 등에 관한 법률상 차별'에 관한 사항이 모두 적용되지 않는다.

근로자 퇴직급여 보장법

근로자 퇴직급여 보장법이 제정되기 전까지는 상시 근로자 수 5인 미만을 사용하는 사업(장)에 대해서는 퇴직금 등 퇴직급여에 관한 규정이 적용되지 않았으나, 근로자 퇴직급여 보장법이 제정되면서 상시 근로자 수 5인 미만을 사용하는 사업(장)도 퇴직급여의 적용범위로 삼았고, 2010년 12월 1일부터 1인 이상 5인 미만 사업장에도 퇴직급여제도를 적용했다. 참고로 2010년 12월 1일 전부터 근무한 경우라도 2010년 12월 1일부터 기산해 1년 이상 계속 근무하고 퇴사해야 퇴직금 지급대상이 되며, 퇴직금 계산에 특례 규정(2010년 12월 1일부터 2012년 12월 31일까지는 법에 정하는 수준의 50/100만 지급하면 됨)이 적용된다.

최저임금법

최저임금법은 1인 이상 사업장에게 전면 적용되는 바, 1인 이상 근로자를 사용하는 사업주는 매년 고용노동부 장관이 고시하는 최저임금 이상의 시급을 지급해야 한다(2021년 기준 8,720원).

파견근로자보호 등에 관한 법률, 노조법, 남녀고용평등과 일·가정 양립 지원에 관한 법률 등

상시 근로자 수 1인 이상(파견·도급·용역 근로자 제외)을 사용하는 사업주는 파견근로자보호 등에 관한 법률상 핵심이 되는 2년 초과 사용금지 및 차별적 처우 금지 규정이 모두 적용되며, 노조법상 노조 설립(노조 설립의 경우 최소 2인 이상 필요하나, 산별·지역별 노조에 가입하는 것은 1인으로도 가능함) 및 부당노동행위 금지 규정도 적용되며, 남녀고용평등과 일·가정 양립 지원에 관한 법률상 모집 및 채용 시 성별을 이유로 한 차별은 금지(임금, 교육·배치 및 승진, 해고 등의 차별은 가능하지만 혼인·임신·출산을 퇴직 사유로 예정하는 근로계약은 금지됨)되며, 직장 내 성희롱 금지, 배우자 출산휴가, 육아휴직, 가족돌봄휴직 등이 모두 적용된다.

고용상 연령차별금지 및 고령자고용촉진에 관한 법률

상시 근로자 수 1인 이상을 고용하는 사업주는 근로자의 연령을 이유로 한 합리적인 이유 없는 차별(모집·채용, 임금, 임금 외의 금품 지급 및 복리후생, 교육·훈련, 배치·전보, 퇴직·해고 등의 분야)을 해서는 안 된다. 참고로 상시 근로자 수 300인 이상 사업장의 경우에는 고령자 고용노력 의무를 부담한다.

4대보험 관련 법령

상시 근로자 수 1인 이상을 사용하는 사업주는 산재보험, 고용보험, 건강보험, 국민연금 등에 가입할 의무를 부담한다.

5인 이상 사업장

정당한 이유 없는 해고 금지, 해고의 사유 및 시기 서면 통지

근로자를 해고(해고, 휴직, 정직, 감봉, 기타 징벌 포함)하려면 정당한 이유가 있어야 하고, 사용자의 사정에 따른 해고인 정리해고의 경우 정당한 이유의 4가지 요건(긴박한 경영상 필요성, 해고회피노력, 합리적이고 공정한 대상자 선정, 해고 50일 전 근로자 대표와 성실한 협의)을 갖추어야 한다. 특히 해고는 해고시기와 사유를 반드시 서면으로 통지해야 효력이 발생한다. 5인 이상 사업장에 근로하는 근로자들의 경우 정당한 이유 없는 해고 등에 대해 노동위원회를 통한 부당해고 구제를 신청할 수 있다. 기타 감급의 제재가 적용됨에 따라 감봉시에 1회의 금액이 평균임금 1일분의 1/2을 총액이 1임금 지급기 임금 총액의 1/10을 초과할 수 없다. 감급(減給)이란 근로자의 복무규율 등 위반 시의 징계조치로 근로자가 실제로 제공한 근로에 대해 본래 지급되어야 할 임금액에서 일정액을 공제하는 징계처분을 말한다.

법정근로시간 적용, 연장근로에 대한 제한

근로자의 근로시간은 1일 8시간, 1주 40시간을 지켜야 하며, 연장근로는 1주 12시간을 초과할 수 없다.

연장·야간·휴일 근로 시 가산수당 지급

근로자가 연장(1일 8시간 1주 40시간 초과 시), 야간(오후 10시부터 익일 오전 6시 사이의 근로), 휴일(주휴일, 근로자의 날, 관공서 공휴일과 같

도표 5-4. 근로자별 근로시간 기준

근로자		기준근로시간 (단위: 시간)		연장근로	야간휴일근로 (통상임금 50% 가산)
		1일	1주		
일반근로자		8	40	• 원칙: 1주 12시간 한도 (당사자 합의) • 예외 – 특별사정(자연재해): 1주 12시간 초과(고용노동부 장관 인가, 근로자 동의)	허용
여성 근로자	18세 이상	8	40	–	허용(당사자 동의)
	임산부	8	40	• 산부(산후 1년 미경과): 단협이 있더라도 1일 2시간, 1주 6시간, 1년 150시간 초과 불가 • 임부: 임부는 적용 배제	• 원칙: 야간근로 금지 • 예외 – 산부(산후 1년 이내): 근로자 동의와 고용노동부 장관 인가 시 야간근로 허용 – 임부: 근로자의 명시적 청구와 고용노동부 장관 인가 시 야간근로 허용
연소근로자 (15~18세)		7	40	1일 1시간, 1주 6시간 한도 (당사자 합의)	야간근로 금지 (단, 근로자동의와 고용노동부장관 인가 시 허용)
특수근로자, 농림수산업 종사자, 감시단속적 근로자 (고용노동부장관 승인)				• 근로시간, 휴게, 휴일 규정 적용 배제 • 야간근로 시 수당지급	

은 약정휴일 포함) 근로를 한 경우에는 통상임금의 50%를 가산해 지급해야 한다.

도표 5-5. **근속연수별 휴가일수**

근속연수	1년	2년	3년	4년	5년	10년	15년	20년	21년	25년
휴가일수	15일	15일	16일	16일	17일	19일	22일	24일	25일	25일

휴업수당 지급

사용자의 귀책사유로 휴업하는 경우 휴업기간 동안 그 근로자에게 평균임금 70% 이상의 휴업수당을 지급해야 한다.

연차유급휴가 부여

1년간 80% 이상 출근한 근로자에게 15일의 연차유급휴가를 부여해야 하며, 3년 이상 근로한 근로자에 대해 최초 1년을 초과하는 계속근로년수 매 2년에 대해 1일의 가산휴가(최대 25일 한도)를 부여해야 한다.

부여된 연차유급휴가는 1년간 사용하지 않으면 소멸되며, 사용하지 않은 연차유급휴가는 연차유급휴가수당으로 보상해야 한다. 예외적으로 회사가 연차유급휴가사용 촉진제도를 운영했을 경우에는 회사의 보상의무가 면제될 수 있다.

회사가 휴가사용 기간 만료 6개월 기준으로 10일 이내에 근로자에게 휴가사용시기 지정을 서면으로 요구하고, 해당 요구에 대해 근로자가 사용시기를 지정하지 않아 회사가 휴가사용 기간 만료 2개월 전까지 휴가사용시기를 지정해 근로자에게 서면으로 통보하면 회사는 휴가사용 촉진조치를 한 것으로, 이러한 요건을 구비하면 회사는 미사용 휴가에 대한 보상의무가 면제된다.

여성 및 모성보호 휴가 등 부여

근로자 청구 시 월 1일의 생리휴가(무급)를 부여해야 하며, 임신한 여성 근로자가 임산부 정기건강진단을 받는 데 필요한 시간을 청구하는 경우 태아검진시간을 유급으로 부여해야 한다. 생후 1년 미만의 유아를 가진 여성 근로자가 수유시간을 청구할 경우 1일 2회 각 30분 이상 유급수유시간을 부여해야 한다.

태아검진시간 부여 기준

- 7개월까지: 2개월마다 1회
- 8~9개월까지: 1개월마다 1회
- 10개월 이후: 2주마다 1회

10인 이상 사업장

근로기준법: 취업규칙 작성의무

상시 근로자 수가 10인 이상인 경우 취업규칙을 작성해 신고할 의무를 부담하며, 불이익 변경 시 근로자 과반수로 구성된 노조가 있는 경우에는 노조의 동의를 받고, 근로자 과반수로 구성된 노조가 없는 경우 근로자 과반수의 동의를 받아야 취업규칙의 변경이 유효하다(불이익 변경이 아닌 경우 의견청취를 하면 됨).

다만 법률상 취업규칙 신고 기준일(제정 또는 변경일 이내 신고해야 한다는 규정)은 명시되어 있지 않지만, 근로감독 시 변경사항을 신고하지 않은 것이 적발되면 시정명령 대상이 된다는 사실을 유의해야 한다.

남녀고용평등과 일·가정 양립 지원에 관한 법률: 직장 내 성희롱 예방 교육 의무

직장 내 성희롱 금지의무를 준수하기 위해 연 1회 이상 직장 내 성희롱 예방교육을 해야 하며, 단순히 교육자료 등을 배포·게시하거나 전자우편을 보내거나 게시판에 공지하는 데 그치는 등 근로자에게 교육 내용이 제대로 전달되었는지 확인하기 곤란한 경우에는 예방교육을 한 것으로 보지 않는다.

하지만 상시 근로자 수 10인 미만 사업자의 경우에는 직장 내 성희롱 예방교육에 관한 홍보물을 게시하거나 배포하는 방법으로 직장 내 성희롱 예방교육을 할 수 있다. 따라서 실질적으로 직장 내 성희롱 예방교육 실시 의무는 상시 근로자 수 10인 이상 사업장에게 적용된다고 할 수 있다.

국가유공자 등 예우 및 지원에 관한 법률: 국가유공자 고용의무

하루에 20인 이상을 고용하는 사기업체의 경우(대통령령으로 정하는 제조업체로서 200인 미만 고용하는 기업체 제외)에는 전체 고용인원의 3% 이상 8% 이하의 범위에서 대통령령으로 정하는 대상업체별 고용비율 이상으로 취업지원 대상자(국가유공자)를 우선해 고용해야 한다.

고용의무비율에 미달해 국가보훈처장이 고용명령을 했음에도 이를 위반하는 경우 1천만 원의 과태료 부과대상이 된다.

30인 이상 사업장

30인 이상을 사용하는 회사는 근로자 참여 및 협력증진에 관한 법률이 규정하는 노사협의회 설치 의무를 가진다.

노사협의회란 근로자와 사용자가 참여와 협력을 통해 근로자의 복지증진과 기업의 건전한 발전을 도모함을 목적으로 구성하는 협의기구를 말한다. 노사협의회는 근로자 측과 사용자 측을 대표하는 같은 수의 위원으로 구성하되, 노사 각각 3인 이상 10인 이내로 구성한다.

노사협의회가 설치되면 그 자치규범인 노사협의회 규정을 설치일로부터 15일 내에 고용노동부에 신고하도록 되어 있으며, 회의는 3개월마다 정기적으로 개최하고 회의록 등을 보존할 것을 의무화하고 있다.

또한 노사협의회와 함께 고충처리제도도 운영할 것을 의무화하고 있는데, 근로자의 고충이 고충처리위원에게 접수되면 해당 고충을 접수하고 처리한 내역을 담은 고충처리대장도 관리·보존하도록 하고 있다.

도표 5-6. 상시 근로자 수 산정방법

항목		상시 근로자 수							관계법령
		1 ~ 4	5 ~ 9	10 ~ 29	30 ~ 49	50 ~ 99	100 ~ 299	300 ~	
사회보험	건강보험	○	○	○	○	○	○	○	국민건강보험법
	고용보험	○	○	○	○	○	○	○	고용보험법
	산재보험	○	○	○	○	○	○	○	산업재해보상보험법
	국민연금	○	○	○	○	○	○	○	국민연금법
	장애인 고용의무					○	○	○	장애인고용촉진 및 직업재활법
	고령자 고용노력의무							○	고용상 연령차별금지 및 고령자고용촉진에 관한 법률
노동관계법령	근로자명부 작성 보관	○	○	○	○	○	○	○	근로기준법
	근로계약서 작성	○	○	○	○	○	○	○	
	임금대장 작성 보관	○	○	○	○	○	○	○	
	해고예고	○	○	○	○	○	○	○	
	사용증명서 교부 의무	○	○	○	○	○	○	○	
	연차 및 생리휴가		○	○	○	○	○	○	
	휴업수당 지급 의무		○	○	○	○	○	○	
	취업규칙 작성·신고			○	○	○	○	○	
	출산전후휴가, 유·사산 휴가	○	○	○	○	○	○	○	
	태아검진시간, 육아시간		○	○	○	○	○	○	
	법정근로시간, 가산임금		○	○	○	○	○	○	
	퇴직금	○	○	○	○	○	○	○	근로자 퇴직급여 보장법
	최저임금	○	○	○	○	○	○	○	최저임금법

항목		상시 근로자 수							관계법령
		1~4	5~9	10~29	30~49	50~99	100~299	300~	
노동관계법령	노사협의회 설치·신고				○	○	○	○	근로자 참여 및 협력증진에 관한 법률
	고충처리위원 선임 및 고충처리대장 작성·보존				○	○	○	○	
	성희롱예방교육	○	○	○	○	○	○	○	남녀고용평등과 일·가정 양립 지원에 관한 법률
	육아휴직 및 육아기 근로시간 단축	○	○	○	○	○	○	○	
	배우자 출산휴가	○	○	○	○	○	○	○	
	가족돌봄휴직	○	○	○	○	○	○	○	
	건강진단의무	○	○	○	○	○	○	○	
	안전보건교육의무		○	○	○	○	○	○	

취업규칙 작성 및 비치 의무를
꼭 지켜야 한다

취업규칙에 기재해야 하는 사항은 근로기준법 제93조에서 규정하고 있고,
취업규칙을 작성·신고하도록 규정하며, 반드시 포함되어야 하는 사항을 명시하고 있다.

취업규칙이란 근로계약관계에 적용되는 근로조건이나 복무규율 등에 대해 사용자가 일방적으로 작성해 자신의 근로자들에게 공통적으로 적용하는 규칙을 의미하는데, 복무규율과 임금 등 근로조건에 관한 준칙의 내용을 담고 있으면 그 명칭을 불문한다.

회사에서 취업규칙은 노무관계에서 중요한 서류지만 소기업의 경우, 특히 5인 정도의 소규모 사업장에서는 이러한 규정 등을 일일이 따르기에 바쁘기도 하고 솔직히 사업을 하기에 벅찬 부분도 있다. 따라서 법에서도 일정 규모 이상의 사업장에 대해서만 이러한 작성 및 비치에 대한 의무를 두고 있다. 하지만 현재 일정 규모 이상이든 아니든 나중에 사업이 커지고 번창하려면 시스템을 갖추는 것도 중

요하고, 특히 인적 자산이 사업의 큰 부분을 차지하기에 경영자와 경리 담당자들은 미리 준비하도록 하자. 취업규칙의 기본조건은 다음과 같다.

상시 10인 이상의 근로자를 사용하는 사용자는 취업규칙을 작성해 노동부장관에게 신고해야 한다(제93조). 취업규칙의 기재사항에는 반드시 취업규칙에서 기재해야 할 필요적 기재사항과 그 밖에 사용자가 임의로 기재할 수 있는 임의적 기재사항이 있다.

상시 10인 이상의 근로자를 사용하는 사용자는 근로기준법이 규정하는 내용을 포함하는 취업규칙을 작성해야 하고, 이때 취업규칙의 작성의무가 있는 사용자란 근로기준법 제15조의 사용자로서 근로관계에 대해 실질적인 권한과 책임이 있는 자(업무 집행권 또는 대표권을 가지고 있는 법인의 임원이나 개인 업체의 대표 등은 제외)를 의미한다.

여기서 상시 10인 이상의 근로자를 사용한다는 것은 첫째, 근로형태와는 무관하게(정규직, 임시직, 계약직, 일용직 등) 상태적으로 근로자수가 10인 이상인 경우를 의미하고, 둘째, 근로자 수가 수시로 변동하는 사업 또는 계절사업, 건설공사 등은 그 사업기간 내에 사용한 총 연인원수를 총 가동일수로 나눈 평균 인원을 상시 근로자수로 봐야 할 것이며, 셋째, 동일 사용자가 2개 이상의 사업 또는 사업장을 경영하는 경우 장소적으로 분리되어 있을지라도 지점·영업소 또는 분공장 등이 동일한 조직과 경영체제하에 사업의 독립성이 없다면 하나의 사업 또는 사업장으로 취급해 이에 근무하는 총 근로자수를 적용대상으로 봐야 한다. 근로형태가 각기 다르고 사업장소, 회계, 인사 등이 독립되어 별도로 운영되고 있을 경우에는 이를 각각 독립된 별개의 사업 또는 사업장 단위로 취급해야 한다고 해석하고 있다.

취업규칙의 기재사항

취업규칙에 기재해야 하는 사항은 근로기준법 제93조에서 규정하고 있고, 취업규칙을 작성 및 신고하도록 규정함과 동시에 반드시 포함되어야 하는 사항을 명시하고 있다.

처음 법률을 접하는 독자들은 한글이지만 낯설고 무슨 말인지 잘

근로기준법 제93조 【취업규칙의 작성·신고】

상시 10명 이상의 근로자를 사용하는 사용자는 다음 각 호의 사항에 관한 취업규칙을 작성해 고용노동부장관에게 신고해야 한다. 이를 변경하는 경우에도 또한 같다.

1. 업무의 시작과 종료시각, 휴게시간, 휴일, 휴가 및 교대근로에 관한 사항

2. 임금의 결정·계산·지급방법, 임금의 산정기간·지급시기 및 승급에 관한 사항

3. 가족수당의 계산·지급방법에 관한 사항

4. 퇴직에 관한 사항

5. 「근로자퇴직급여 보장법」 제4조에 따라 설정된 퇴직급여, 상여 및 최저임금에 관한 사항

6. 근로자의 식비, 작업용품 등 부담에 관한 사항

7. 근로자를 위한 교육시설에 관한 사항

8. 출산전후휴가·육아휴직 등 근로자의 모성 보호 및 일·가정 양립 지원에 관한 사항

9. 안전과 보건에 관한 사항

   9의2. 근로자의 성별·연령 또는 신체적 조건 등의 특성에 따른 사업장 환경의 개선에 관한 사항

10. 업무상과 업무 외의 재해부조(災害扶助)에 관한 사항

11. 직장 내 괴롭힘의 예방 및 발생 시 조치 등에 관한 사항

12. 표창과 제재에 관한 사항

13. 그 밖에 해당 사업 또는 사업장의 근로자 전체에 적용될 사항

근로기준법 제94조【규칙의 작성, 변경 절차】

① 사용자는 취업규칙의 작성 또는 변경에 관해 해당 사업 또는 사업장에 근로자의 과반수로 조직된 노동조합이 있는 경우에는 그 노동조합, 근로자의 과반수로 조직된 노동조합이 없는 경우에는 근로자의 과반수의 의견을 들어야 한다. 다만 취업규칙을 근로자에게 불리하게 변경하는 경우에는 그 동의를 받아야 한다.

② 사용자는 제93조에 따라 취업규칙을 신고할 때는 제1항의 의견을 적은 서면을 첨부해야 한다.

근로기준법 시행규칙 제15조【취업규칙의 신고 등】

사용자는 법 제93조에 따라 취업규칙을 신고하거나 변경신고하려면 별지 제15호서식의 취업규칙 신고 또는 변경신고서에 다음 각 호의 서류를 첨부해 관할 지방고용노동관서의 장에게 제출해야 한다.

1. 취업규칙(변경신고하는 경우에는 변경 전과 변경 후의 내용을 비교한 서류를 포함한다)

2. 근로자의 과반수를 대표하는 노동조합 또는 근로자 과반수의 의견을 들었음을 증명하는 자료

3. 근로자의 과반수를 대표하는 노동조합 또는 근로자 과반수의 동의를 받았음을 증명하는 자료(근로자에게 불리하게 변경하는 경우에만 첨부한다)

모를 수 있을 것이다. 하지만 이러한 법률은 우리 생활에 정말 중요한 내용이 담겨 있어 우리 스스로를 보호할 수 있다는 점을 기억하고 좀 더 친숙해지면 좋을 것이다.

취업규칙에 반드시 기재되어야 할 사항 중 일부가 기재되어 있지 않거나 흠결이 있는 경우에는 동법 제116조에 의거해 사용자에 대해 500만 원 이하의 과태료가 부과될 수 있다. 다만 당해 취업규칙의 효력은 인정되며 기재되지 않은 부분에 대해서는 근로기준법, 단체협약, 근로계약 등에 정해진 조건에 따라야 할 것이다.

취업규칙 신고의무규정은 취업규칙에 대한 감독 행정상 필요에 의한 단속규정이므로 당해 취업규칙이 실제로 근로자들의 근로조건을 규율해왔다면 사용자에 대한 과태료 부과(법 제116조 제1항 제2호)는 별론으로 하고, 법령 또는 단체협약에 위배되지 않는 범위에서 위 취업규칙의 효력은 인정된다.

사용자는 취업규칙 변경 시 근로자의 과반수를 대표하는 노동조합 또는 근로자 과반수의 의견을 청취(불이익변경 시에는 동의)했음을 증명하는 서면을 첨부해 근로기준법 시행규칙 별지 제15호서식에 따라 고용노동부장관에게 신고해야 하고, 이를 이행하지 않을 경우 500만 원 이하의 과태료가 부과된다.

사용자는 취업규칙의 작성·변경에 관해 해당 사업 또는 사업장에 근로자의 과반수로 조직된 노동조합이 있는 경우에는 그 노동조합의 의견을 듣거나 그러한 노동조합이 없는 경우에는 근로자의 과반수(이하 '근로자 과반수'이라 함)의 의견을 들어야 하는데, 이 경우 근로자 과반수의 의견을 듣는 것으로 족하고 사용자에게 협의 또는 합의할 의무가 있는 것은 아니므로 사용자가 근로자 과반수의 반대의견을 수용하지 않더라도 의견청취 의무 위반은 아니다. 만약 사용자가 의견청취 의무를 위반했을 경우 500만 원 이하의 벌금(법 제114조

제1호)에 처해지나, 사용자가 의견청취의 내용에 구속되지 않는다는 점에서 단속규정이라고 봐야 할 것이므로 변경된 취업규칙의 효력은 인정된다.

마지막으로 가장 중요한 내용은 취업규칙의 변경이 불이익한 경우다. 이미 규정된 취업규칙에 대한 변경이 근로자가 종전에 가지고 있던 기득의 권리나 이익을 박탈해 근로조건을 낮추거나 복무규율을 강화하는 경우에는 근로자의 동의 없이는 변경이 불가능하도록 하고 있다.

실무에서 특히 문제가 되는 것은 불이익한 변경에 해당하는지와 의견청취 또는 동의의 주체와 관련된 것이다. 불이익한 변경에 해당하는지는 변경의 취지와 경위, 해당 사업장의 업무의 성질, 취업규칙 각 규정의 전체적인 체계 등의 제반사정을 종합적으로 판단해야 한다. 취업규칙의 불이익 변경 문제는 근로조건을 둘러싼 분쟁의 시발점이 될 수 있는 부분이기 때문에 신중한 접근이 필요하다.

취업규칙은 사용자가 일방적으로 작성한 내용이지만, 해당 사업장에 적용될 근로조건을 미리 정해 하나의 규범으로 전 근로자를 구속하는 효력을 가지기 때문에 사용자는 근로자에게 취업규칙의 내용을 충분히 알 수 있도록 할 필요가 있다. 이에 근로기준법 제14조 제1항은 사용자로 하여금 취업규칙을 상시 각 사업장에 비치해 근로자에게 주지하도록 의무화하고 있고, 이를 위반할 경우에는 500만 원 이하의 과태료에 처해지도록 규정하고 있다.

외국인근로자 고용 시
반드시 알아야 할 고용허가제도

외국인 고용허가제는 국내 인력을 구하지 못하는 우리나라 기업이 정부로부터
고용허가서를 발급받아 합법적으로 외국 인력을 근로자로 고용할 수 있는 제도다.

어제오늘의 일은 아니지만 제조업·일반 서비스업 등과 같은 이른
바 3D업종의 경우, 취업자들의 취업 기피로 인해 갈수록 인력난이
심해지고 있는 상황이다.

우리나라는 외국인에 대한 무분별하고 불법적인 고용 및 운용을
방지하고, 외국인 인력의 적정한 수급과 활용을 위해 정부 차원(고
용노동부 주관)에서 외국인근로자의 도입과 관리를 책임지는 '외국인
고용허가제'를 운영하고 있다. 따라서 국내에 소재한 기업이 외국인
을 고용하거나 국내 기업에 고용되려는 모든 외국인은 외국인 고용
법 및 고용허가제를 통해야 하는 것이 원칙이다.

외국인 고용허가제는 국내 인력을 구하지 못하는 우리나라 기업

1. 일반 외국인노동자 도입: 고용허가제(E-9)

가. 허용기업: 중소제조업(노동자 300인 미만 혹은 자본금 80억 원 이하), 농·축산업 어업, 건설업, 서비스업(건설폐기물 처리업 등 5개 업종)

나. 도입대상: 인력송출국(16개국)의 한국어시험 합격자

다. 담당기관: 고용노동부, 법무부, 한국산업인력공단

라. 고용절차

2. 동포 고용: 방문취업제(H-2)

가. 허용기업: 서비스업(음식, 숙박 등 29개 업종), 중소제조업(노동자 300인 미만 혹은 자본금 80억 원 이하), 농·축산업, 어업, 건설업

나. 도입대상: 연고 동포(국내 초청), 무연고 동포(한국어시험, 전산추첨)

다. 담당기관: 고용노동부, 법무부, 한국산업인력공단

라. 고용절차

외국인 노동자는 업종 간 이동이 불가능하고 사업장 간 이동은 법에서 정한 사유에 한해서 가능하며 최초 3년간 3회 등 일정 요건이 있으나, 동포는 입국 후 취업하며 업종 간, 사업장 간 이동이 비교적 자유롭다.

이 정부(고용노동부)로부터 고용허가서를 발급받아 합법적으로 외국 인력을 근로자로 고용할 수 있는 제도로 2004년부터 시행되었다. 즉 내국인의 고용기회를 보장하면서 인력이 부족한 기업에 외국 인력을 활용할 수 있는 기회를 부여하는 것으로 300인 미만 중소기업, 3D업종을 중심으로 인력수급 동향과 연계해 적정 수준의 도입규모를 결정한 후 내국인 구인노력 의무(3~14일간)를 이행한 경우에 한해 외국인근로자를 고용할 수 있도록 하고 있다.

외국인 고용허가제의 예외

외국인 고용법 제2조의 단서는 "다만 출입국관리법 제18조 제1항의 규정에 의해 취업활동을 할 수 있는 체류자격을 받은 외국인 중 취업분야 또는 체류기간 등을 고려해 대통령령이 정하는 자를 제외한다."라고 정하고 있기 때문에 출입국관리법에 따라 취업활동을 할 수 있는 체류자격을 받는다면 외국인이라 하더라도 고용허가제를 통하지 않고 직접 채용하는 것이 가능하다.

구체적인 정보는 고용노동부 관련 외국인고용관리시스템 홈페이지(www.eps.go.kr)를 참고하기 바란다. 좀 더 구체적인 내용은 외국인 고용법을 참고하고 고용노동부 콜센터에 문의하면 경리 담당자로서 좋은 정보를 얻을 수 있을 것이다. 그리고 마지막으로 외국 국적을 가진 동포의 경우 방문취업 자격(H-2)을 통해 특례고용이 허용된 경우에는 최대 5년(계속 체류 3년+재입국 시 갱신 2년)까지만 체류하면

고용노동부 외국인고용관리시스템

서 취업할 수 있다. 하지만 재외동포 자격(F-4)를 갖춘다면 기간의
제한 없이 내국인과 동일하게 장기 고용될 수 있는데, 방문취업 자
격에서 재외동포 자격으로의 전환 조건은 다음과 같다.

대한민국의 국적을 보유했던 자로서 외국국적을 취득한 자 또는
부모의 일방 또는 조부모의 일방이 대한민국의 국적을 보유했던 자
로서 외국국적을 취득한 자 중에 방문취업(H-2) 사증으로 최근 2년
간 10회 이상 출입국 사실이 있는 자(매회 입국 시 국내 체류기간이 30일
이내), 또는 입국 후 매년 150일 이상을 국외에서 거주하는 자, 제조
업·농축산업·어업·간병인·가사보조인으로 1년 이상 동일 직장에서

근속한 자(업체 휴·폐업, 도산 또는 임금체불 등 부득이한 사유로 1년 이상 동일 직장에서 근속하지 않더라도 자격변경 신청 시 동일 업종에서 취업시 대상에 포함), 그리고 제조업·농축산업·어업 분야에서 6개월 이상 장기근속하고 국내에서 관련 분야 기능사 자격증을 취득한 자다.

외국인근로자의 고용 등에 관한 법률 시행령 제2조【적용 제외 외국인근로자】

「외국인근로자의 고용 등에 관한 법률」(이하 "법"이라 한다) 제2조 단서에서 "대통령령으로 정하는 사람"이란 다음 각 호의 어느 하나에 해당하는 사람을 말한다.

1. 「출입국관리법 시행령」 제23조 제1항에 따라 취업활동을 할 수 있는 체류자격 중 같은 영 별표 1 중 5. 단기취업(C-4), 같은 영 별표 1의 2 중 14. 교수(E-1)부터 20. 특정활동(E-7)까지의 체류자격에 해당하는 사람

2. 「출입국관리법」 제10조의3 제1항, 같은 법 시행령 제23조 제2항 및 제3항의 규정에 따라 체류자격의 구분에 따른 활동의 제한을 받지 아니하는 사람

3. 「출입국관리법 시행령」 제23조 제5항에 따라 같은 영 별표 1의 2 중 28. 관광취업(H-1)의 자격에 해당하는 사람으로서 취업활동을 하는 사람

출입국관리법 제18조【외국인 고용의 제한】

① 외국인이 대한민국에서 취업하려면 대통령령으로 정하는 바에 따라 취업활동을 할 수 있는 체류자격을 받아야 한다.

출입국관리법 시행령 제23조【외국인의 취업과 체류자격】

① 법 제18조 제1항에 따른 취업활동을 할 수 있는 체류자격은 별표 1 중 5. 단기취업(C-4), 별표 1의2 중 14. 교수(E-1)부터 22. 선원취업(E-10)까지 및 29. 방문취업(H-2) 체류자격으로 한다. 이 경우 "취업활동"은 해당 체류자격의 범위에 속하는 활동으로 한다.

② 다음 각 호의 어느 하나에 해당하는 사람은 제1항에도 불구하고 별표 1 및 별표 1의2의 체류자격 구분에 따른 취업활동의 제한을 받지 아니한다.

1. 별표 1의2 중 24. 거주(F-2)의 가목부터 다목까지 및 자목부터 카목까지의 어느 하나에 해당하는 체류자격을 가지고 있는 사람

2. 별표 1의2 중 24. 거주(F-2)의 라목·바목 또는 사목의 체류자격을 가지고 있는 사람으로서 그의 종전 체류자격에 해당하는 분야에서 활동을 계속하고 있는 사람

3. 별표 1의2 중 27. 결혼이민(F-6)의 체류자격을 가지고 있는 사람

③ 별표 1의2 중 26. 재외동포(F-4) 체류자격을 가지고 있는 사람은 제1항에도 불구하고 다음 각 호의 어느 하나에 해당하는 경우를 제외하고는 별표 1 및 별표 1의2의 체류자격 구분에 따른 활동의 제한을 받지 아니한다. 다만, 허용되는 취업활동이라도 국내 법령에 따라 일정한 자격이 필요할 때에는 그 자격을 갖추어야 한다.

1. 단순노무행위를 하는 경우

2. 선량한 풍속이나 그 밖의 사회질서에 반하는 행위를 하는 경우

3. 그 밖에 공공의 이익이나 국내 취업질서 등을 유지하기 위해 그 취업을 제한할 필요가 있다고 인정되는 경우

④ 제3항 각 호의 구체적인 범위는 법무부령으로 정한다.

⑤ 별표 1의2 중 28. 관광취업(H-1) 체류자격을 가지고 있는 사람이 취

업활동을 하는 경우에는 제1항에 따른 취업활동을 할 수 있는 체류
자격에 해당하는 것으로 본다.

해고와 관련해
알아야 할 중요한 사항

해고는 매우 중요한 사항이며, 회사 측에서는 노사문제로 골치 아플 수 있다.
고용노동부 상담 등을 통해 당사자에게 피해가 가지 않도록 노력해야 한다.

법적으로 해고란 사용자의 일방적인 의사표시로 근로자의 의사에
반해 근로계약을 장래에 행해 소멸시키는 법률행위를 말하며 정당
한 이유가 있어야 한다. 근로기준법에서는 해고의 유형을 특별하게
구분하고 있지 않지만 통상적으로 해고의 이유가 근로자 측에 있는
가 또는 사용자 측에 있는가에 따라 일반적인 해고와 경영상의 이유
에 의한 해고로 구분한다. 일반적인 해고는 다시 근로자 측의 일신
상의 사유에 의한 해고를 통상해고로, 근로자 측의 행태상의 사유에
의한 해고를 징계해고로 구분한다.

　통상해고에서의 '일신상의 사유'는 근로계약상의 급부의무의 이
행에 필요한 정신적·육체적 또는 기타 노무수행상의 적격성을 현

저하게 저해하는 사정이 근로자에게 발생해 그 결과 근로자가 자신
의 지위에 상응해 정당하게 요구되는 업무를 충분히 감당할 수 없게
된 경우를 말한다. 그 예로는 직무능력이 부족하다든가, 성격상의
회사 조직에 적응하지 못한다든가 또는 경쟁기업과의 친밀한 관계
(근로자가 경쟁기업주와 인척관계) 등이 있다.

징계해고의 사유는 일반적으로 취업규칙이나 단체협약에 규정되
는데, 근로제공 의무를 위반하거나 기업에 대한 충실의무를 위반한
경우 등으로 기업의 경영질서에 부적격한 경우에 징계로써 행해지
는 해고를 말한다. 행정해석은 근로자 측의 귀책사유로 근무태도불
량, 사업장 내 범법행위, 경력위조 등 3가지를 들고 있다.

징계해고는 해고절차를 취업규칙이나 단체협약에 규정하고 있다

면, 해고를 할 정당성이 충분하다 하더라도 취업규칙이나 단체협약에서 정하고 있는 징계의 절차를 지키지 않은 해고는 무효가 될 수 있다. 다만 이 경우에도 다시 절차를 이행해 해고를 하면 절차 위반의 문제는 사라진다.

예를 들어 회사의 근로자가 잦은 무단결근을 한다고 해서 해당 부서장이 불러내 구두로 나오지 말라고 하고는 월급을 주지 않았다고 하자. 그 후 근로자가 관할 노동위원회에 부당해고 구제신청을 한다면, 해고의 서면통지 의무를 회사가 준수하지 않았으므로 이 해고는 부당하다는 결정을 받게 되고, 근로자는 노동위원회가 이를 결정한 때까지의 임금을 받을 수 있다. 물론 회사는 적정 절차를 준수해 근로자를 다시 해고할 수 있다.

퇴직관리를 제대로 하지 못하면 퇴직과 관련해서 큰 비용이 발생할 수 있기 때문에 경리·회계 담당자는 반드시 해고의 절차와 규정을 꼼꼼히 살펴보고 그 절차에 따른 관련 서류를 잘 챙겨야 한다. 부당해고와 관련한 판례와 뉴스는 많으므로 잘 참고해서 실무 감각을 기르는 것이 좋다.

해고예고제도를 숙지하자

사용자가 근로자를 해고하려면 적어도 30일 전에 예고를 해야 한다. 만약 30일 전에 예고를 하지 않았을 경우에는 30일분 이상의 통상임금을 근로자에게 지급해야 한다. 이 경우 모든 근로자에게 해고

근로기준법 시행규칙 제4조 【해고예고의 예외가 되는 근로자의 귀책사유】

1. 납품업체로부터 금품이나 향응을 제공받고 불량품을 납품받아 생산에 차질을 가져온 경우
2. 영업용 차량을 임의로 타인에게 대리운전하게 해 교통사고를 일으킨 경우
3. 사업의 기밀이나 그 밖의 정보를 경쟁관계에 있는 다른 사업자 등에게 제공해 사업에 지장을 가져온 경우
4. 허위 사실을 날조해 유포하거나 불법 집단행동을 주도해 사업에 막대한 지장을 가져온 경우
5. 영업용 차량 운송 수입금을 부당하게 착복하는 등 직책을 이용해 공금을 착복, 장기유용, 횡령 또는 배임한 경우
6. 제품 또는 원료 등을 몰래 훔치거나 불법 반출한 경우
7. 인사·경리·회계담당 직원이 근로자의 근무상황 실적을 조작하거나 허위 서류 등을 작성해 사업에 손해를 끼친 경우
8. 사업장의 기물을 고의로 파손해 생산에 막대한 지장을 가져온 경우
9. 그 밖에 사회통념상 고의로 사업에 막대한 지장을 가져오거나 재산상 손해를 끼쳤다고 인정되는 경우

예고제도가 적용되는 것이 아니다. 3개월이 되지 않은 일용근로자, 6개월이 되지 않은 월급근로자, 수습근로자의 경우에 적용되지 않는다.

해고예고제도는 천재·사변, 그 밖의 부득이한 사유로 사업을 계속하는 것이 불가능한 경우 또는 근로자가 고의로 사업에 막대한 지장을 초래하거나 재산상 손해를 끼친 경우로 노동부령이 정하는 사

유에 해당하는 경우에도 적용을 배제하고 있다. 사용자는 근로자를 해고하려면 해고사유와 해고시기를 서면으로 통지해야 하고, 서면으로 통지하지 않은 해고는 그 효력이 없다.

사용자가 근로자에게 해고를 서면으로 통지하지 않거나, 정당한 이유없이 해고·휴직·정직·전직·감봉·기타 징벌을 한 때는 당해 근로자는 노동위원회에 그 구제를 신청할 수 있다. 이때 구제신청은 부당해고 등이 있은 날로부터 3개월 이내에 해야 한다.

노동위원회는 부당해고에 대한 구제명령을 할 때 근로자가 원직복직을 원하지 않으면 원직복직을 명하는 대신 근로자가 해고기간 동안 근로를 제공했더라면 받을 수 있었던 임금 상당액 이상의 금품을 근로자에게 지급하도록 명할 수 있다.

근로자는 노동위원회에 구제신청을 하는 것과 별도로 민사소송으로 해고 등 불이익처분의 사법상 효력을 다툴 수 있다. 특히 부당해고의 경우 '해고무효확인의 소'와 함께 해고된 이후에 발생한 임금의 지급을 청구하는 소송을 제기하는 것이 보통이다. 이 경우 근로자는 사용자에게 법원의 판결이 확정되기 이전에 임시로 근로자에게 임금의 지급을 명하는 '임금지급가처분'을 법원에 신청할 수 있다.

도표 5-7. 부당해고 및 부당노동행위 구제절차

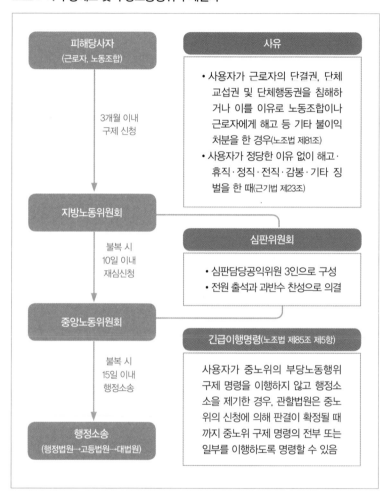

피해당사자
(근로자, 노동조합)

3개월 이내
구제 신청

지방노동위원회

불복 시
10일 이내
재심신청

중앙노동위원회

불복 시
15일 이내
행정소송

행정소송
(행정법원→고등법원→대법원)

사유

• 사용자가 근로자의 단결권, 단체
교섭권 및 단체행동권을 침해하
거나 이를 이유로 노동조합이나
근로자에게 해고 등 기타 불이익
처분을 한 경우(노조법 제81조)
• 사용자가 정당한 이유 없이 해고·
휴직·정직·전직·감봉·기타 징
벌을 한 때(근기법 제23조)

심판위원회

• 심판담당공익위원 3인으로 구성
• 전원 출석과 과반수 찬성으로 의결

긴급이행명령(노조법 제85조 제5항)

사용자가 중노위의 부당노동행위
구제 명령을 이행하지 않고 행정소
소을 제기한 경우, 관할법원은 중노
위의 신청에 의해 판결이 확정될 때
까지 중노위 구제 명령의 전부 또는
일부를 이행하도록 명령할 수 있음

경리업무를 하다가 회사에 금전적 손해를 입히는 경우가 있는데, 일반적으로 세금과 관련되어 있다. 각종 세금의 신고기한을 놓치거나 잘못 신고하는 경우에 가산세가 매우 클 수 있기 때문이다. 그렇기 때문에 세금과 관련된 부분은 매우 어렵게 느껴진다. 처음부터 완벽하게 이해하기는 어려우므로 초반에는 전체적인 세금 종류를 알아가는 것을 위주로 편한 마음으로 읽어보는 것을 추천한다.

실무에서
바로 써먹는
세금의
모든 것

6장

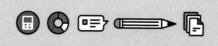

우선 세금의 종류부터
잘 파악하자

우리의 일상생활 속에서 세금문제는 피할 수 없다. 소득과 재산이 있거나
거래가 이루어지는 곳에는 항상 세금이 따라다니기 때문이다.

세금이라고 하면 언뜻 연말정산에 따른 근로소득세가 생각난다. 하
지만 근로자가 아닌 사업자 입장에서는 일상생활을 하면서 알게 모
르게 그 밖의 많은 세금을 내고 있다. 사업으로 돈을 벌었으면 소득
세를 내야 하고, 그 돈을 가지고 집이나 자동차를 사면 취득세를 내
야 하며, 집이나 자동차 등을 소유하고 있으면 재산세·종합부동산
세·자동차세 등을 내야 한다. 그뿐만 아니라 부동산을 팔아 돈을 벌
면 양도소득세를 내야 하고, 자식에게 증여를 하면 증여세를, 부모
가 사망해 재산을 물려받으면 상속세를 내야 한다.

지금까지 언급한 세금은 그래도 알고 내는 세금이지만, 우리가 알
지도 못하고 내는 세금도 한두 가지가 아니다. 물건을 사거나 음식

을 먹으면 그 값에 부가가치세가 포함되어 있고, 고급가구 등을 사면 개별소비세가, 술값에는 주세가, 담뱃값에는 담배소비세가 포함되어 있다. 그뿐만 아니라 계약서를 작성하면 인지세를, 면허를 가지고 있으면 면허세를 내야 한다. 따라서 우리의 일상생활 속에서 세금문제는 피할 수 없다. 소득과 재산이 있거나 거래가 이루어지는 곳에는 항상 세금이 따라다니기 때문이다.

우리를 항상 따라다니는 세금

내국세란 우리나라의 영토 안에서 사람이나 물품에 부과하는 세금으로 국세청에서 담당하고 있다. 관세란 외국으로부터 물품을 수입할 때 부과하는 세금으로 관세청에서 담당하고 있다.

보통세와 목적세는 세금을 징수하는 목적에 따라 구분한다. 보통세는 국방·치안·도로건설 등 일반적인 국가운영에 필요한 경비를 조달하기 위해 내는 세금이고, 목적세는 교육환경 개선 등 특정한 목적의 경비를 조달하기 위해 내는 세금이다.

지방세는 지역의 공공서비스를 제공하는 데 필요한 재원으로 쓰기 위해 지방자치단체별로 각각 과세하는 세금이다. 자동차를 보유하고 있으면 납부해야 하는 자동차세는 지방세다. 즉 국세청이 아닌 시청이나 구청에서 부과한다.

도표 6-1. 우리나라 세금의 종류

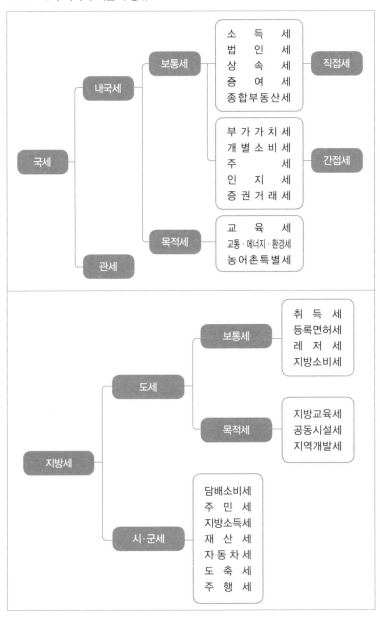

부가가치세란 무엇이고
어떻게 처리해야 하나?

부가세는 무엇에 붙는 세금인가? 재화 또는 용역의 공급, 즉 재화를 공급받는
소비자가 내는 것이나 그에 대한 납세의무자는 원천징수와 같이 사업자다.

부가가치세라는 단어를 많이 들어봤을 것이다. 일상생활에서 부가
가치세라는 것을 많이 보기도 하고 내기도 했다. 신용카드를 쓸 때
마다 대부분 영수증에서 부가세라는 항목을 자주 보게 되고, 그때마
다 우리들은 부가가치세를 납부하고 있다는 사실을 안다. 호텔을 이
용할 때 흔히 말하는 '텐텐(10-10)'이 붙는다는 말도 마찬가지다. 그
말에서 텐은 부가가치세, 그리고 나머지 텐은 봉사료를 말하는 것
이다.

이를 보통 간접세라고 표현하는데, 이유는 우리가 밖에서 먹는 음
식이나 쇼핑하는 물건들의 가격에 포함되어 있어서 그렇다. 물건 값
을 지불하면서 간접적으로 세금을 낸다는 뜻이다. 즉 매일매일 자주

내긴 했지만 잘 생각이 나지 않은 이유는 직접 세금만 따로 낸 게 아니라 음식값이나 물건값으로 냈기 때문이다.

부가가치세의 납세의무자와 과세대상

부가가치세의 납세의무자는 사업자(사업 목적이 영리든 비영리든 관계없이 사업상 독립적으로 재화 또는 용역을 공급하는 자)로서 개인·법인(국가·지방자치단체와 지방자치단체조합을 포함), 법인격이 없는 사단·재단 또는 그 밖의 단체로 규정하고 있다.

사업목적이 영리든 비영리든 관계없기 때문에 개인도 부가가치세 납세의무가 있다. 하지만 사업성이 없는 일시적인 공급에 대해서까지 부가가치세 납세의무를 지면 그 납세부담이 커질 것이므로 사업성이 있느냐를 따지게 되고, 이러한 사업성은 실질적인 사업형태를 갖추고 계속적이고 반복적으로 재화 등을 공급하느냐에 따라서 판단하게 된다. 또한 다른 사업자에게 종속·고용되어 있거나 주된 사업에 부수되지 아니하고 대외적으로 독립되어야 납세의무자가 된다. 따라서 우리가 돈을 벌려고(영리목적) 회사를 다니고 계속적이고 반복적으로 근로를 제공하지만 부가가치세를 내지 않는 이유는 독립된 위치에서 근로를 공급하는 것이 아니기 때문이다. 결국 핵심은 독립적으로 계속적·반복적으로 재화 등을 공급하느냐다.

부가가치세의 과세대상은 사업자가 행하는 재화 또는 용역의 공급과 재화의 수입이다. 하지만 재화 또는 용역 그 자체가 과세대상이 되는 것은 아니다. 우리가 물건을 살 때나 음식을 먹고 음식값을 낼 때 그 물건 값에 부가가치세가 포함되어 있기 때문에 물건이나 음식 그 자체에 부가가치세가 붙는다고 오해하지만 사실은 그것을 우리에게 공급하는 그 행위에 부가가치세가 붙는 것이다.

또한 이러한 공급과 수입의 행위에는 돈이 오가는 것이 일반적이지만 반드시 유상으로 공급하는 것만을 과세대상으로 하는 것은 아니다. 재화의 경우 무상으로 공급할 때도 그 시가를 과세표준으로 해 과세하고 있다. 반면에 용역을 무상으로 공급했을 때는 그 서비스의 가격이 얼마인지에 대한 측정이 어렵기 때문에 과세대상에서 제외된다.

부가가치세 면제대상

일정한 재화 또는 용역의 공급에 대해 부가가치세의 납세의무를 면제하는 제도가 있다. 재화 및 용역의 공급, 재화의 수입은 과세하는 것이 원칙이나 이에 대한 예외적 성격으로 납세의무 자체를 면제하는 것이므로 매출세액이 존재하지 않으며, 매입 시 거래징수를 당한 매입세액을 환급받을 수 없다. 따라서 부가가치세의 부담이 완전히 제거되지 않기 때문에 부분면세라고도 한다.

부가가치세법상 면제대상은 법에 열거된 재화 또는 용역에 한하므로 실무상 어떤 재화 또는 용역의 공급이 과세대상인지 면세대상인지를 판정할 때는 법에 열거된 면세재화 또는 용역에 정확하게 부합되는 경우에만 면세로 판정한다. 그외 기타의 것은 모두 과세대상으로 보면 된다.

부가가치세가 면제되는 대상으로는 곡물, 과실, 채소, 육류, 생선 등 가공되지 않은 식료품의 판매나 연탄, 무연탄, 복권의 판매가 있다. 허가 또는 인가 등을 받은 학원, 강습소, 교습소 등의 교육용역업이나 병·의원 등 의료보건 용역(성형수술 등 일부 용역은 과세), 그리고 도서·신문·잡지(광고 제외)도 포함된다.

부가가치세 면세사업자는 부가가치세를 신고할 의무가 없으나 사업장 현황신고는 해야 한다. 1년간의 매출액과 동일 기간 내에 주고받은 세금계산서와 계산서 합계표를 다음 해 2월 10일까지 사업장 관할세무서에 신고해야 한다.

일반과세자와 간이과세자, 부가세 신고방법은 이것이다

일반과세자의 부가가치세는 매출세액에서 매입세액을 차감해 계산한다.
즉 매출액의 10%에서 매입액의 10%를 차감해 신고·납부하면 된다.

일반적으로 사업자등록증을 보면 가로 표시에 일반과세자 또는 면세사업자, 간이과세자, 법인사업자 등 부제목이 기재되어 있다. 이는 부가가치세를 기준으로 보면 쉽다.

일반과세자는 개인사업자 중에서 부가가치세 과세사업자를 의미한다. 간이과세자는 부가가치세 적용을 간이로 적용받는 영세 사업자를 의미하는데, 정확히 말하면 1년간 매출액이 2021년 기준 8천만원 미만인 소규모 사업자를 말한다.

다만 소규모라고 모두 간이과세를 적용할 수 있는 것은 아니며, 광업, 제조업, 도매업, 전문직 사업자, 다른 일반과세 사업장을 이미 보유한 사업자, 간이과세 배제기준(종목·부동산임대업·과세유흥장소나

도표 6-2. 일반과세자와 간이과세자의 차이점

일반과세자

- 1년간 매출액 8천만 원 이상이거나 간이과세 배제되는 업종·지역인 경우
- 매출액 8천만 원 이상
- 공급가액×10%
- 세금계산서 의무 발행
- 매입세액 전액 공제
- 모든 업종에 의제매입세액 적용

간이과세자

- 1년간 매출액 8천만 원 미만이고 간이과세 배제되는 업종·지역에 해당되지 않는 경우
- 매출액 8천만 원 미만
- 공급가액×업종별 부가가치세율×10%
- 세금계산서 발행 안 함
- 매입세액 일부 공제
- 음식점업과 제조업에만 의제매입세액 적용

구분	과세표준 (업종구분)	세율	업종별 부가가치율
일반과세자	모든 업종	10%	–
간이과세자	전기·가스·증기·수도	10%	5%
	소매업, 음식점업, 재생용 재료수집 및 판매업	10%	10%
	제조업, 농업·임업 및 어업, 숙박업, 운수 및 통신업	10%	20%
	건설업, 부동산임대업, 기타 서비스업	10%	30%

지역)에 해당되는 사업자 등은 간이과세자를 적용받을 수 없다.

간이과세자로서 당해 과세기간(1월 1일~12월 31일) 공급대가(매출액)가 3천만 원 미만인 경우 부가가치세 신고는 하되, 세금 납부는 면제된다. 다만 당해 과세기간에 신규로 사업을 개시한 경우에는 사업개시일부터 과세기간 종료일까지의 공급대가 합계액을 1년으로 환산한 금액이 3천만 원 미만이면 세금 납부 의무가 면제된다.

부가가치세 신고와 납부방법

부가가치세는 원칙적으로는 6개월을 과세기간(1월 1일~6월 30일, 7월 1일~12월 31일)으로 해서 그 과세기간이 끝난 후 25일 이내에 신고·납부해야 한다. 이를 확정신고라고 한다. 그러나 부가가치세 일시납부에 따른 사업자의 부담을 해소해주기 위해서 과세기간을 3개월 단위로 나누어 신고·납부하도록 하고 있는데 이를 예정신고라고 한다.

사업자는 각 과세기간 중 예정신고기간의 종료 후 25일 이내에 예정신고기간에 대한 과세표준과 납부세액 또는 환급세액을 사업장 관할세무서장에게 신고·납부해야 한다. 3개월마다 부가가치세를 신고·납부하는 것이 원칙이나 신고에 따른 납세자의 불편을 축소하고 행정력의 절감을 위해 개인 일반과세자(법인 및 간이과세자 제외)에 대해서는 직전과세기간 납부세액의 1/2을 고지결정해 예정신고 의무를 축소하고 있다.

간이과세자는 예전에는 6개월에 한 번씩 신고·납부해야 했으나, 이제는 1년에 한 번, 즉 매년 1월 25일까지 신고·납부하면 된다. 세금 신고의 가장 중요한 2가지가 바로 소득세와 부가가치세인 점을 생각해보면, 일반과세자인 일반 규모의 사업자인 경우 2개월에 한 번 꼴로 신고 또는 납부를 해야 하는 것이 된다. 1월, 4월, 7월, 10월에 부가가치세 신고 또는 납부(예정고지분)를 하고, 5월과 11월에 종합소득세 신고 또는 납부(중간예납분)를 한다. 세무서에서 매우 자주 주고(세금) 받는(납부서) 꼴이 되는 것이다.

도표 6-3. **부가가치세 신고 · 납부방법**

▍부가가치세는 다음의 과세기간으로 해 확정 신고 · 납부해야 한다.

사 업 자	과세기간	확정 신고대상	확정 신고 납부기간
일반 과세자	제1기 1.1.~6.30.	1.1.~6.30.간의 사업실적	7.1.~7.25.
	제2기 7.1.~12.31.	7.1.~12.31.간의 사업실적	다음 해 1.1.~1.25.
간이과세자	1.1.~12.31.	1.1.~12.31.간의 사업실적	다음 해 1.1.~1.25.

▍일반과세자의 경우 4월과 10월, 간이과세자의 경우 7월에 세무서장이 직전 과세기간 납부세액이 60만 원 이상인 경우 그 금액의 1/2를 예정고지하며, 당해 예정고지세액은 다음 확정신고납부 시에 공제된다. 다만 다음의 경우는 사업자의 선택에 의해 예정신고할 수 있다.

예정신고할 수 있는 개인 사업자		과세기간	예정신고납부기한
일반	• 예정고지된 사업자라도 사업부진·조기 환급 등을 받고자 하는 경우	제1기 예정신고 (1.1.~3.31. 실적)	4.1.~4.25.
		제2기 예정신고 (7.1.~9.30. 실적)	10.1.~10.25.
간이	• 휴업·사업부진 등으로 예정부과기간의 공급대가(납부세액)가 직전 과세기간의 공급대가(납부세액)의 1/3에 미달하는 경우	예정부과기간 (1.1.~6.30. 실적)	7.1~7.25.

※ 법인사업자의 경우에는 예정신고·납부(4월, 10월) 및 확정 신고·납부(7월, 다음 해 1월)를 모두 해야 한다.

부가가치세, 이렇게 계산하자

이번에는 부가가치세를 어떻게 계산하는지 알아보자. 일반과세자의 부가가치세는 매출세액(매출액의 10%)에서 매입세액(매입액의 10%)을 차감해 계산한다.

간이과세자의 부가가치세는 업종별 부가가치율을 적용한 매출세액에서 업종별 부가가치율을 적용한 매입세액을 차감해 계산한다. 즉 한마디로 '1-업종별부가율'만큼 일반과세자가 납부할 세금에서 깎아주는 것이다. 소규모 영세사업자이기에 그렇다. 다시 말하면 영세하기 때문에 소비자들에게 10% 부가가치세를 전가시키지 못할 규모라고 보는 것이다. 예를 들면 호텔에서 식사를 하는 사람들은 부가가치세 10% 때문에 이용 고객이 줄지 않을 것이다. 그러나 월 200만 원 매출도 안 되는 식당의 경우에는 음식값 10%가 아주 큰 영향을 미칠 수 있다.

일반과세자와 간이과세자의 납부세액 계산방법

- 일반과세자: 매출세액(매출액×10%) – 매입세액(매입액×10%)
- 간이과세자: 매출액 × 부가가치세율 × 10% – 공제세액(세금계산서상 매입세액×부가가치세율)

도표 6-4. 일반과세자 부가가치세 흐름도

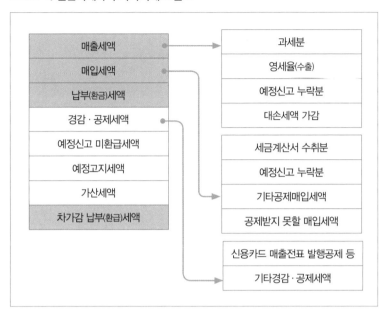

도표 6-5. 간이과세자 부가가치세 흐름도

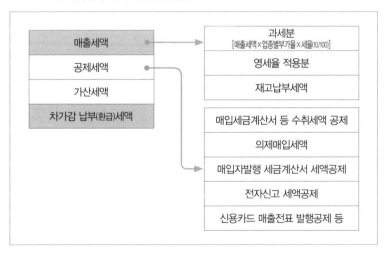

도표 6-6. 일반과세자 부가가치세 신고서

[별지 제21호서식] <개정 2020. 4. 21.>

홈택스(www.hometax.go.kr)에서도 신청할 수 있습니다.

일반과세자 부가가치세 [ ]예정 [ ]확정
[ ]기한후과세표준 [ ]영세율 등 조기환급 신고서

※ 뒤쪽의 작성방법을 읽고 작성하시기 바랍니다.

(4쪽 중 제1쪽)

| 관리번호 | | | | 처리기간 | 즉시 |

| 신고기간 | 년 제 기 (월 일 ~ 월 일) |

사업자	상 호 (법인명)		성 명 (대표자명)		사업자등록번호	-	-
	생년월일		전화번호		사업장	주소지	휴대전화
	사업장 주소				전자우편 주소		

① 신 고 내 용

		구 분		금 액	세율	세 액
과세표준 및 매출세액	과세	세금계산서 발급분	(1)		10 / 100	
		매입자발행 세금계산서	(2)		10 / 100	
		신용카드·현금영수증 발행분	(3)		10 / 100	
		기타(정규영수증 외 매출분)	(4)		10 / 100	
	영세율	세금계산서 발급분	(5)		0 / 100	
		기 타	(6)		0 / 100	
	예 정 신 고 누 락 분		(7)			
	대 손 세 액 가 감		(8)			
	합 계		(9)		㉓	
매입세액	세금계산서 수취분	일반매입	(10)			
		수출기업 수입분 납부유예	(10-1)			
		고정자산 매입	(11)			
	예 정 신 고 누 락 분		(12)			
	매입자발행 세금계산서		(13)			
	그 밖의 공제매입세액		(14)			
	합 계 (10)-(10-1)+(11)+(12)+(13)+(14)		(15)			
	공제받지 못할 매입세액		(16)			
	차 감 계 (15)-(16)		(17)		㉣	
납부(환급)세액 (매출세액 ㉓ - 매입세액 ㉣)					㉤	
경감·공제세액	그 밖의 경감·공제세액		(18)			
	신용카드매출전표등 발행공제 등		(19)			
	합 계		(20)		㉹	
소규모 개인사업자 부가가치세 감면세액			(20-1)		㉺	
예 정 신 고 미 환 급 세 액			(21)		㉻	
예 정 고 지 세 액			(22)		㉼	
사업양수자의 대리납부 기납부세액			(23)		㉽	
매입자 납부특례 기납부세액			(24)		㉾	
신용카드업자의 대리납부 기납부세액			(25)		㊀	
가 산 세 액 계			(26)		㊁	
차감·가감하여 납부할 세액(환급받을 세액)(㉣-㉹-㉺-㉻-㉼-㉽-㉾-㊀+㊁)			(27)			
총괄 납부 사업자가 납부할 세액(환급받을 세액)						

| ② 국세환급금 계좌신고
(환급세액이 2천만원 미만인 경우) | 거래은행 | 은행 | 지점 | 계좌번호 | |

| ③ 폐 업 신 고 | 폐업일 | | 폐업 사유 | |

④ 과 세 표 준 명 세

업 태	종목	생산요소	업종 코드	금 액
(28)				
(29)				
(30)				
(31) 수입금액제외				
(32) 합 계				

「부가가치세법」 제48조·제49조 또는 제59조와 「국세기본법」 제45조의3에 따라 위의 내용을 신고하며, 위 내용을 충분히 검토하였고 신고인이 알고 있는 사실 그대로를 정확하게 적었음을 확인합니다.

년 월 일

신고인: (서명 또는 인)

세무대리인은 조세전문자격자로서 위 신고서를 성실하고 공정하게 작성하였음을 확인합니다.

세무대리인: (서명 또는 인)

세무서장 귀하

첨부서류 뒤쪽 참조

| 세무대리인 | 성 명 | | 사업자등록번호 | | 전화번호 | |

210㎜×297㎜[백상지 (80g/㎡) 또는 중질지(80g/㎡)]

290

※ 이 쪽은 해당 사항이 있는 사업자만 사용합니다.
※ 뒤쪽의 작성 방법을 읽고 작성하시기 바랍니다.

사업자등록번호 [ ][ ][ ] - [ ][ ] - [ ][ ][ ][ ][ ] ※사업자등록번호는 반드시 적으시기 바랍니다.

		구 분			금 액	세 율	세 액
예정신고 누락분 명 세	(7)매출	과세	세 금 계 산 서	(33)		10 / 100	
			기 타	(34)		10 / 100	
		영세율	세 금 계 산 서	(35)		0 / 100	
			기 타	(36)		0 / 100	
		합 계		(37)			
	(12)매입	세 금 계 산 서		(38)			
		그 밖의 공제매입세액		(39)			
		합 계		(40)			

	구 분		금 액	세 율	세 액
(14) 그 밖의 공제 매입세액 명 세	신용카드매출전표등 수 령명세서 제출분	일 반 매 입	(41)		
		고정자산매입	(42)		
	의 제 매 입 세 액		(43)		뒤쪽 참조
	재 활 용 폐 자 원 등 매 입 세 액		(44)		뒤쪽 참조
	과 세 사 업 전 환 매 입 세 액		(45)		
	재 고 매 입 세 액		(46)		
	변 제 대 손 세 액		(47)		
	외국인 관광객에 대한 환급세액		(48)		
	합 계		(49)		

	구 분	금 액	세 율	세 액
(16) 공제받지 못할 매입세액 명세	공제받지 못할 매입세액	(50)		
	공통매입세액 면세사업등분	(51)		
	대 손 처 분 받 은 세 액	(52)		
	합 계	(53)		

	구 분	금 액	세 율	세 액
(18) 그 밖의 경감·공제 세액 명세	전 자 신 고 세 액 공 제	(54)		
	전자세금계산서 발급세액 공제	(55)		
	택 시 운 송 사 업 자 경 감 세 액	(56)		
	대 리 납 부 세 액 공 제	(57)		
	현 금 영 수 증 사 업 자 세 액 공 제	(58)		
	기 타	(59)		
	합 계	(60)		

	구 분		금 액	세 율	세 액
(25) 가산세 명세	사 업 자 미 등 록 등		(61)		1 / 100
	세 금 계 산 서	지연발급 등	(62)		1 / 100
		지연수취	(63)		5 / 1,000
		미발급 등	(64)		뒤쪽 참조
	전자세금계산서 발급명세 전송	지연전송	(65)		3 / 1,000
		미전송	(66)		5 / 1,000
	세금계산서 합계표	제출 불성실	(67)		5 / 1,000
		지연제출	(68)		3 / 1,000
	신고 불성실	무신고(일반)	(69)		뒤쪽참조
		무신고(부당)	(70)		뒤쪽참조
		과소·초과환급신고(일반)	(71)		뒤쪽참조
		과소·초과환급신고(부당)	(72)		뒤쪽참조
	납 부 지 연		(73)		뒤쪽참조
	영세율 과세표준신고 불성실		(74)		5 / 1,000
	현금매출명세서 불성실		(75)		1 / 100
	부동산임대공급가액명세서 불성실		(76)		1 / 100
	매입자 납부특례	거래계좌 미사용	(77)		뒤쪽참조
		거래계좌 지연입금	(78)		뒤쪽참조
	합 계		(79)		

	업 태	종 목	코 드 번 호	금 액
면세사업 수입금액	(80)			
	(81)			
	(82) 수입금액 제외			
			(83)합 계	

계산서 발급 및 수취 명세	(84) 계산서 발급금액	
	(85) 계산서 수취금액	

210mm×297mm[백상지(80g/㎡) 또는 중질지(80g/㎡)]

소득세란 무엇이고
어떻게 처리해야 하나?

국민으로서 사회활동을 하려면 '납세의무'를 이행해야 하는데,
그중 가장 기본적인 것이 소득이 발생하면 소득세를 신고·납부해야 하는 것이다.

일반적으로 근로소득자가 급여를 받을 때마다 함께 받는 급여명세
서를 자세히 보면 조그맣게 '소득세'라는 항목이 있다. 헌법에는 국
민으로서 살아가기 위해서 몇 가지 의무를 규정하고 있는데, 그중
헌법 38조에 "모든 국민은 법률이 정하는 바에 의하여 납세의 의무
를 진다."라고 규정하고 있다.

국민으로서 사회활동을 하려면 '납세의무'를 이행해야 하는데, 그
중 가장 기본적인 것이 소득이 발생하면 소득세를 신고·납부해야
하는 것이다. 회사가 돈을 벌면 그중에 일부는 세금으로 내야 하듯
이 우리도 돈이 생기면 일정 부분을 세금으로 내는 것이다. 이것을
개인에게 소득이 생기면 내는 세금이라 해서 '개인소득세'라고 하며

(단위: 원)

사원코드: 2012080101	사원명: 장동건		입사일: 20120801
부서: 재무본부	직급: 과장		호봉:
지급내역	지급액	공제내역	공제액
기본급	2,801,458	국민연금	124,240
상여		건강보험	83,860
차량유지비		고용보험	18,200
식대	100,000	장기요양보험료	5,490
육아수당	100,000	소득세	196,390
연장수당	743,750	지방소득세	19,630
야간수당	123,958	농특세	
휴일수당	297,500	기타공제	
기타			
특별수당			
유급연차수당			
발명수당			
중소기업취업청년소득세감면			
		공제액계	447,810
지급액계	4,166,666	차인지급액	3,718,856

※ 귀하의 노고에 감사드립니다.   유진세무회계

더 줄여서는 '소득세'라고 한다.

소득세는 개인이 지난해 1년간의 경제활동으로 얻은 소득에 대해 납부하는 세금으로 모든 과세대상 소득을 합산해 계산하고, 다음 해 5월 1일부터 5월 31일(성실신고확인 대상 사업자는 6월 30일)까지 주소지 관할 세무서에 신고·납부해야 한다.

종합소득세

- 종합소득이 있는 사람은 다음 해 5월 1일부터 5월 31일(성실신고확인 대상 사업자는 6월 30일)까지 종합소득세를 신고·납부해야 한다.
  - 종합소득: 이자·배당·사업(부동산임대)·근로·연금·기타소득
- 단, 다음의 경우에 해당되면 종합소득세를 확정신고하지 않아도 된다.
  - 근로소득만 있는 사람으로서 연말정산을 한 경우
  - 직전 과세기간의 수입금액이 7,500만 원 미만이고, 다른 소득이 없는 보험모집인 및 방문판매원의 사업소득으로 소속회사에서 연말정산을 한 경우
  - 비과세 또는 분리과세되는 소득만 있는 경우
  - 연 300만 원 이하인 기타소득이 있는 자로서 분리과세를 원하는 경우 등

소득세, 이렇게 처리하면 된다

소득세는 사업자가 스스로 본인의 소득을 계산해 신고·납부하는 세금이므로, 모든 사업자는 장부를 비치·기록해야 한다. 또한 사업자는 사업과 관련된 모든 거래사실을 복식부기 또는 간편장부에 의해 기록·비치하고 관련 증빙서류 등과 함께 5년간 보관해야 한다.

복식부기 의무자는 직전연도 수입금액이 일정금액 이상인 사업자와 전문직사업자이며, 간편장부 대상자는 당해연도에 신규로 사업을 개시했거나 직전연도 수입금액이 일정금액 미만인 사업자(전문직

> ### 장부를 비치·기장한 사업자의 소득금액
>
> - 장부를 비치·기장한 사업자의 소득금액은 다음과 같이 계산한다.
>   - 소득금액 = 총수입금액 – 필요경비
> - 장부를 비치·기장하지 않은 사업자의 소득금액은 다음과 같이 계산한다.
>   - 기준경비율적용 대상자 소득금액 = 수입금액 – 주요경비 – (수입금액 × 기준경비율)
>   - 단순경비율적용 대상자 소득금액 = 수입금액 – (수입금액 × 단순경비율)

사업자는 제외)다. 장부를 기장하는 경우에 스스로 기장한 실제소득에 따라 소득세를 계산하므로 적자(결손)가 발생한 경우 10년간 소득금액에서 공제받을 수 있다. 간편장부 대상자가 단순경비율·기준경비율에 의해 소득금액을 계산하는 경우보다 최고 40%까지 소득세 부담을 줄일 수 있다. 다만 100만 원 한도로 기장세액공제(복식부기 시에 한함 20%)를 적용하고 무기장가산세(20%)는 적용을 배제한다. 소득세 산출세액은 다음과 같이 계산한다.

산출세액 = 과세표준(소득금액 – 소득공제) × 세율

조금 복잡해 보일 수 있으니 좀 더 간단한 계산방법을 알아보자. 예를 들어 사업소득은 앞에서 알아본 부가가치세 신고 때 매출이 확

도표 6-8. 기장의무와 추계신고 시 적용할 경비율 판단기준

업종별	복식부기 의무자	간편장부 대상자	기준경비율 적용대상자	단순경비율 적용대상자
가. 농업·임업 및 어업, 광업, 도매 및 소매업(상품중개업 제외), 제122조 제1항에 따른 부동산매매업, 그 밖에 '나'군 및 '다'군에 해당하지 않는 사업	3억 원 이상자	3억 원 미만자	6천만 원 이상자	6천만 원 미만자
나. 제조업, 숙박 및 음식점업, 전기·가스·증기 및 수도사업, 하수·폐기물처리·원료재생 및 환경복원업, 건설업(비주거용 건물 건설업 제외, 주거용 건물 개발 및 공급업 포함), 운수업, 출판·영상·방송통신 및 정보서비스업, 금융 및 보험업, 상품중개업, 욕탕업	1억 5천만 원 이상자	1억 5천만 원 미만자	3,600만 원 이상자	3,600만 원 미만자
다. 법 제45조 제2항에 따른 부동산 임대업, 부동산 관련 서비스업, 임대업(부동산 임대업 제외), 전문·과학 및 기술 서비스업, 사업시설관리 및 사업지원 서비스업, 교육 서비스업, 보건업 및 사회복지 서비스업, 예술·스포츠 및 여가 관련 서비스업, 협회 및 단체, 수리 및 기타 개인 서비스업, 가구 내 고용활동	7,500만 원 이상자	7,500만 원 미만자	2,400만 원 이상자	2,400만 원 미만자

※ 원칙: 직전연도 업종별 수입금액 기준으로 판단함.
※ 신규사업자의 당해연도 업종별 수입금액이 복식부기의무자에 해당하는 경우 기준경비율을 적용함.
※ 전문직사업자는 직전연도 수입금액 규모에 상관없이 복식부기의무자임.

정되었을 것이다. 왜냐하면 매출의 10%와 매입의 10%를 차감해 부가가치세를 신고·납부했기 때문이다. 즉 5월 종합소득세 신고 시점에서 이미 세무서에 매출이 보고가 이루어진 상태다. 따라서 매출

도표 6-9. 소득세 계산 과정

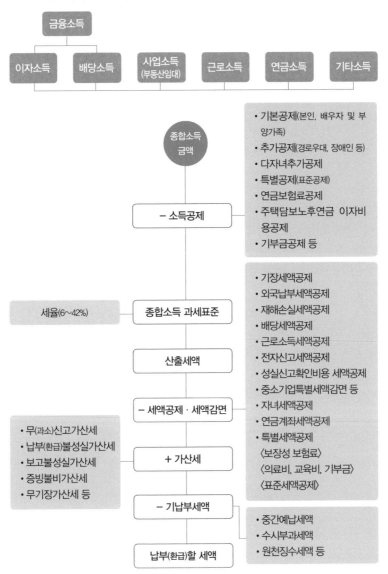

금융소득

이자소득 | 배당소득 | 사업소득(부동산임대) | 근로소득 | 연금소득 | 기타소득

종합소득금액

− 소득공제
- 기본공제(본인, 배우자 및 부양가족)
- 추가공제(경로우대, 장애인 등)
- 다자녀추가공제
- 특별공제(표준공제)
- 연금보험료공제
- 주택담보노후연금 이자비용공제
- 기부금공제 등

세율(6~42%) — 종합소득 과세표준

산출세액

− 세액공제 · 세액감면
- 기장세액공제
- 외국납부세액공제
- 재해손실세액공제
- 배당세액공제
- 근로소득세액공제
- 전자신고세액공제
- 성실신고확인비용 세액공제
- 중소기업특별세액감면 등
- 자녀세액공제
- 연금계좌세액공제
- 특별세액공제
  〈보장성 보험료〉
  〈의료비, 교육비, 기부금〉
  〈표준세액공제〉

+ 가산세
- 무(과소)신고가산세
- 납부(환급)불성실가산세
- 보고불성실가산세
- 증빙불비가산세
- 무기장가산세 등

− 기납부세액
- 중간예납세액
- 수시부과세액
- 원천징수세액 등

납부(환급)할 세액

도표 6-10. **종합소득세 세율**
(2021년 기준)

과세표준(소득금액−소득공제)	세율	누진공제
1,200만 원 이하	6%	−
1,200만 원 초과 4,600민 원 이하	15%	108만 원
4,600만 원 초과 8,800만 원 이하	24%	522만 원
8,800만 원 초과 1억 5천만 원 이하	35%	1,490만 원
1억 5천만 원 초과 3억 원 이하	38%	1,940만 원
3억 원 초과 5억 원 이하	40%	2,540만 원
5억 원 초과 10억 원 이하	42%	3,540만 원
10억 원 초과	45%	6,540만 원

(총수입금액)에서 필요경비를 차감하면 사업소득금액이 된다. 즉 소득세는 부가가치세 신고 때 신고한 매출을 기준으로 부가가치세 신고 때 신고한 매입과 그 외 필요경비(인건비, 기타 비용)를 차감한 소득금액 기준으로 〈도표 6-10〉에 의거해 소득공제를 차감하고 종합소득세율을 적용해 세금을 계산한다.

마지막으로 종합소득세 관련 신고 기한에 대해서는 간단히 〈도표 6-11〉에서 알아보자. 가장 일반적인 사업자를 기준으로 보면 매년 5월에 신고 및 납부(확정신고납부)를 해야 하며, 추가로 매년 11월에 납부(중간예납)를 또 한 번 해야 한다.

법정신고기한	제출대상서류

다음 연도 5월 1일~5월 31일
 	
• 성실신고확인 대상 사업자는 다음 연도 5월 1일~6월 30일
• 거주자가 사망한 경우
  : 상속개시일이 속하는 달의 말일부터 6개월이 되는 날까지
• 국외 이전을 위해 출국하는 경우
  : 출국일 전날까지
	1. 종합소득세·농어촌특별세 과세표준확정신고 및 자진납부계산서
	  (소득자에 따라: 단일소득자용, 복수소득자용)
	2. 소득금액계산명세서, 소득공제신고서, 주민등록등본
	3. 재무상태표 및 손익계산서와 그 부속서류, 합계잔액시산표 및 조정계산서와 그 부속서류(복식부기 의무자)
	  간편장부 소득금액계산서(간편장부 대상자),
	  추계소득금액계산서(기준·단순경비율에 의한 추계신고자)
	  실신고확인서(성실신고확인대상사업자)
	4. 공동사업자별 분배명세서(공동사업자)
	5. 세액공제신청서, 성실신고확인비용 세액공제신청서
	6. 세액감면신청서
	7. 일시퇴거자가 있는 경우
	  • 일시퇴거자 동거가족 상황표
	  • 퇴거 전 주소지와 일시퇴거지의 주민등록등본
	  • 재학증명서, 요양증명서, 재직증명서, 사업자등록증 사본
	8. 장애인공제 대상인 경우
	  • 장애인등록증, 국가보훈처가 발행한 증명서
	  • 장애인수첩 사본
	9. 위탁아동이 있는 경우
	  • 가정위탁보호확인서
	10. 동거 입양자가 있는 경우
	  • 입양관계증명서, 입양증명서

11월에도 소득세를 내야 한다

중간예납은 종합소득이 있는 거주자에 대해 1월 1일부터 6월 30일까지의 기간(이하 '중간예납기간'이라 함)으로 해 전년도의 종합소득에 대한 소득세로서 납부했거나 납부해야 할 세액(이하 '중간예납기준액'

이라 함)의 1/2에 상당하는 금액(이하 '중간예납세액'이라 함)을 납부해야 할 세액으로 결정해 납부한다. 이후 확정신고납부 시에는 확정된 종합소득세액에서 이미 납부한 중간예납세액을 차감해 정산한다.

다만 신규사업자와 휴폐업자, 일정한 소득만 있는 자, 납세조합가입자, 부동산매매업자, 소액부징수자는 제외된다. 일반적으로는 관할세무서에서 알아서 중간예납 대상 납세자들에게 납세고지서를 고지한다.

기준경비율과 단순경비율이란 무엇인가?

기준경비율 제도란 장부를 기록하지 않았을 경우 소득금액을 계산하는 제도로
기준경비율 적용대상 사업자와 단순경비율 적용대상 사업자로 구분된다.

기준(단순)경비율 제도란 장부를 기록하지 않았을 경우 소득금액을
계산하는 제도로 기준경비율 적용대상 사업자와 단순경비율 적용
대상 사업자로 구분된다. 기준경비율은 홈택스에서 조회할 수 있다.
음식점의 경우도 매우 자세하게 업종 구분이 되어 있으며, 구체적인
경비율이 조금씩 다르다.

예를 들면 같은 음식점이라도 한식인지 중식인지 분식점인지에
따라 매우 구체적으로 경비율이 나눠져 있다. 만약 음식점을 창업하
려고 임대차계약을 한 후 세무서에 가서 사업자등록을 할 경우 담당
국세청 공무원은 구체적으로 어떤 업종인지 묻게 된다. 이것은 국세
청 입장에서 해당 사업장의 구체적인 업종을 확정 및 관리하기 위함

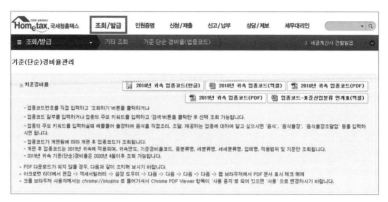

업종별 기준경비율, 단순경비율 조회

도표 6-12. 음식점 및 주점업의 경비율

55. 음식점 및 주점업
552. 음식점업

코드번호	종목		적용범위 및 기준	단순 경비율	기준 경비율
	세분류	세세분류			
552101	일반 음식점업	한식 음식점업	일반 한식 • 갈비집, 도시락집(음식점), 죽전문점 등	89.7	9.6
552102	일반 음식점업	중식 음식점업	일반 중국음식 • 탕수육전문점 등	88.4	11.3
552103	일반 음식점업	일식 음식점업	일반 일본음식 • 독립된 객실 없이 일식우동 등을 판매하는 소규모 업소 • 객실이 없는 생선회센터 포함	86.7	11.4
552104	일반 음식점업	서양식 음식점업, 기타 외국식 음식점업	일반 서양음식(한식뷔페 포함) • 경양식 • 패밀리레스토랑 기타 외국식 음식 • 베트남음식, 인도음식	86	10.3

코드번호	종목		적용범위 및 기준	단순 경비율	기준 경비율
	세분류	세세분류			
552105	출장 및 이동 음식업	출장 음식 서비스업	연회장과 같은 특정장소에 출장해 고객이 주문한 음식을 소비자를 대상으로 직접 조리·조달·제공하는 업	84.4	10.4
552107	기타 음식 점업	피자, 햄버거, 샌드위치 및 유사 음식점업 치킨전문점	피자, 햄버거, 치킨, 간이양식, 아이스크림, 샌드위치, 토스트 등 체인화된 음식을 취급하는 업소(치킨체인점, 피자체인점, 햄버거체인점, 아이스크림체인점) * 단, 사업자가 직접 조리해 제공하는 소규모 업소(부가가치세법상 간이과세자에 한함)는 제외(→552108 또는 552305 적용)	86.1	11.3

이며 이를 기준으로 세금을 부과할 수 있는 것이다.

위 표를 보면 알 수 있듯이 단순경비율은 매우 높고, 기준경비율은 낮다는 것을 알 수 있다. 즉 단순경비율을 적용해서 소득세 계산을 한다면 매출에서 경비를 차감하기 때문에 그만큼 소득금액이 낮아지고 세금 또한 적게 부담하게 되는 것이다. 그렇다면 모든 사업자가 단순경비율을 적용할 수 있을까? 당연히 그렇지 않다. 일정한 사업자만 단순경비율을 적용해 소득세 신고를 할 수 있다.

도표 6-13. **단순경비율 적용대상 사업자**

업종구분	직전연도 수입금액	당해연도 수입금액
가. 농업·임업, 어업, 광업, 도매입 및 소매업, 부동산매매업, 아래 '나' 및 '다'에 해당되지 않는 사업	6천만 원	3억 원
나. 제조업, 숙박 및 음식점업, 전기·가스·증기 및 수도사업, 하수·폐기물처리, 원료재생 및 환경복원업, 건설업, 운수업, 출판·영상·방송통신 및 정보 서비스업, 금융 및 보험업	3,600만 원	1억 5천만 원
다. 부동산 임대업, 서비스업(전문·과학·기술·사업시설 관리·사업지원·교육), 보건 및 사회복지사업, 술·스포츠 및 여가 관련 서비스업, 협회 및 단체, 수리 및 기타 개인 서비스업, 가구 내 고용활동	2,400만 원	7,500만 원

단순경비율 적용대상 사업자는 직전연도 수입금액이 위 표의 기준금액에 미달하거나 해당연도 신규사업자가 해당한다. 한마디로 영세한 사업자를 말한다. 부가가치세에 대해서 간이과세자 적용되는 범위가 있듯이 소득세 계산에서도 일정한 영세사업자는 혜택을 주는 것이다.

장부를 기록하지 않는 사업자 중 직전연도(신규사업자는 당해연도) 수입금액이 위의 표 기준금액 이상인 사업자는 기준경비율 적용대상 사업자가 된다. 즉 경비율이 매우 낮게 적용된다. 다시 말하면 장부에 기록하는 기장을 통해서 소득세 신고를 해야 한다는 것이다. 소득세 신고서 첫 장을 보면 기장의 유형이 가장 먼저 나온다. 즉 일정 규모 사업을 하는 경우에는 소득세 신고 때 기장을 해야 절세를 할 수 있다.

도표 6-14. 과세표준확정신고 및 납부계산서

관리번호	-	(년 귀속)종합소득세·농어촌특별세 과세표준확정신고 및 납부계산서	거주구분	거주자1 /비거주자2
			내·외국인	내국인1 /외국인9
			외국인단일세율적용	여1 / 부 2
			분리과세 주택임대	여 1 / 부 2
			거주지국	거주지국코드

❶ 기본사항

① 성 명		② 주민등록번호	-
③ 주 소			
④ 주소지 전화번호		⑤ 사업장 전화번호	
⑥ 휴대 전 화		⑦ 전자우편주소	
⑧ 기 장 의 무	①복식부기의무자	②간편장부대상자	③비사업자
⑨ 신 고 유 형	⑪자기조정 ⑫외부조정 ⑭성실신고확인 ⑳간편장부 ⑪추계－기준율 ⑫추계－단순율 ⑬분리과세(주택임대)⑳비사업자		
⑩ 신 고 구 분	⑩정기신고 ⑳수정신고 ㉚경정청구 ㊵기한후신고 ㊿추가신고(인정상여)		

❷ 환급금 계좌신고 (2천만원 미만인 경우) | ⑪ 금융기관/체신관서명 | | ⑫ 계좌번호 |

❸ 세무대리인 | ⑬성 명 | | ⑭ 사업자등록번호 | - | | ⑮전화번호 |
| | ⑲대리구분 | ①기장 ②조정 ③신고 ④성실확인 | ⑰ 관리번호 | - | ⑱ 조정반번호 | - |

❹ 세액의 계산

구 분				종합소득세	농어촌특별세
종 합 소 득 금 액			⑲		
소 득 공 제			⑳		
과 세 표 준(⑲-⑳)			㉑		㊶
세 율			㉒		㊷
산 출 세 액			㉓		㊸
세 액 감 면			㉔		
세 액 공 제			㉕		
결정세액	종 합 과 세(㉓-㉔-㉕)		㉖		㊹
	분리과세 주택임대 소득		㉗		㊺
	합 계(㉖+㉗)		㉘		㊻
가 산 세			㉙		㊼
추 가 납 부 세 액 (농어촌특별세의 경우에는 환급세액)			㉚		㊽
합 계(㉘+㉙+㉚)			㉛		㊾
기 납 부 세 액			㉜		㊿
납 부(환급) 할 총 세 액(㉛-㉜)			㉝		ⓝ
납부특례세액	차 감		㉞		ⓝ
	가 산		㉟		
분 납 할 세 액	2개월 내		㊱		
신고기한 이내 납부할 세액(㉝-㉞+㉟-㊱)			㊲		ⓝ

신고인은 「소득세법」 제70조, 「농어촌특별세법」 제7조 및 「국세기본법」 제45조의3에 따라 위의 내용을 신고하며, 위 내용을 충분히 검토하였고 신고인이 알고 있는 사실 그대로를 정확하게 적었음을 확인합니다. 위 내용 중 과세표준 또는 납부세액을 신고하여야 할 금액보다 적게 신고하거나 환급세액을 신고하여야 할 금액보다 많이 신고한 경우에는 「국세기본법」 제47조의3에 따른 가산세 부과 등의 대상이 됨을 알고 있습니다.

년 월 일	
신고인	(서명 또는 인)

세무대리인은 조세전문자격자로서 위 신고서를 성실하고 공정하게 작성하였음을 확인합니다. 무기장·부실기장 및 소득세법에 따른 성실신고에 관하여 불성실하거나 허위로 확인된 경우에는 「세무사법」 제17조에 따른 징계처분 등의 대상이 됨을 알고 있습니다.

	접수(영수)일
세무대리인 (서명 또는 인)	

세무서장 귀하

첨부서류(각 1부)	전산입력필	(인)

주요경비의 범위

매입비용 (사업용 고정자산의 매입은 제외)	재화의 매입(상품·제품·원료·소모품 등 유형적 물건과 동력·열 등 관리할 수 있는 자연력의 매입)과 외주가공비 및 운송업의 운반비
임차료	사업에 직접 사용하는 건축물 및 기계장치 등 고정자산에 대한 임차료
인건비	종업원의 급여와 임금 및 퇴직급여

증빙서류의 종류

매입비용 및 임차료는 세금계산서, 계산서, 신용카드 매출전표, 현금영수증 등 정규 증빙서류를 받아야 하며, 일반영수증이나 간이세금계산서 등을 받은 경우에는 '주요경비지출명세서'를 제출해야 한다.

인건비는 관련 원천징수영수증 또는 지급명세서를 관할세무서에 제출해야 한다. 제출할 수 없는 부득이한 사유가 있는 경우에는 지급 관련 증빙서류를 비치·보관한다.

기준경비율이 적용되는 사업자의 경우 주요경비는 증빙에 의해 지출이 확인되는 금액, 그 외의 경비는 정부가 정한 기준경비율로 필요경비를 인정해 소득금액을 계산한다. 다만 2015년 귀속분까지는 기준경비율에 의한 소득금액이 단순경비율에 의한 소득금액에 기획재정부장관이 정하는 배율을 곱한 금액보다 큰 경우, 단순경비율에 의한 소득금액에 기획재정부장관이 정하는 배율을 곱한 금액으로 할 수 있다.

소득금액 = 수입금액 − 주요경비 − (수입금액 × 기준경비율)[*1] … ①
소득금액 = {수입금액 − (수입금액 × 단순경비율)} × 배율 … ②
⇒ ①, ② 중 적은 금액으로 선택 가능
[*1] 복식부기의무자의 경우에는 수입금액에 기준경비율의 1/2을 곱해 계산한 금액

단순경비율이 적용되는 사업자는 정부가 정한 단순경비율로 필요경비를 인정해 다음 소득금액을 계산한다.

소득금액 = 수입금액 − (수입금액 × 단순경비율)

간편장부란 무엇이고
어떤 경우에 사용하는가?

간편장부 기장을 하는 경우에도 관련 증빙 등을 당연히 수취하고 보관해야 한다.
장부 및 증빙서류는 소득세 확정신고기한이 지난 날부터 5년간 보존해야 한다.

간편장부란 소규모 사업자를 위해 국세청에서 특별히 고안한 장부다.
수입과 비용을 가계부 작성하듯이 회계지식이 없는 사람이라도 쉽고
간편하게 작성할 수 있도록 했다. 즉 기장은 복식부기와 간편장부로
나뉘는데, 수입금액(매출) 기준 이하인 사업자는 간편장부로 소득금액
을 산정해도 인정하겠다는 것이다.

　일정 규모 이하는 어느 정도일까? 우리나라에서 사업을 하는 경
우 일정 소규모 사업자에게 혜택을 주는 부분이 있다. 부가가치세에
서는 연간 매출이 8천만 원 이하인 경우 간이과세자로서 부가가치
세 부담을 줄여주고, 소득세에서는 장부를 통해 신고를 해야 하지만
일정 규모 이하인 경우 복식부기에 의한 장부가 아닌 가계부 수준의

도표 6-15. 간편장부대상자

업종구분	간편장부대상자	복식부기의무자
가. 농업, 임업, 어업, 광업, 도매업, 소매업, 부동산 매매업, 그 밖의 '나' 및 '다'에 해당하지 않는 사업	3억 원 미만	3억 원 이상
나. 제조업, 숙박 및 음식점업, 전기·가스·수도사업, 하수·폐기물처리·원료재생 및 환경복원업, 건설업, 운수업, 출판·영상·방송통신 및 정보서비스업, 금융·보험업	1억 5천만 원 미만	1억 5천만 원 이상
다. 부동산 임대업, 사업서비스업, 교육서비스업, 보건 및 사회복지사업, 예술·스포츠 및 여가 관련 서비스업, 협회 및 단체, 수리 및 기타 개인서비스업, 가구 내 고용활동	7,500만 원 미만	7,500만 원 이상

※ 전문직 사업자의 범위: 부가가치세 간이과세배제 대상 사업서비스, 변호사, 심판변론인, 변리사, 법무사, 공인회계사, 세무사, 경영지도사, 기술지도사, 감정평가사, 손해사정인, 통관업, 기술사, 건축사, 도선사, 측량사, 공인노무사, 의료·보건용역을 제공하는 자, 의사, 치과의사, 한의사, 수의사, 약사, 한약사
※ 복식부기의무자가 간편장부 또는 추계에 따라 신고하는 경우 확정신고를 하지 않은 것으로 보아 산출세액의 20%와 수입 금액의 7/10,000 중 큰 금액을 무신고가산세로 부담해야 하고, 전문직 사업자는 2008년 귀속분부터 단순경비율 적용을 배제한다.

간편장부를 통해서 산출된 소득금액에 대해서도 인정해주고 있다. 또한 장부작성을 못했더라도 추계에 의해 단순경비율을 적용해 소득세 신고를 할 수 있도록 배려하고 있다.

간편장부 기장 혜택

국세청 자료에 근거한 간편장부 관련 혜택과 손해를 알아보자. 간편장부를 기장하면 다음과 같은 혜택이 있다.

첫째, 스스로 기장한 실제소득에 따라 소득세를 계산하므로 적자

(결손)가 발생한 경우에는 10년간 소득금액에서 공제(부동산임대 사업소득에서 발생한 이월결손금은 해당 부동산임대 사업소득에서만 공제)할 수 있다. 둘째, 감가상각비, 대손충당금 및 퇴직급여충당금을 필요경비로 인정받을 수 있다. 셋째, 장부를 기장하지 않는 경우보다 소득세 부담을 최고 20%까지 줄일 수 있다. 무기장가산세 20%가 적용 배제되고, 간편장부대상자가 간편장부로 기장 신고하는 경우에는 2011년 귀속분부터 기장세액공제가 폐지되었다. 그러나 간편장부대상자가 복식부기로 기장·신고하는 경우에는 기장세액공제 20% 공제가 가능하다.

간편장부대상자가 복식부기나 간편장부를 기장하지 않으면 다음과 같은 불이익이 있다.

첫째, 실제소득에 따라 소득세를 계산할 수 없어 적자(결손)가 발생한 경우에는 그 사실을 인정받지 못한다. 둘째, 장부를 기장하는 경우보다 무기장가산세 20%를 더 부담하게 된다. 셋째, 소득탈루 목적의 무기장자인 경우 세무조사 등에 선정될 수 있다.

간편장부 작성방법

간편장부 작성방법은 거래가 발생한 날짜 순으로 매출액 등 수입에 관한 사항, 매입액 등 비용 지출에 관한 사항, 고정자산의 증감에 관한 사항을 기록하면 된다. 즉 복잡하게 생각할 필요 없이 문방구에서 가계부를 하나 구매해 작성하면 되는 것이다.

도표 6-16. 간편장부 예시

간 편 장 부

① 날짜	② 거래내용	③ 거래처	④수입		⑤비용		⑥고정자산 증감		⑦비고
			금액	부가세	금액	부가세	금액	부가세	

간편장부 기장을 하는 경우에도 관련 증빙 등을 당연히 수취·보관해야 한다. 장부 및 증빙서류는 소득세 확정신고기한이 지난 날부터 5년간 보존해야 한다. 사업자가 사업과 관련해 다른 사업자로부터 재화 또는 용역을 공급받고 그 대가를 지출하는 경우 거래 건당 금액(부가가치세 포함) 3만 원을 초과하는 경우에는 법정지출증빙서류(세금계산서, 계산서, 신용카드 매출전표, 현금영수증 등)를 수취해야 한다.

도표 6-17. 간편장부를 기장한 경우 종합소득세 신고절차

가. 간편장부 기장

매일매일의 수입과 비용을 간편장부 작성요령에 의해 기록한다.

나. 총수입금액 및 필요경비명세서 작성(소득세법시행규칙 별지 제82호서식 부표)

간편장부상의 수입과 비용을 〈총수입금액 및 필요경비 명세서〉의 '장부상 수입금액'과 '필요경비' 항목에 기재한다.

다. 간편장부 소득금액계산서 작성(소득세법시행규칙 별지 제82호서식)

〈총수입금액 및 필요경비명세서〉에 의해 계산된 수입금액과 필요경비를 세무조정해 당해연도 소득금액을 계산한다.

라. 종합소득세신고서 작성(소득세법 시행규칙 별지 제40-1호서식)

〈간편장부 소득금액계산서〉에 의한 당해연도 소득금액을 종합소득세신고서 '부동산임대 사업소득과 부동산임대 외의 사업소득명세서'의 해당 항목에 기재한다. 종합소득세 신고는 신고서와 '나'의 서식과 '다'의 서식을 제출하는 것이다.

도표 6-18. 간편장부소득금액계산서

■ 소득세법 시행규칙 [별지 제82호서식] <개정 2018. 3. 21.>

(앞 쪽)

간편장부소득금액계산서(　　　귀속)

①주소지			②전화번호			
③성　명			④생년월일			

사업장	⑤ 소　재　지					
	⑥ 업　　종					
	⑦ 주 업 종 코 드					
	⑧ 사업자등록번호					
	⑨ 과 세 기 간	． ．부터	． ．부터	． ．부터	． ．부터	
		． ．까지	． ．까지	． ．까지	． ．까지	
	⑩ 소 득 종 류	(30, 40)	(30, 40)	(30, 40)	(30, 40)	

총수입금액	⑪장 부 상 수 입 금 액					
	⑫수입금액에서 제외할 금액					
	⑬수입금액에 가산할 금액					
	⑭세무조정 후 수 입 금 액 (⑪-⑫+⑬)					
필요경비	⑮장 부 상 필 요 경 비 (부표 ㊶의 금액)					
	⑯필요경비에서 제외할 금액					
	⑰필요경비에 가산할 금액					
	⑱세무조정 후 필요경비 (⑮-⑯+⑰)					
	⑲차가감 소득금액(⑭-⑱)					
	⑳기부금 한도초과액					
	㉑기부금이월액 중 필요경비 산입액					
	㉒ 해 당 연 도 소 득 액 (⑲+⑳-㉑)					

「소득세법」 제70조제4항제3호 단서 및 같은 법 시행령 제132조에 따라 간편장부소득금액계산서를 제출합니다.

년　　월　　일

제 출 인　　　　　　　　　(서명 또는 인)

세무대리인　　　　　　　　(서명 또는 인)

세 무 서 장 귀하

첨부서류	총수입금액 및 필요경비명세서(별지 제82호서식 부표) 1부	수수료 없음

210mm×297mm[백상지 80g/㎡(재활용품)]

■ 소득세법 시행규칙 [별지 제82호서식 부표] <개정 2018. . .>

총수입금액 및 필요경비명세서(귀속)

①주소지		②전화번호			
③성 명		④생년월일			

사업장	⑤ 소 재 지				
	⑥ 업 종				
	⑦ 주 업 종 코 드				
	⑧ 사업자등록번호				
	⑨ 과 세 기 간	. .부터 . .까지	. .부터 . .까지	. .부터 . .까지	. .부터 . .까지
	⑩ 소 득 종 류	(30, 40)	(30, 40)	(30, 40)	(30, 40)
장부상 수입금액	⑪ 매 출 액				
	⑫ 기 타				
	⑬ 수입금액 합계(⑪+⑫)				
필 요 경 비	매 출 원 가	⑭ 기 초 재 고 액				
		⑮ 당기 상품매입액 또는 제조비용(㉔)			
		⑯ 기 말 재 고 액				
		⑰ 매출원가(⑭+⑮-⑯)				
	제 조 비 용	재 료 비	⑱ 기초 재고액			
			⑲ 당기 매입액			
			⑳ 기말 재고액			
			㉑ 당기 재료비 (⑱+⑲-⑳)			
		㉒ 노 무 비				
		㉓ 경 비				
		㉔ 당기제조비용(㉑+㉒+㉓)				
	일 반 관 리 비 등	㉕ 급 료				
		㉖ 제 세 공 과 금				
		㉗ 임 차 료				
		㉘ 지 급 이 자				
		㉙ 접 대 비				
		㉚ 기 부 금				
		㉛ 감 가 상 각 비				
		㉜ 차 량 유 지 비				
		㉝ 지 급 수 수 료				
		㉞ 소 모 품 비				
		㉟ 복 리 후 생 비				
		㊱ 운 반 비				
		㊲ 광 고 선 전 비				
		㊳ 여 비 교 통 비				
		㊴ 기 타				
		㊵ 일반관리비등계 (㉕-㊴의 합계)				
	㊶ 필요경비 합계 (⑰+㊵)					

210mm×297mm[백상지 60g/㎡(재활용품)]

법인세란 무엇이고
어떻게 처리해야 하나?

법인은 영리를 위해 태어난 객체이고 객관적인 장부 등에 의해 기록·관리되므로
모든 소득에 대해 순자산이 증가된 만큼 세금을 부과할 수 있다.

법인세란 법인격을 가진 기업이 일정기간 동안 사업을 통해 얻은 소
득에 대해서 부과하는 조세로, 국세 중 직접세에 해당하는 세금이
다. 개인에게는 소득세가 부과되듯이 법인에게는 법인세가 부과되
는 것이다. 그런데 세율이나 기타 여러 가지에서 차이가 발생한다.
왜 그럴까? 동일 경제 상황에서 치열하게 이익을 위해서 같은 경제
활동을 하고 같은 이익을 얻으면 동일한 세금 방식에 의해서 세금을
납부해야 하는 것이 맞지 않을까?

가장 두드러지는 특징은 개인은 열거된 소득원천에 대해서만 세
금을 부과하지만 법인은 순자산증가설에 의해서 소득금액이 발생함
에 따라 세금을 부과한다는 점이다. 또한 세율도 차이가 발생한다.

이러한 주된 이유에는 여러 가지가 있다. 법인과 개인의 원천적

태생 차이이며, 그 책임 등에 대한 이전 가능성 등이다. 태생 차이라 함은 개인은 영리를 위해서 태어난 객체가 아니라는 뜻이다. 살아가기 위해서 소득을 필요로 하고 그에 따라 열거된 몇 가지 소득에 대해서 과세를 하는 것이다.

그러나 법인은 영리를 위해 태어난 법에서 인정한 객체다. 물론 비영리법인도 있지만 이는 수익사업에 대해서만 세금을 부과하므로 결국은 동일한 개념이 된다. 또한 법인은 주식을 양도함에 따라 소유자가 바뀔 수 있으며 그 책임 또한 일부 이전할 수 있지만 개인은 그렇게 할 수가 없다.

법인도 하나의 인격이다

법인은 영리를 위해서 태어난 객체이고 객관적인 장부 등에 의해서 기록·관리되므로 모든 소득에 대해서 순자산이 증가된 만큼 세금을 부과할 수 있는 의미와 환경이 이루어진다. 법인세의 과세대상은 크게 3가지로 나뉜다. 각사업연도소득과 토지등양도소득, 그리고 청산소득이다.

각 사업연도소득은 일정 회계연도(사업연도)마다 영리 활동을 수행함으로써 이익을 얻게 되는 것이다. 즉 각 사업연도에서 발생된 이익을 기준으로 법인세를 신고·납부한다. 이는 개인의 종합소득세와 유사하다.

토지등양도소득이란 법인이 사업연도 중 토지나 건물 등을 양도

도표 6-19. **법인구분별 납세의무 차이**

법인의 종류		각 사업연도 소득에 대한 법인세	토지 등 양도소득에 대한 법인세	청산 소득
내국 법인	영리법인	• 국내외의 모든 소득	○	○
	비영리법인	• 국내외의 열거된 수익사업에서 발생하는 소득	○	×
외국 법인	영리법인	• 국내원천소득	○	×
	비영리법인	• 국내원천소득 중 열거된 수익사업에서 발생한 소득	○	×

법인세의 종류	산출내용	개인과 비교
각 사업연도 소득	익금 - 손금	종합소득세
토지 등 양도소득	양도가액 - 장부가액	양도소득세
청산소득	잔여재산(자산-부채) - 자기자본	상속세

한 경우로 세법이 정한 일정한 요건에 해당하면 토지 등의 양도소득에 대해서 별도의 법인세를 납부해야 한다. 이를 토지등양도소득에 대한 법인세라고 하며, 개인의 양도소득세와 유사하다.

마지막으로 법인이 사망해 청산이 되는 경우 법인의 남아 있는 자산과 부채 등을 상계해 순재산가액에 대해서 세무상 자기자본을 차감한 부분에 대해서 최종적인 법인세를 납부해야 한다. 이는 개인의 상속세와 유사하다.

법인세는 크게 다음과 같은 방식으로 계산이 이루어진다. 결산서상 당기순이익이란 손익계산서상의 당기순이익을 말한다. 결산이 이루어지고 재무제표가 만들어지면 세무회계를 통해서 〈도표

도표 6-20. 법인세 세액 계산

구분	계산구조	내용
각 사업연도 소득금액의 계산	결산서상 당기순이익 (+) 익금산입 및 손금불산입 (-) 손금산입 및 익금불산입 차 가 감 소 득 금 액 (+) 기부금 한도 초과액 (-) 기부금한도초과이월액의 손금산입 각 사업연도소득금액	➤ 소득금액조정합계표에 기재 ➤ 소득금액조정합계표에 기재되지 아니함
과세표준의 계산	각 사업연도소득금액 (-) 이 월 결 손 금 (-) 비 과 세 소 득 (-) 소 득 공 제 과 세 표 준	➤ 10년(2008년 이전 발생분은 5년) 이내 발생한 세법상 이월결손금 ➤ 법인세법·조세특례제한법상 비과세 ➤ 법인세법·조세특례제한법상 소득공제
산출세액의 계산	과 세 표 준 (×) 세 율 산 출 세 액	➤ 과세표준 2억 원 이하 10% ➤ 2억 원 초과 200억 원 이하 20% ➤ 200억 원 초과 3천억 원 이하 22% 3천억 원 초과 25%
차감납부 세액의 계산	산 출 세 액 (-) 감 면 · 공 제 세 액 (+) 가 산 세 (+) 감면분 추가납부세액 총 부 담 세 액 (-) 기 납 부 세 액 차 감 납 부 할 세 액	➤ 법인세법·조세특례제한법상 감면·공제세액 ➤ 미사용준비금 등으로 인한 이자상당액 등 ➤ 중간예납세액·원천징수세액·수시부과세액

6-20〉과 같은 약간 복잡한 과정을 통해서 법인세 세액이 계산된다.

〈도표 6-22〉의 '법인세 과세표준 및 세액신고서'와 '법인세 과세표준 및 세액조정계산서'는 법인세 신고에 들어가는 가장 중요한 실제 신고 양식이다.

도표 6-21. **법인구분별 납세의무 차이**

구분	법정신고기한	제출대상서류
12월 결산법인	3월 31일	1. 법인세과세표준 및 세액신고서
3월 결산법인	6월 30일	2. 재무상태료 3. 포괄손익계산서
6월 결산법인	9월 30일	4. 이익잉여금처분계산서(결손금처리계산서) 5. 세무조정계산서
9월 결산법인	12월 31일	6. 세무조정계산서 부속서류 및 현금흐름표

※ 신고기한이 공휴일, 토요일인 경우 공휴일, 토요일의 다음 날을 신고기한으로 함.

도표 6-22. 법인세 과세표준 및 세액신고서 양식

【서식 84】 ■ 법인세법 시행규칙 [별지 제1호서식] <개정 2019. 3. 20.>

홈택스(www.hometax.go.kr)에서도 신고할 수 있습니다.

법인세 과세표준 및 세액신고서

※ 뒤쪽의 신고안내 및 작성방법을 읽고 작성하여 주시기 바랍니다. (앞쪽)

① 사 업 자 등 록 번 호		② 법 인 등 록 번 호	
③ 법 인 명		④ 전 화 번 호	
⑤ 대 표 자 성 명		⑥ 전 자 우 편 주 소	
⑦ 소 재 지			
⑧ 업 태		⑨ 종 목	⑩ 주업종코드
⑪ 사 업 연 도	~	⑫ 수시부과기간	~

⑬ 법 인 구 분	1. 내국 2.외국 3.외투(비율 %)				⑭ 조 정 구 분	1. 외부 2. 자기	

⑮ 종 류 별 구 분	중소기업	일반			당기순이익 과세	⑯ 외 부 감 사 대 상	1. 여 2. 부
		중견기업	상호출자제한기업	그외기업			

영리법인	상 장 법 인	11	71	81	91		⑰ 신 고 구 분	1. 정기신고
	코스닥상장법인	21	72	82	92			2. 수정신고(가.서면분석, 나.기타)
	기 타 법 인	30	73	83	93			3. 기한후 신고
비 영 리 법 인		60	74	84	94	50		4. 중도폐업신고
								5. 경정청구

⑱법인유형별구분	코드	⑲결 산 확 정 일	
⑳신 고 일		㉑납 부 일	
㉒신고기한 연장승인	1. 신청일	2. 연장기한	

구 분	여	부	구 분	여	부
㉓주식변동	1	2	㉔장부전산화	1	2
㉕사업연도의제	1	2	㉖결손금소급공제 법인세환급신청	1	2
㉗감가상각방법(내용연수)신고서 제출	1	2	㉘재고자산등평가방법신고서 제출	1	2
㉙기능통화 채택 재무제표 작성	1	2	㉚과세표준 환산시 적용환율		
㉛동업기업의 출자자(동업자)	1	2	㉜한국채택국제회계기준(K-IFRS)적용	1	2
㊼기능통화 도입기업의 과세표준 계산방법			㊽미환류소득에 대한 법인세 신고	1	2
㊾성실신고확인서 제출	1	2			

구 분	법 인 세			
	법 인 세	토지 등 양도소득에 대한 법인세	미환류소득에 대한 법인세	계
㉝수 입 금 액	(		)	
㉞과 세 표 준				
㉟산 출 세 액				
㊱총 부 담 세 액				
㊲기 납 부 세 액				
㊳차 감 납 부 할 세 액				
㊴분 납 할 세 액				
㊵차 감 납 부 세 액				

㊶조 정 반 번 호		㊸조정자	성 명	
㊷조 정 자 관 리 번 호			사업자등록번호	
			전 화 번 호	

국세환급금 계좌 신고 (환급세액 2천만원 미만인 경우)	㊹예 입 처	은행	(본)지점
	㊺예금종류		
	㊻계 좌 번 호	예금	

신고인은 「법인세법」 제60조 및 「국세기본법」 제45조, 제45조의2, 제45조의3에 따라 위의 내용을 신고하며, 위 내용을 충분히 검토하였고 신고인이 알고 있는 사실 그대로를 정확하게 적었음을 확인합니다.

년 월 일

신고인(법 인)   (인)
신고인(대표자)   (서명)

세무대리인은 조세전문자격자로서 위 신고서를 성실하고 공정하게 작성하였음을 확인합니다.

세무대리인   (서명 또는 인)

세무서장 귀하

붙임 서류	1. 재무상태표 2. (포괄)손익계산서 3. 이익잉여금처분(결손금처리)계산서 4. 현금흐름표(「주식회사 등의 외부감사에 관한 법률」 제2조에 따른 외부감사의 대상이 되는 법인의 경우만 해당합니다) 5. 세무조정계산서	수수료 없 음

210mm×297mm[백상지 80g/㎡ 또는 중질지 80g/㎡]

320

사업연도	・ ・ － ・ ・	법인세 과세표준 및 세액조정계산서	법인명	
			사업자등록번호	

법인세 과세표준 및 세액조정계산서

① 각 사업연도 소득계산				⑳ 감면분추가납부세액	29	
⑩ 결산서상 당기순손익	01			⑭ 차감납부할세액 (⑮-⑫+⑲)	30	
소득조정금액	⑩ 익금산입	02				
	⑩ 손금산입	03		⑤ 토지등 양도소득에 대한 법인세 계산		
⑭ 차가감소득금액 (⑩+⑩-⑩)	04			양도차익 ⑮ 등기자산	31	
⑮ 기부금한도초과액	05			⑯ 미등기자산	32	
⑯ 기부금한도초과이월액 손금산입	54			⑰ 비과세소득	33	
⑰ 각 사업연도소득금액 (⑭+⑮-⑯)	06			⑱ 과세표준 (⑮+⑯-⑰)	34	
② 과세표준 계산				세율	35	
⑱ 각 사업연도소득금액 (⑱=⑰)				⑮ 산출세액	36	
⑩ 이월결손금	07			⑯ 감면세액	37	
⑪ 비과세소득	08			⑰ 차감세액 (⑩-⑪)	38	
⑪ 소득공제	09			⑱ 공제세액	39	
⑫ 과세표준 (⑱-⑩-⑩-⑪)	10			⑭ 동업기업 법인세 배분액 (가산세 제외)	58	
⑮ 선박표준이익	55			⑮ 가산세 (동업기업 배분액 포함)	40	
③ 산출세액 계산				⑯ 가감계(⑫-⑬+⑭+⑮)	41	
⑪ 과세표준(⑫+⑮)	56			기납부세액 ⑭ 수시부과세액	42	
⑪ 세율	11			⑱ ( )세액	43	
⑮ 산출세액	12			⑲ 계 (⑭+⑱)	44	
⑯ 지점유보소득 「법인세법」 제96조	13			⑲ 차감납부할세액(⑯-⑲)	45	
⑰ 세율	14			⑥ 미환류소득 법인세 ⑩ 과세대상 미환류소득	59	
⑱ 산출세액	15			⑩ 세율	60	
⑲ 합계(⑮+⑱)	16			⑱ 산출세액	61	
④ 납부할 세액 계산				⑭ 가산세액	62	
⑩ 산출세액(⑩ = ⑲)				⑯ 이자상당액	63	
㉑ 최저한세 적용대상 공제감면세액	17			⑯ 납부할세액(⑱+⑭+⑯)	64	
⑫ 차감세액	18			⑱ 차감납부할 세액 계 (⑭+⑲+⑯)	46	
⑬ 최저한세 적용제외 공제감면세액	19			⑫ 사실과 다른 회계처리 경정세액공제	57	
⑭ 가산세액	20			⑬ 분납세액계산범위액 (⑱-⑫-⑫+⑫)	47	
⑮ 가감계(⑫-⑬+⑭)	21			분납할세액 ⑭ 현금납부	48	
기한내 납부세액 ⑯ 중간예납세액	22			⑮ 물납	49	
⑰ 수시부과세액	23			⑯ 계 (⑭+⑮)	50	
⑱ 원천납부세액	24			차감납부세액 ⑰ 현금납부	51	
⑲ 간접투자회사등의 외국납부세액	25			⑱ 물납	52	
⑲ 소계(⑯+⑰+⑱+⑲)	26			⑲ 계 (⑰+⑱) (⑩=⑱-⑫-⑲)	53	
㉛ 신고납부전가산세액	27					
㉜ 합계(⑲+㉛)	28					

210mm×297mm[백상지 80g/㎡ 또는 중질지 80g/㎡]

세무조사, 한 번은
받는다는 자세로 대비하자

사업자들은 항상 합법적으로 절세할 수 있는 방법을 꾸준히 연구하고 몸에 익혀야 한다.
탈세는 안 되지만, 절세의 길은 무수히 많다.

사업을 하면서 많은 사람들이 흔히 "세금 때문에 못해먹겠다"라고
말한다. 실제로 우리나라는 세금뿐만 아니라 사업 관련 준조세 성격
으로 내야 할 각종 부담금 등이 무척 많다. 그렇기 때문에 일부 사업
자들이 '탈세'를 당연히 받아들이고 있는 것이 사실이다. 하지만 '탈
세'는 세무조사 등을 통해 사업에 큰 타격을 줄 수 있으므로 최대한
합법적으로 절세할 수 있는 방법을 강구해야 한다.

그럼 과연 누가 세무조사를 받게 되는 걸까? 세무조사를 받으러
찾아오는 사람들을 보면 어느 정도 공통점을 발견하게 된다.

첫째, 사업장의 외형(매출액)이다. 매출액이 큰 경우 국세청 전산
에 의해 무작위 추출 선정대상이 될 가능성이 있다. 즉 어쩔 수 없는

경우다. 털어서 먼지 안 나오는 사람이 어디 있을까? 따라서 항상 사업과 관련한 지출에 대해서는 적격증빙을 바탕으로 꼼꼼한 기장을 해야 하며, 인건비 등이 지출되는 경우 잊지 말고 정확히 누락 없이 신고를 해야 한다. 하지만 사업 초기에는 이러한 부분이 비전문가 입장에서 매우 힘들고 여유도 없을 것이다. 이때는 최소한 통장에서 되도록 이체될 수 있도록 하고, 인터넷뱅킹으로 해당 지출 내용이 무엇인지 자세하게 남기도록 하자. 이것만으로도 지출에 대해 누락 없이 간접적으로 기록된 효과를 볼 수 있다.

둘째, 동종 업종의 평균 신고소득률보다 신고소득률이 낮은 경우다. 예를 들면 같은 동네에 5천만 원의 매출을 올리는 치킨집이 두 곳이 있다. 한 곳은 이익이 1천만 원으로 소득률이 20%라고 신고했는데, 다른 한 곳은 1년 동안 이익이 250만 원으로 소득률이 5%밖에 안 된다고 신고를 하는 경우가 있다. 같은 상권에서 동종 업종이고 매출도 비슷한데 소득률 차이가 많이 나는 경우에는 탈세의 위험이 있다고 볼 수 있다. 보통 국세청에서는 동종 업종의 소득률을 가지고 분석을 하는 경우가 있다고 한다. 하위 소득률 신고 사업자에 대해서는 담당 공무원을 통해 실제 사업장 현황 등을 조사하도록 지침이 내려온다고 한다.

셋째, 부동산 등의 재산이 급격히 증가한 경우다. 예를 들면 치킨집을 10년간 운영하던 장동건 씨는 그동안 소득세 신고 때 연간 소득이 1천만 원도 안 된다고 신고를 했었는데, 갑자기 강남에 10억 원짜리 아파트를 구입했다면 부동산 취득에 대한 '자금출처 소명 요구' 통지를 받을 수 있다. 만약 자금출처 소명을 제대로 하지 못한다

세무조사대상 선정 방법

- 세무조사대상자는 신고내용의 적정성을 검증하기 위해 정기적으로 선정하거나, 신고내용에 탈루나 오류의 혐의가 있는 경우에 선정할 수 있다(국세기본법 제81조의6).
- 정기선정은 다음과 같은 사유로 선정한다.
  - 신고내용에 대한 정기적인 성실도 분석결과 불성실 혐의가 있는 경우
  - 4과세기간(또는 4사업연도) 이상 동일 세목의 세무조사를 받지 않아 신고내용의 적정성 여부를 검증할 필요가 있는 경우 성실도 분석은 전산 분석시스템을 활용해 세금신고상황, 납세협력(의무 이행상황 등을 객관적으로 종합해 평가함)
  - 무작위추출방식에 의한 표본조사를 하는 경우
- 비정기선정은 다음과 같은 사유로 선정한다.
  - 무자료거래, 위장·가공거래 등 거래내용이 사실과 다른 혐의가 있는 경우
  - 납세자에 대한 구체적인 탈세제보가 있는 경우
  - 신고내용에 탈루나 오류의 혐의를 인정할 만한 명백한 자료가 있는 경우

면 이는 사업을 통해 획득한 소득으로 추정하고 엄청난 세금을 부과받게 될 것이다. 보통 자금의 출처는 사업자가 아닌 경우에는 증여나 상속을 받은 것으로 볼 수 있고, 사업자인 경우에는 사업과 관련한 매출누락이나 소득누락 혐의를 받을 수 있다.

특히 셋째와 같은 경우는 요즘 자주 발생한다. 왜냐하면 국세청

전산이 그만큼 발달되어 있고 소유권 이전등기가 이루어지면 즉각 국세청에 통보가 되어 자체 분석에 들어가기 때문이다. 즉 연령이나 소득이 구입한 부동산의 규모와 맞지 않는 경우에는 거의 100% 소명 통지서가 온다고 보면 된다.

세무조사대상이 된 것을 단순히 운이 없다고 생각하면 안 된다. 이런 내용만 유념해도, 불필요한 세무조사를 받게 되는 경우를 줄일 수 있을 것이다. 사업자들은 항상 합법적으로 절세할 수 있는 방법을 꾸준히 연구하고 몸에 익혀야 한다. 탈세는 안 되지만 절세의 길은 무수히 많다.

절세의 길은 무수히 많다

그럼 세무조사를 받게 되면 어떤 것들을 볼까? 세금은 순이익을 근간으로 과세가 된다. 순이익은 매출에서 지출을 차감한 금액이다. 즉 매출이 과연 적정한지를 파악한다. 무자료 매입에 의한 매출누락, 현금 매출의 과소신고, 매출단가 조작, 임대료 축소신고(부동산임대업의 경우) 등을 파악한다.

매입의 적정성을 파악할 때는 기말 재고자산의 임의적 조정, 대표이사의 개인경비를 회사경비로 처리한 것, 발생하지도 않은 인건비를 비용으로 처리하는 경우 등을 중점적으로 본다.

또한 접대비 성격의 지출을 복리후생비로 처리한 경우도 대표적인 세무조사대상이다. 접대비는 일정 한도만 비용으로 인정되기 때문에 복리후생비로 많이 돌려서 신고를 하는 경우가 종종 있다. 세무조사를 통해 세금을 추징받게 되는 경우 법인의 입장에서는 가산세뿐만 아니라 대표자 상여로도 과세해 매우 큰 부담을 느낄 수가 있다. 따라서 합법적으로 절세할 수 있는 방법을 세무사와 항상 논의하고, 지출에 대해서 누락 없이 기록될 수 있도록 해야 한다.

다음의 자료는 국세청에서 세무조사와 관련한 안내자료다. 이는 어떻게 불성실한 세금 신고에 대해서 내부적으로 어떻게 관리하고 조사할지를 간접적으로 알려주는 자료라고 할 수 있다. 따라서 탈세가 아닌 절세의 길을 찾아야 한다. 우량 사업을 하던 기업도 가산세 등으로 휘청할 수 있다.

법인세 신고수준별 차등관리

- 법인세 신고는 일체의 세무간섭 없는 자율신고에 맡기되, 몰라서 불이익을 받지 않도록 축적된 과세자료와 각종 신고서를 연계 분석해 틀리기 쉬운 항목 중심으로 사전 안내한다. 그로써 성실신고를 지원하는 한편, 법인세 신고가 끝나는 즉시 신고내용을 분석해 업종·규모별 신고소득률 상위법인은 명백한 탈루혐의가 없는 한 세무간섭을 배제하는 등 우대관리하며, 불성실 신고법인은 조사대상으로 선정하는 등 엄정하게 관리할 예정이다.

- 성실신고 지원을 위한 전산·개별분석 안내
  - 전산자료와 신고상황을 비교분석해 문제항목 제시
  * 해외체류 유학 및 병역근무 등으로 실제 근무하지 않는 기업주 가족에게 인건비를 지급하거나 법인카드를 피부미용실, 성형외과 등에서 사적으로 사용하고 법인비용으로 공제하지 않도록 안내한다.
  * 접대성 경비 분산처리 혐의, 재고조절을 통한 원가과다계상 혐의, 세무조사 이후 신고 소득률이 급격히 하락한 법인 등을 안내한다.
  - 신고에 도움을 주는 자료 제공
  * 비사업용 토지 양도법인, 재평가토지 양도법인, 외부 세무조정대상 법인, 수입배당금 익금불산입 법인 등을 안내한다.
  - 영업실적에 비해 신고수준이 낮은 호황업종 영위법인과 세원관리 취약업종 및 자영업법인 등에 대해 수집된 각종 정보자료, 과세자료 등에 의한 개별분석을 통해 문제점을 도출하고 안내한다.
- 불성실 신고법인에 대한 엄정한 사후관리: 신고종료 후 분석·안내한 사항이 신고에 제대로 반영되었는지 성실신고 여부를 조기 검증한 후, 탈루혐의가 큰 법인은 조사대상으로 조기 선정해 즉시 세무조사에 착수한다.

도표 6-23. 세무조사 진행 과정

세무조사 사선통지	• 조사개시 10일 전까지 '세무조사 사전 통지'를 송달한다. • 세무조사 시작 전에 '세무조사 오리엔테이션'을 실시한다. • 세무조사 연기나 조사장소 변경을 신청할 수 있다.
세무조사 개시	• 조사공무원의 신분을 확인한다. • 납세자권리헌장에 대해 설명을 듣는다. • 조사공무원과 함께 청렴서약서를 작성한다.
세무조사 진행	• 세무대리인의 조력을 받을 수 있다. • '중간설명'을 통해 조사 진행상황을 알려준다. • '납세자보호담당관'이 납세자의 권익을 보호한다.
세무조사 종료	• 예정된 조사기간 내에 종결한다(단, 부득이할 경우 연장될 수 있음). • '세무 컨설팅의 날'에 세무조사 결과에 대해 상세히 알려준다.
세무조사 결과통지	• 조사가 종료되면 20일 이내에 '세무조사 결과 통지'를 송달한다(단, 부득이한 경우 늦어질 수 있음). • 통지 내용에 이의가 있는 경우 30일 이내에 '과세전적부심사'를 청구할 수 있다.
고지서 발부	• '납세고지서'를 발송한다. • 고지 내용에 이의가 있는 경우 90일 이내에 이의신청 등 불복을 청구할 수 있다. • 일시적 자금압박을 받고 있다면 징수유예를 신청할 수 있다.

억울하게 세금 통지를 받았을 경우 대처하는 방법

납세자보호담당관 제도를 이용하자. 세금에 관한 고충이나 궁금한 사항이 있으면
관할 세무서의 납세자보호담당관을 찾아가서 의논해보자.

사업을 하다 보면 불합리하거나 억울하게 과다한 세금을 납부하는
경우가 있다. 특히 경리직원이나 대표자의 잘못된 처리방식, 회계처
리 등으로 사업 초창기에 종종 발생한다. 이때는 그냥 좋은 게 좋다
는 식으로 넘어가지 말고 확실하게 권리구제가 가능한 사안인지를
검토해야 한다. 왜냐하면 매출 과소신고 등을 실수로 수정신고하지
않고 넘어간 경우, 나중에 무거운 가산세와 함께 신고불성실 사업자
로 전산에서 특별관리될 수도 있기 때문이다. 한 번 걸린 사람은 계
속 주의관찰하는 식이다. 그럼 억울한 세금에 대해서 세무서 등에
의사전달할 수 있는 방법에는 무엇이 있을까?

첫째, 과세전적부심사청구 제도가 있다. 세무조사결과통지 또는

도표 6-24. 사전·후권리구제 제도

사전권리구제 제도(과세전적부심사청구)		

세무조사결과통지 또는 과세예고통지를 받은 날부터 30일 이내에 통지관청에 부당하다고 생각하는 내용과 입증사료를 첨부해 과세전적부심사청구를 할 수 있다.

사후권리구제 제도		
이의신청	납세고지서를 받은 날부터 90일 이내에 과세관청에 신청	
심사청구	납세고지서를 받은 날 또는 이의신청의 결정통지를 받은 날부터 90일 이내에 국세청에 심사청구를 하거나 조세심판원에 심판청구	
심판청구		
행정소송	심사청구·심판청구 결과통지를 받은 날부터 90일 이내에 행정법원에 고지한 세무서장을 상대로 소송을 제기	

※ 이의신청을 거치지 않고 심사청구, 심판청구, 감사원 심사청구를 할 수 있으나, 행정소송은 반드시 심사청구, 심판청구, 감사원 심사청구를 거쳐야 한다.

과세예고통지를 받은 날로부터 30일 이내에 과세관청에 부당하다고 생각하는 내용과 입증자료를 첨부해 과세전적부심사청구를 할수 있다. 납세자가 과세전적부심사를 청구할 경우에는 결정 전 통지를 받은 날로부터 20일 이내에 통지서를 보낸 세무서장 또는 지방국세청장에게 심사청구서를 제출하면 된다. 그러면 세무서장 등은 이를 심사해 30일 이내에 결정한 후 납세자에게 통지해야 한다.

둘째, 이의신청제도가 있다. 납세고지서를 이미 받은 납세자가 고지된 세금내용에 이의가 있는 경우에는 당해 고지를 한 세무서장에게 이의 시정을 신청하는 제도다. 고지를 받은 날로부터 90일 이내에 관할 세무서에 신청해야 한다.

셋째, 심사청구, 심판청구 그리고 행정소송 제도다. 납세고지를 받은 날로부터 90일 이내에 고지한 세무서에 심사청구나 심판청구를 해야 하며, 만약 이의신청을 한 경우에는 이의신청 결정통지를 받은 날로부터 90일 이내에 청구해야 한다. 행정소송은 위의 청구 결과에 이의가 있을 경우에 결과통지를 받은 날로부터 90일 이내에 행정법원에 소송을 제기해야 한다.

마지막으로 납세자보호담당관 제도를 이용하자. 세금에 관한 고충이나 궁금한 사항이 있으면 관할 세무서의 납세자보호담당관을 찾아가자. 법으로는 해결이 안 되지만 너무나 억울한 세금관련 문제가 발생했을 경우 이용하면 좋을 것이다. 국번없이 126(내선번호 3)을 누르면 발신전화 소재 관할세무서 납세자보호담당관실로 직접 연결된다.

각종 권리구제 제도를 확인하자

당장 세금과 관련한 어려움이 없더라도 이러한 권리구제 제도를 알고 있다면 당황하지 않고 잘 해결할 수 있을 것이다.

한편 세법에서는 일정 기간 안에서만 세금을 부과할 수 있도록 하

불복청구 진행상황 조회

고 그 기간이 지나면 세금을 부과할 수 없도록 하고 있는데 이를 '국세부과의 제척기간'이라고 한다. 일반적으로 5년이라고 알고 있으나 사실은 그렇지 않다. 사기 기타 부정한 행위로 국세를 포탈하거나 환급 또는 공제받은 경우에는 신고기한의 다음 날부터 10년이다. 또한 기업을 경영하다 보면 상속세와 증여세는 매우 밀접한 관계를 맺게 되는데 이 경우에는 최대 15년이다.

국세청에 제기한 불복청구에 대한 진행상황은 국세청 홈페이지를 통해서도 직접 확인할 수 있다.

도표 6-25. 권리보호요청제도 안내(국세청 자료)

권리보호요청제도란?

세무조사 등 국세행정의 집행과정에서 납세자의 권리를 부당하게 침해하거나 침해가 예상되는 경우 신속하게 구제해주는 제도다.

권리보호요청 방법

권리침해사실을 권리보호요청서에 작성해 관할 세무서 납세자보호담당관에게 제출한다.

* 권리보호요청서 서식은 국세청 홈페이지(www.nts.go.kr)에서 내려받을 수 있으며, 양식에 관계없이 권리침해사실을 자유롭게 작성해 제출해도 된다.

❚ 권리침해 유형과 조치사항

권리침해 유형	조치사항
• 명백한 조세탈루 혐의 없이 이미 조사한 부분(같은 세목 및 과세기간)에 대한 중복조사와 세법령을 위반해 조사하는 행위	세무조사중지(조사반 철수)
• 조사기간이나 조사범위를 임의로 연장하거나 확대하는 행위	시정요구, 시정명령
• 금품·향응 및 사적 편의요구 • 기타 침해행위 2회 이상 반복	조사반 교체, 징계요구
• 세금의 부과·징수와 관련없는 자료 또는 소명을 무리하게 요구 • 고충민원·불복청구 등 절차가 이행되었으나 결정취소·환급 등 후속처분을 지연하는 행위	시정요구, 시정명령

❚ 구체적인 권리침해 사례와 구제내용

이미 조사가 이루어진 사업연도에 대한 중복조사
• 2011~2012년 귀속분에 대한 자금출처조사는 2014년 세무조사 당시 이미 조사대상 물건에 대한 검토 및 자금출처 등을 조사한 사실이 확인되어 중복조사이므로 즉시 조사를 철회함

세무조사 후 세무조사결과 미통지
• 세무조사 종결 후 20일 이내 조사결과를 통지하지 않은 사실이 확인되어 즉시 조사결과를 통지하도록 조치

압류해제 지연처리
• 체납된 국세를 이미 납부했음에도 장기간 압류해제가 이루어지지 않은 사실이 확인되어 즉시 압류된 예금계좌를 해제하도록 조치

경리·회계 업무를 하면서 담당자는 매우 다양한 분야에 대해 잘 알고 있어야 한다는 것을 느낄 것이다. 그래서 마지막 장에서는 경리·회계 담당자로서 알고 있으면 좋을 만한 내용을 다뤄본다. 읽다가 좀 더 궁금한 주제는 인터넷으로 검색하면서 더욱 깊이 공부해보면 좋을 것이다.

실무에 강한 경리·회계 담당자는 따로 있다

7장

개인사업자와 법인사업자의 차이는 무엇인가?

개인기업과 주식회사의 장단점을 비교해 이를 잘 파악하는 것은 예비 창업자에게
사업계획 검토단계에서 기업의 형태를 결정하는 데 큰 힘이 될 수 있다.

기업의 법률적 형태에서 중요한 것은 개인기업과 회사형태의 기업이다. 개인기업은 기업이 완전한 법인격이 없으므로 소유자에게 종속되는 기업이고, 회사형태의 기업은 완전한 법인격을 가지고 스스로의 권리와 의무의 주체가 되며, 기업의 소유자로부터 분리되어 영속성을 존재할 수 있는 기업이다.

우리나라의 일반적인 회사의 형태는 주식회사이며 합자회사, 합명회사 및 유한회사는 거의 없다고 봐도 무방하다. 그러나 회사의 개념에는 들어가지 않으나 개인사업자 형태의 개인기업이 우리나라에는 많이 존재한다. 따라서 개인기업과 주식회사의 장단점을 비교해 예비 창업자에게 사업계획 검토단계에서 기업의 형태를 결정하

도표 7-1. 개인기업과 법인기업의 세제상의 특징

내용	개인기업	법인기업
과세근거법	소득세법	법인세법
과세기간	매년 1월 1일부터 12월 31일까지	정관에 정하는 회계기간
과세소득	총 수입금액 - 필요경비	익금의 총액 - 손금의 총액
과세범위	특정소득에 대해서는 종합과세를 하지 않고 원천징수만으로 분리과세	분리과세가 인정되지 않음
이중과세 여부	하나의 원천소득에 대해 이중과세가 되지 않음	법인에게 법인세 과세후, 주주의 배당에 대해 소득세 과세
세율구조	• 세율: 6~42%로 누진적용 • 주민세: 소득세의 10%	• 세율: 10~25% • 주민세: 법인세의 10%
납세지	개인기업의 주소지	법인등기부등본상의 본점·주사무소
기장의 의무	수입금액에 따라 일기장의무자, 간이장부 의무자, 복식부기의무자로 구분	수입금액에 관계없이 복식부기의무자임
외부감사제도	적용되지 않음	자산총액이 100억 원 이상인 경우, 공인회계사의 감사를 받음

는 데 도움을 주고자 한다. 또한 법인을 설립할 때 준비해야 하는 것에 대해서도 알려주고자 한다.

일반적으로 기업의 영속성·성장성 측면에서 주식회사 형태의 기업을 창업하는 것이 유리하다. 주식회사는 개인기업보다 대외공신력과 신용도가 높기 때문에 신주 및 회사채 발행을 통한 자금조달이 용이하고, 영업수행에서도 기업의 이미지가 제고되어 유리한 점이 많다. 특히 벤처기업을 창업하는 경우에는 개인기업보다는 주식회사의 형태로 하는 것이 더욱 유리하다고 할 수 있다.

도표 7-2. 법인설립을 할 때 준비해야 하는 것

구분		주요 내용
설립 시 발기인 수		제한 없음 (과거 3인 이상이었으나, 상법 개정으로 1인 이상이면 가능)
설립 시 필요자본금		실무상: 1천만 원 (자본금은 100만 원 이상이면 가능하나, 등기비 등을 고려해 1천만 원 정도가 적정)
설립 등기	등기 소요기간	3~5일
	진행 과정	1. 자본금 준비 2. 임원·주주 등 설립 기초사항 확정 3. 정관 작성 4. 주금 납입 5. 등록세 발급 및 인증 6. 등기 신청 7. 등기부등본·인감증명서 발급 * 만약 법무사를 선임하는 경우 2, 3, 5, 6, 7번 항목을 법무사가 대신 수행함
사업자등록 시 제출서류		• 사업자등록증 신청서 • 주주 명부 • 법인등기부등본 • 정관 사본(설립 시 공증받은 것) • 임대차계약서 사본(확정일자신청 시 원본) • 대표자 신분증 사본

회계처리상의 특징 비교

먼저 대표자의 인건비를 보면 법인의 대표이사는 고용관계에 의해 근로를 제공하므로 그 대가인 임원보수와 상여금을 손금에 산입한다. 이에 반해 개인기업의 대표는 사업의 경영주체로 고용관계에 있지 않으므로 급여를 지급받을 수 없다. 급여를 지급받아도 이는 출자금의 인출에 불과하므로 필요경비에 산입하지 않는다.

둘째, 퇴직급여충당금 설정을 보면 법인세법은 1년 이상 근속한 모든 임직원에 대해 퇴직급여충당금을 설정할 수 있다. 따라서 대표이사도 퇴직급여충당금의 대상이 될 수 있으나 개인기업의 대표는 소득세법상 퇴직급여충당금 설정대상이 아니다.

셋째, 이연자산의 종류에서 법인세법은 법인의 이연자산을 창업비, 개업비, 신주발행비, 연구개발비, 사용수익기부자산가액 등 6가지로 인정하고 있으나, 개인사업자는 설립 등기가 필요없고 신주를 발행하지 못하므로 소득세법은 개인기업의 이연자산을 개업비, 연구개발비, 사용수익기부자산가액 등 3가지만 인정하고 있다.

넷째, 대손충당금 설정대상에서 법인세법은 대손충당금 설정대상 채권을 소비대차계약에 의한 대여금과 미수금을 포함하고 있으나, 소득세법은 사업과 관련된 채권만 대손충당금 설정대상으로 규정하고 있으므로 소비대차계약에 의한 대여금과 정상적인 사업거래에서 발생하지 않는 투자자산, 유형자산 처분미수금은 대손충당금을 설정할 수 없다.

마지막으로는 출자금의 자금인출에 대한 인정이자 익금산입, 시설개체 기술낙후로 인한 생산설비의 폐기손실 손금산입, 양도자산 상각부인액 손금산입, 이자비용 손금불산입 부인규정, 일시상각 충당금 설정 등에서 회계처리상에 상당한 차이가 있다.

도표 7-3. 개인사업자와 법인사업자의 차이

구분	개인사업자	법인사업자
창업절차	• 관할관청에 인·허가 신청 (인·허가 대상인 경우에 한함) • 세무서에 사업자등록 신청	• 법원에 설립등기 신청 • 세무서에 사업자등록 신청
자금조달	• 사업주 1인의 자본과 노동력	• 주주를 통한 자금조달
사업책임	• 사업상 발생하는 모든 문제를 사업주가 책임	• 법인의 주주는 출자한 지분 한도 내에서 책임
과세	• 종합소득세(사업고득) 과세 • 세율: 6~45%로 누진적용	• 법인: 법인세 • 세율: 10~25%
	※ 세율만 고려 시 과세표준 2,160만 원 이하인 경우 개인기업이 유리하고, 초과인 경우 법인기업이 유리	
장점	• 설립절차가 간단 • 설립비용이 적음 • 기업활동이 자유롭고, 사업계획 수립 및 변경이 용이 • 인적조직체로서 제조방법·자금운용 관련 비밀유지 가능	• 대외공신력과 신용도가 높음 (관공서·금융기관 등과 거래 시 유리) • 주식 및 회사채 발행 등을 통한 대교무 자본 조달이 가능 • 기업운영이 투명
단점	• 대표자는 채무자에 대해 무한책임을 짐 • 대표자가 바뀌는 경우에는 폐업신고를 해야 함(기업의 연속성 단절 우려) • 사업 양도 시 양도소득세 부과(세부담 증가)	• 설립절차가 복잡 • 설립 시 비용이 높음 (자본금 규모에 따른 비용 발생) • 사업운영과 관련한 대표자 권한이 제한적

벤처기업으로 판단할 수 있는 해당 조건은 무엇인가?

창업과정의 혜택으로 교수·연구원이 벤처기업의 임직원으로 근무 시 휴·겸직을 허용하며, 벤처기업에 대한 현물출자 대상에 특허권·실용신안권·의장권 등의 권리가 포함된다.

벤처기업에 대해서는 한 번쯤 들어봤을 것이다. '우리회사도 벤처기업인가? 중소기업은 알겠는데, 벤처기업은 뭐지?'라고 생각한 적도 있을 것이다. 벤처기업이란 벤처기업육성에 관한 특별조치법에 근거해 벤처기업 확인요령(중기청 고시)에 따라 전국 11개 지방중소기업청(대전·충남 지역은 본청)에서 벤처기업 확인서를 발급하고 있다.

우리나라의 벤처기업에 대한 개념은 미국의 전통적인 벤처기업 개념과는 다르게 기술성이나 성장성이 상대적으로 높아 정부에서 지원할 필요가 있다고 인정하는 기업으로, 벤처기업육성에 관한 특별조치법의 4가지 기준 중 1가지를 만족하는 기업을 의미한다. 즉 성공한 결과로서의 기업이라기보다는 정책이라는 수단을 통해 세계적인 일류기술기업으로 육성하기 위한 지원대상으로서의 기업이라는 성격이 강하다. 즉 국가에서 지원을 해주기 위해 해당 회사가 벤처기업인지 요건을 두고 해당 요건이 되면 정책적으로 지원을 해주겠다는 것이다.

벤처기업의 주요 혜택

창업과정에서의 혜택으로는 교수·연구원이 벤처기업의 임직원으로 근무시 휴·겸직을 허용하며, 벤처기업에 대한 현물출자 대상에 특허권·실용신안권·의장권 등의 권리가 포함된다. 세금 혜택으로는 창업 3년 이내 벤처기업 확인을 받은 기업은 4년간 법인·소득세 50% 감면, 4년 이내에 취득하는 사업용 재산에 대해 취득세 75% 감면, 3년간 재산세 면제, 그다음 2년간 재산세 50% 감면이 된다.

금융 분야는 코스닥 상장심사시 우대, 중소기업정책자금 한도 우대, 신용보증 심사 시 우대(보증한도 확대, 보증료율 0.2% 감면 등), 투자 지원(창업투자회사의 투자대상에 업력제한 없음. 일반기업은 창업 후 7년 이내 기업만 해당) 등이 있다.

인력분야는 스톡옵션 부여대상 확대(외부전문인력과 외부기관)·행사 이익에 대해 소득공제(연간 3천만 원 한도), 병역특례 연구기관으로 지정받을 수 있는 신청 기회를 연 2회 부여(일반기업은 1회)·산업기능요원 추천심사 시 가점 부여 등이 있다.

또한 특허분야는 벤처기업이 특허 및 실용신안 등록출원 시 우선

심사대상이 되며, 해외진출분야는 해외진출 중소기업 법률자문, 홍보지원(지원비율 일반기업에 비해 10% 상향), 글로벌 브랜드사업 지원[전업률 매출기준 30% 미만도 지원(1억 원)], 해외유명인증 획득 지원(해외규격 지원 신청 시 가점)이 있으며, 마케팅분야는 벤처기업에 대해 TV, 라디오 광고지원(광고비 70% 감면, 한국방송광고공사 내부기준에 의거 선정)을 하고 있다.

그 외에 주식교환, 전기요금 할인, 입지지원(실험실 공장, 창업보육센터 입주기업에 대한 도시형공장 등록 특례, 벤처기업 전용단지의 건축금지에 대한 특례, 집적시설입주 벤처기업특례) 등이 있다.

혜택을 받으려면 어떤 요건을 만족해야 할까?

〈도표 7-4〉의 요건을 보면 굉장히 까다롭고 어려울 것 같지만, 결코 그렇지만은 않다. 해당 기관의 담당자들과 전화를 통해 도움을 받으면서 인정받을 수 있도록 노력하면 될 것이다. 이러한 요건을 갖추면 해당 기관에서 벤처기업확인서를 받게 된다.

도표 7-4. 벤처기업 확인 요건

벤처유형	기준요건	확인기관
벤처투자기업	① 벤처투자기관으로부터 투자받은 금액이 자본금의 10% 이상일 것 ② 투자금액이 5천만 원 이상일 것	한국벤처캐피탈협회
연구개발기업	① 한국산업기술진흥협회에서 인증한 기업부설연구소 인증서 보유 ② 직전 4분기의 연간 연구개발비가 5천만 원 이상일 것(연구개발비비율 적용 제외) ※ 직전 4분기란 확인요청일이 2010년 5월 1일의 경우 2009년 2, 3, 4사분기, 2010년 1사분기를 말함. 즉 2009년 4월 1일~2010년 3월 31일까지임 ③ 연구개발기업 사업성평가기관으로부터 사업성이 우수한 것으로 평가	기술보증기금
기술평가보증기업 (보증만으로 벤처 인증 가능)	① 기보로부터 기술성이 우수한 것으로 평가 ② 기보의 보증(보증가능금액 포함) 또는 중진공의 대출(보증가능금액 포함, 직접 취급한 신용대출에 한함)을 순수신용으로 받을 것 ③ 상기 ②의 보증 또는 대출금액의 각각 또는 합산금액이 8천만 원 이상이고, 당해기업의 총자산에 대한 보증 또는 대출금액 비율이 5% 이상일 것	기술보증기금
기술평가대출기업 (대출 승인만으로 벤처 인증 가능)	① 중진공으로부터 기술성이 우수한 것으로 평가 ② 중진공의 대출(대출가능금액 포함, 직접 취급한 신용대출에 한함) 또는 기보의 보증(보증가능금액 포함)을 순수신용으로 받을 것 ③ 상기 ②의 보증 또는 대출금액의 각각 또는 합산금액이 8천만 원 이상이고, 총자산에 대한 보증 또는 대출금액의 비율이 5% 이상일 것	중소기업진흥공단
예비벤처기업	① 법인설립 또는 사업자등록을 준비 중인 자 ② 상기 ①의 해당자의 기술 및 사업계획이 기보, 중진공으로부터 기술성이 우수한 것으로 평가	기술보증기금 중소기업진흥공단

※ 벤처인(www.venturein.or.kr) 참조

기업부설연구소 인증을 받으면 각종 혜택이 있다

요건들을 열심히 갖추어 인증을 받게 되면 어떠한 혜택을 받을 수 있을까?
세금 절세 혜택부터 관세지원, 자금지원, 인력지원 등 다양한 혜택을 받을 수 있다.

기업부설연구소라고 하니 뭔가 대단한 실험장비와 흰 가운을 입은 수많은 박사님들이 있는 곳이라고 생각할 수 있다. 하지만 절대 그렇지 않다. 대단한 실험기구가 없어도, 2명의 연구전담 직원만 있어도 노력하면 기업부설연구소라는 인증을 받을 수 있다.

요건은 크게 인적요건과 물적요건이 있다. 인적요건은 일정 자격이 있는 직원들이 있어야 하고, 물적요건이란 회사 사무실 안에 별도의 공간으로 연구소 공간이 있으면 된다. 별도의 공간이라는 것도 대단한 것이 아니라 별도의 방을 마련하거나 칸막이 공사만으로도 충분히 요건을 만들 수 있다.

도표 7-5. **기업부설연구소 인증 요건**

연구전담요원 자격

- 기업규모 등에 관계없이 모두 인정되는 경우
  - 자연계(자연과학계열, 공학계열, 의학계열) 학사 이상자
  - 국가기술자격법에 의한 기술·기능분야 기사 이상자
- 중소기업에 한해 인정되는 경우
  - 자연계 전문학사로 해당 연구분야 2년 이상 경력자(3년제는 1년 이상 경력자)
  - 국가기술자격법에 의한 기술·기능분야 산업기사로 해당 연구분야 2년 이상 경력자
  - 마이스터고 또는 특성화고 졸업자로 해당 연구분야 4년 이상 경력자(연구소 경력 1년 이상 포함)
- 중견기업에 한해 인정되는 경우
  - 중소기업 당시 연구전담요원으로 등록되어 해당 업체에 계속해서 근무하는 경우는 중소기업에 한해 인정되는 자격을 중견기업이 되었어도 인정
- 산업디자인 분야 및 지식기반 서비스 분야를 주업종으로 하는 경우
  - 자연계분야 전공자가 아니더라도 가능

독립된 연구공간

- 사방이 다른 부서와 구분될 수 있도록 벽면을 경량칸막이 등 고정된 벽체로 구분하고 별도의 출입문을 갖추어야 함
- 면적은 객관적으로 볼 때 당해 연구소에서 연구기자재를 구비하고 연구원이 관련 분야의 연구개발을 수행하는 데 적절한 크기를 확보해야 함
- 지식기반서비스 분야 또는 소기업 연구소가 독립공간(방)을 연구공간으로 확보하지 못할 경우, 소규모(전용면적 30㎡ 이하) 연구공간을 별도의 출입문을 갖추지 않고 다른 부서와 칸막이 등으로 구분해 운영할 수 있음(연구소 현판을 칸막이에 부착)

연구시설

- 연구기자재(연구전담요원 또는 연구보조원이 연구 개발 활동에 직접 사용하는 기계, 기구, 장치 및 재료)는 연구공간에 위치할 것

구분			신고요건
인적요건	연구소	벤처기업	연구전담요원 2명 이상
		연구원창업 중소기업	
		소기업	연구전담요원 3명 이상 (단, 창업일로부터 3년까지는 2명 이상)
		중기업	연구전담요원 5명 이상
		국외에 있는 기업연구소 (해외연구소)	연구전담요원 5명 이상
		중견기업	연구전담요원 7명 이상
		대기업	연구전담요원 10명 이상
	연구개발 전담부서	기업규모에 관계없이 동등 적용	연구전담요원 1명 이상
물적 요건	연구시설 및 공간요건		연구개발활동을 수행해 나가는 데 필수적인 독립된 연구공간과 연구시설을 보유하고 있을 것

어떤 혜택이 있는가?

그렇다면 이러한 요건들을 열심히 갖추어 인증을 받으면 어떠한 혜택을 받을 수 있을까? 절세 혜택부터 관세지원, 자금지원, 인력지원 등 그 종류는 매우 다양하다. 정책상 이러한 혜택은 바뀌는 경우가 많기 때문에 기업부설연구소 인증을 해주는 한국산업기술진흥협회 홈페이지(www.koita.or.kr)를 참고해 매번 자세하게 확인해야 한다.

도표 7-6. **기업부설연구소 인증 혜택**

구분	지원사항	지원내용
조세 지원	일반연구·인력 개발비 세액공제	각 과세연도에 발생한 연구·인력개발비가 직전 4년간 평균발생 액을 초과하는 경우 초과금액의 50% 또는 당해 과세연도 발생 분의 25%를 세액공제
	연구 및 인력 개발 설비투자 세액공제	연구시험용 시설, 직업훈련용 시설, 신기술사업화 사업용 자산에 투자하는 경우 투자금액의 7% 세액공제(기업규모에 따라 상이함) * 2021년 12월 31일까지
	기업부설연구소용 부동산 지방세 면제	기업부설연구소용에 직접 사용하기 위해 취득하는 부동산에 대 한 취득세 60%를 감면하고, 과세기준일 현재 기업부설연구소용 에 직접 사용하는 부동산에 대해서는 재산세 50% 감면
	연구전담요원 연구활동비 소득세 비과세	중소·벤처기업이 기업부설연구소 연구개발전담부서에서 연구 활동에 직접 종사하는 자가 받는 연구보조비 또는 연구활동비 중 월 20만 원 이내의 금액을 소득세 비과세
관세 지원	산업기술 연구개 발물품 관세감면	과학기술 또는 산업기술의 연구개발에 공헌하기 위해 기업부설 연구소, 연구개발전담부서 및 산업기술연구조합에서 수입하는 물품에 부과되는 관세의 80%를 감면
인력 지원	전문연구요원 제도	일정기준을 갖춘 기업부설연구소가 신규채용하는 연구개발전담 요원에 대해 배정된 T/O한도 내에서 병역의무를 면제함(사업신청 자격 부여) * 자연계 분야 석사 이상 학위를 소지한 연구개발전담요원 2인 이상 확보
	초·중급 기술개 발인력 지원사업	우수 초·중급 기술개발인력을 중소기업 연구소 연구인력으로 채용 시 해당 중소기업에 인건비와 해당 인력에 대한 능력개발 비를 지원하는 사업
	청년취업인턴제 사업	미취업 청년을 중소기업에서 신규로 채용할 경우 인건비의 50% 를 최대 1년간 지원받을 수 있는 사업
자금 지원	국가연구개발사 업 참여지원제도	특정연구개발사업 등 국가연구개발사업 참여 시 연구개발비의 일정률을 연구보조비로 지원(사업신청자격 부여 또는 가점 부여)

유능한 경리·회계 담당자라면 기본적인 계약서 검토는 필수다

계약을 하는 이유와 대금 지불조건, 그리고 납품지연에 대한 손해배상에 대해 구체적으로 나타내야 한다. 또한 그 책임을 최종적으로 누가 지는지도 정말 중요하다.

사업은 일정한 틀 안에서 거래 상대방이 있고, 그 상대방과 서로 필요에 의해서 서로의 니즈를 가지고 복잡하든 간단하든, 서면이나 구두로 계약하는 것을 말한다.

예를 들어 동대문에서 의류를 구매해 인터넷 쇼핑몰 사업을 하는 회사의 경우 동대문 새벽시장에서 의류를 사는데, 구두에 의해서 일정한 품질의 의류를 서로 합의된 가격으로 구매한다. 즉 구멍이 나거나 재봉 불량인 의류가 아닌 완전한 상품에 대해서 서로 합의된 가격을 주는 것이다.

이러한 거래 관계에서는 서면이 아닌 관례상 구두에 의해서 서로 거래를 인정하며, 만약 나중에 사무실에 가서 재봉 불량인 의류가 일부 발견된다면 교환을 해주는 무언의 계약을 하는 것이다.

이렇듯 소액거래 관계에서는 상식과 관례에 의해서 구두로 계약하게 되지만, 일정 금액 이상이거나 거래 기간이 길어지는 경우에는 반드시 계약서 등을 서면으로 작성해야 한다. 예를 들어 회사의 홈페이지 제작을 맡기는 경우 주문자 측에서 요구하는 품질과 납품기한을 명시하고, 그 조건을 만족하지 못하면 대금 지급을 안 하거나 손해배상을 받을 수 있도록 서면으로 남겨놓아야 한다. 이러한 것은 구두로 할 수 없는 것이고, 나중에 손해배상을 받으려면 서면에 의한 증거가 있어야 한다.

이러한 계약서를 작성하는 기본적인 형식에 대해서 알아보도록 하겠다. 가장 중요한 핵심은 계약을 하는 이유와 대금 지불조건, 그리고 납품지연에 대한 손해배상에 대해서 구체적으로 나타내야 한다는 것이다. 또한 그 책임을 최종적으로 누가 지는지도 정말 중요하다.

계약서 작성과 검토할 때 주의할 점

계약서는 권리와 의무의 발생 및 변경, 소멸을 도모하므로 계약서의 작성은 신중하고 냉철하게 판단한 후 육하원칙에 따라 간단명료하고 정확하게 작성해야 한다. 즉 권리자와 의무자의 관계, 목적물이나 권리의 행사방법 등이 명확하게 전달될 수 있도록 해야 한다.

계약서에 사용할 용어는 절대 복잡해서는 안 되며, 평이하게 당사자 사이에 한 가지 뜻으로 해석될 수 있어야 하고, 문자의 변조를 막기 위해 가급적 컴퓨터 등을 이용해야 한다. 금액이나 숫자로 표시되는 경우는 한자를 병용해 기재함으로써 쉽게 변조하지 못하게 해야 한다. 간혹 법원의 판결문처럼 복잡하고 법적인 용어가 즐비하게 작성해야 하지 않을까 고민하지만, 그렇게 해서는 괜한 오해만 일으킬 수 있다.

계약서를 검토할 때는 해당 계약서의 거래 내용이 무엇인지 명확해야 한다. 그에 따라 해당 거래의 조건이 나와야 한다. 즉 거래 기간과 거래 가격, 마지막으로 대금 결제 기한이 명확히 기재되어 있어야 한다. 또한 해당 거래에 대해서 연대보증을 추가로 받아야 할지도 꼭 확인해야 한다.

예를 들어 상대 법인의 신용상태가 좋지 않다는 점을 모르고 열심히 납품 준비를 했는데, 물건 납품 후 해당 법인이 파산했어도 최소한 대표이사 개인을 연대보증으로 계약에 넣었다면 매출채권 상환에 일말의 희망이 있을 수 있다.

마지막으로 계약서의 핵심은 바로 계약 내용 중에서 대상과 조건, 그리고 책임을 어떻게 지는지다. 예를 들어 사업을 하면서 상대 거래처가 기술이 매우 뛰어나서 함께 사업을 만들어가고 싶지만 자금이 부족해서 일정한 자금을 빌려주려고 한다면 회계 담당자 입장에서 어떤 부분을 체크해야 할까? 간단히 금전차용증의 예를 보도록 하자.

금전차용증

금액: 오억 원(₩500,000,000원)

1. [차용 조건] 상기 금액 오억 원을 장동건이 2020년 12월에 차용하고, 이자 월 2%로 하며 상환기일은 2021년 3월 20일까지 원리금 전액 상환조건이며 이정재 명의 계좌 '우리은행 1002 - 0000 - 8888'로 상환한다.

2. [담보] 고소영은 담보로 아파트를 제공하며 차용조건상 상환기일까지 상환하지 않을 경우 담보로 제공된 아파트 소유권을 양도한다. 상환기일과 원금 및 이자 전액상환 조건이 충족되지 않은 경우에는 담보로 제공된 물건의 소유권은 그 즉시 자동으로 이정재에게 있다.

3. 본건과 관련된 분쟁은 서울중앙지방법원을 관할 법원으로 해 이를 해결하기로 한다.

2020년 12월 12일

대여인: 이정재 ＿＿＿＿＿＿＿＿＿ (인)

주민등록번호:

차용인: 장동건 ＿＿＿＿＿＿＿＿＿ (인)

주민등록번호:

보증인: 고소영 ＿＿＿＿＿＿＿＿＿ (인)

주민등록번호:

계약의 대상은 금전대차이며, 금액은 5억 원이다. 차용 조건에서 원리금이라고 되어 있는데, 원금은 물론 이자까지 차후에 상환하도록 강제하는 것이다.

마지막으로 지금과 같이 계약서를 꼼꼼히 작성한 후에 해야 할 중요한 사항이 더 있다. 바로 도장을 찍는 것이다. 여기서 도장은 바로 인감도장을 말한다. 인감도장은 반드시 인감증명서를 첨부해야 효력을 인정받을 수 있다. 일반적으로 인감증명서는 발행일로부터 3개월 이내의 것으로 요청하도록 하자.

계약서 날인 전에 담당자는 계약당사자들의 인감과 인감증명서상의 도장이 일치하는지 가장 먼저 확인해야 한다. 그리고 인감증명서의 발행일자를 확인하고 인적사항이 계약서상의 주민등록번호, 주소 등과 일치하는지도 꼼꼼히 확인하자. 이러한 과정을 일사분란하게 꼼꼼히 하는 것이 유능한 경리 담당자의 위치를 다시 한번 보여주는 것이 된다.

우리나라 정서상 이러한 확인절차가 예의에 어긋날 수 있다고 생각해서 확인 절차 없이 대충 계약을 진행하는 것은 차후에 회사에 중대한 위기를 불러일으킬 수 있다는 점을 유념하도록 하자. 대표자가 아무리 그렇게 이야기하더라도 담당자는 최소한의 절차 확인은 하도록 하고, 이러한 점이 속으로는 든든한 경리 담당자로서 생각한다는 점은 두말하면 잔소리다.

개인과 법인은 인감증명서 형식이 다르다. 인감증명서는 매우 중요하기 때문에 직접 관공서에 가서 발급받아야 한다. 개인인감증명서는 주민센터에서 발급받고, 법인인감증명서는 등기소에서 받는다. 법인인감증명서는 발급하러 갈 때는 법인인감카드를 가지고 가야 한다.

인감증명서의 진위를 확인하려면 개인은 민원24 홈페이지(www.minwon.go.kr)에서, 법인은 대법원 인터넷등기소 홈페이지(www.iros.go.kr)에서 가능하다.

금융소득 종합과세에 대해
알아보자

금융소득이란 '이자소득 + 배당소득'으로 금융소득 종합과세 대상은
연간 본인의 금융소득이 2천만 원을 초과하는 경우다.

경리·회계 담당자는 회사 대표자의 개인적인 부분에 대한 컨설팅도
할 줄 알아야 한다. 그중 세금 이슈와 관련한 상식은 많이 알수록 유
능한 회계 담당자로 인정받을 수 있다. 세금 이슈와 관련한 내용 중
에 하나인 금융소득 종합과세에 대해서 알아보자.

금융소득 = 이자소득 + 배당소득

금융소득이란 은행은 물론 증권회사, 보험회사, 종합금융회사, 투
자신탁회사와 농·수협, 신용협동조합, 우체국 등에서 받는 예·적

금, 예탁금 등의 이자소득과 국·공채, 금융채, 회사채 등에서 발생하는 이자와 할인액, 비영업대금이익, 주식 및 출자금에서 발생하는 배당소득(출자공동사업자가 받는 손익분배비율에 해당하는 금액 포함)을 말한다.

금융소득 종합과세 대상은 연간 본인의 금융소득이 2천만 원을 초과하는 경우다.

금융소득 종합과세, 어떻게 처리해야 하나?

일반적으로 은행 등에서 이자를 지급할 때 세금을 원천징수하면 그 이자소득에 대해서는 세금문제가 모두 종결되며 이자를 받는 사람 입장에서는 세금에 대해 신경을 쓸 필요가 없다. 하지만 2001년부터는 일정금액 이상의 금융소득(이자소득과 배당소득)은 다른 종합소득(사업소득, 근로소득, 기타소득)과 합산해 소득세를 과세하도록 했는데, 이를 '금융소득 종합과세'라 한다.

금융소득 종합과세는 소득계층 간 그리고 소득종류 간 과세의 형평성을 제고해 공평과세를 실현하고 금융소득을 명의자에게 과세함으로써 차명거래의 소지를 축소해 금융거래의 투명성을 제고하기 위해서 실행되는 제도다.

예를 들어 법인의 비자금 50억 원을 임원들의 개인 명의의 계좌에서 몇 년간 관리하고 있었다고 하자. 이때 연 이자율이 2%라고 가정하면 이자만 1억 원이 된다. 예전에는 이자세율 15.4%만 납부하면 모든 세금 문제가 끝났지만, 금융소득 종합과세로 인해 해당 임원의 근로소득까지 합산하게 되어 최고세율 38%의 부담을 가질 수도 있게 된 것이다. 즉 차명으로 이러한 명의 이용이 세부담으로 어려워졌다.

현재 금융소득 종합과세 대상은 금융소득이 연간 2천만 원을 초과하는 경우 전체 금융소득이 종합 과세된다. 다만 2천만 원까지는 원천징수세율 14%를 적용해 산출세액을 계산하므로 기준금액(2천만 원) 이하의 금융소득은 실질적으로 분리과세되는 것과 동일하다.

여기서 종합과세 대상 기준이 되는 2천만 원은 예금 원금이 아니라 이자를 말하므로, 금리가 연 2%라고 한다면 10억 원 이상의 예금이 있어야 종합과세 대상자가 된다. 따라서 종합과세 대상자가 그렇게 많지는 않다.

마지막으로 모든 금융소득이 과세되는 것은 아니다. 비과세되는 금융소득 등도 있으므로 구체적인 사항은 은행 등의 금융기관에 문의해 세금 측면에서 유리한 상품에 가입하면 될 것이다.

금융소득 종합과세 대상인지 확인하는 방법

금융소득 종합과세 대상자의 신고편의를 위해 국세청에서는 금융회사 등 원천징수의무자가 제출한 금융소득지급명세서를 기초로 매년 종합소득세 확정신고기간 중에만 금융소득자료를 제공한다. 금융소득자료는 홈택스 홈페이지나 세무서를 방문해 제공받을 수 있다.

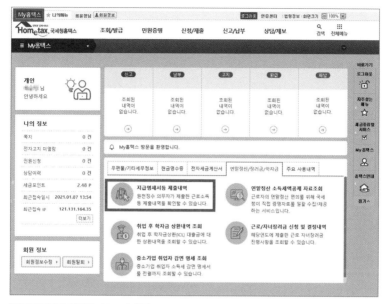

금융소득자료를 제공하는 My NTS 화면

첫째, 홈택스 홈페이지 조회다. 금융소득자 본인의 공인인증서를 이용해 홈택스에 로그인한 후 왼쪽 상단에 My NTS 메뉴에서 금융소득자료를 선택해 조회 및 출력할 수 있다.

둘째, 서면요청 방법이다. 금융소득자 본인이 신분증을 지참하고 가까운 세무서에 방문해 금융소득자료 제공요청서를 작성·제출하면 된다. 금융소득자가 미성년자일 경우에는 법정대리인(부모 등)의 신분증과 가족관계증명서를 제출해야 하며, 대리인이 요청하는 경우에는 소득자의 위임장(인감증명서를 첨부)과 대리인 신분증을 첨부해야 한다.

도표 7-7. 금융소득 종합과세 대상인 경우 5월 종합소득세 신고 때 추가 서식

(31쪽 중 제23쪽)

종합소득산출세액계산서(금융소득자용)

1 금융소득 명세

구 분	금 액	구 분	금 액
① 비영업대금이익		⑥ 배당가산(Gross-Up)대상배당소득	
② 원천징수되지 않은 이자소득		⑦ 원천징수되지 않은 배당소득	
③ 원천징수되지 않은 비영업대금이익		⑧ 위 ⑥ · ⑦ 외의 배당소득	
④ 위 ① · ② · ③ 외의 이자소득			
⑤ 이자소득 합계(①+②+③+④)		⑨ 배당소득 합계(⑥+⑦+⑧)	

2 금융소득금액(⑤+⑨)이 종합과세기준금액(2,000만 원)을 초과하는 경우 / **3 금융소득금액(⑤+⑨)이 종합과세기준금액(2,000만 원) 이하인 경우**

구 분	금 액	구 분	금 액
⑩ 금융소득금액(⑤+⑨)		㉜ [(②+⑦)× (14/100)]	
⑪ 종합과세기준금액	20,000,000	㉝ [③× (25/100)]	
⑫ 기준초과금액(⑩-⑪)		㉞ 금융소득 외의 다른 종합소득	
⑬ 배당가산액		㉟ 소득공제	
⑭ 금융소득 외의 다른 종합소득		㊱ 과세표준(㉞-㉟)	
⑮ 기준금액 외의 종합소득금액(⑫+⑬+⑭)		㊲ 기본세율	
⑯ 소득공제		㊳ 산출세액	
⑰ 과세표준(⑮-⑯)		㊴ 종합소득산출세액(㉜+㉝+㊳)	
⑱ 기본세율			
⑲ 산출세액			
⑳ [⑪×(14/100)]			
㉑ 비교산출세액계(⑲+⑳)			
㉒ 비영업대금이익[(①+③)× 25/100]			
㉓ 비영업대금이익 외의 금융소득[⑩-(①+③)]			
㉔ [㉓ × (14/100)]			
㉕ 금융소득 외의 다른 종합소득(⑭)			
㉖ 소득공제			
㉗ 과세표준(㉕-㉖)			
㉘ 기본세율			
㉙ 산출세액			
㉚ 비교산출세액 계(㉒+㉔+㉙)			
㉛ 종합소득산출세액(㉗와 ㉚ 중 큰 금액)			

4 배당세액공제

㊵ [⑬와 (㉛-㉚) 중 작은 금액]			

360

성희롱 예방교육도 의무적으로 시행해야 한다

성희롱 관련 교육을 실시한 후 교육자료 및 증빙자료를 사업장 내에서 자체보관하면 된다.
교육하는 동안 강의하는 모습을 담당자가 사진을 찍어두면 더욱 좋을 것이다.

경리 담당자는 회사의 총괄적인 업무를 수행해야 하는 경우가 많다. 그중 하나는 성희롱 예방교육이다. 최근에 국가에서 성희롱 예방교육을 하도록 제도를 마련했는데, 이에 대해서도 꼭 확인해서 실시하도록 하자.

직장 내 성희롱 예방교육은 상시 근로자 10인 이상 사업장에서는 반드시 매년 1회 이상 실시해야 하고, 동 교육을 실시하지 않는 경우 300만 원 이하의 과태료를 부과받을 수 있다. 교육방법은 원칙적으로 자체교육을 실시해야 하나, 예외적으로 위탁교육(고용노동부 지정 기관)도 가능하다. 상시 근로자 10명 미만 사업장에서는 교육자료를 직원들에게 회람·공람·배포 등의 방법으로도 실시 가능하다.

고용노동부에서 제공한 성희롱 예방교육 자료

　자체적으로 실시할 경우 교육자료는 고용노동부 홈페이지에서 쉽게 내려받을 수 있다. 교육자료는 동영상도 있으므로 회의실에서 상영하면 쉽게 자체적으로 교육을 할 수 있을 것이다. 성희롱 관련 교육내용은 다음과 같다.

　성희롱에 대한 법령, 직장 내 성희롱 발생 시 처리절차 및 조치 기준, 직장 내 성희롱 피해 근로자의 고충상담 및 구제절차, 그리고 그 밖에 직장 내 성희롱 예방에 필요한 사항 등이 있다. 성희롱 관련 교육을 실시한 후 교육자료 및 증빙자료(자체서식으로 참석자명단 서명기입)를 사업장 내에서 자체보관하면 된다. 교육하는 동안 강의하는 모습을 담당자가 사진을 찍어두면 더욱 좋을 것이다.

사업용 계좌를 반드시 의무적으로 사용해야 한다

현금거래 비중이 높다고 보이는 전문직사업자 등에 대해서
제도적으로 탈세를 못하도록 여러 제도를 만들었다.

개인사업자 중에서 업종별 기준금액 이상인 개인사업자 및 전문직
사업자(복식부기의무자)는 거래대금, 인건비, 임차료를 지급하거나
받는 경우 가계용과 분리된 별도의 사업용 계좌를 사용하도록 하는
제도가 있다. 즉 법인과 달리 개인은 사적인 생활 등을 위해 금융거
래를 할 수밖에 없으므로 이를 사업관련 거래와 구분하도록 하는
것이다. 하지만 특별히 기존 계좌와 구조적으로 다를 것은 없다. 단
지 특정 계좌를 국세청에 신고하게 하고 해당 계좌를 구분해 사용
하도록 부담을 지우는 것이다.

사업용 계좌를 사용하지 못하거나 미신고할 경우에는 다음과 같
은 가산세가 있다.

사업용 계좌 미신고 시 불이익

- 사업용 계좌 미신고 시 가산세
  - 미사용가산세: 사용하지 않은 금액의 0.2%
  - 미신고가산세: ①, ② 중 더 큰 금액을 부과함
  ① 신고하지 않은 기간의 수입금액 0.2%
  ② 거래대금·인건비·임차료 합계액의 0.2%
- 중소기업특별세액 등 감면혜택 배제(조특법 제128조 4항)

이러한 제도에 적용되는 예를 들어보면, 학원을 운영하는 일정 규모 이상의 개인사업자의 경우 사업용 계좌로 신고한 계좌에서 학원 강사들의 강사료가 지급되지 않으면 가산세를 부과한다. 특히 일정 사업자의 경우 사업용 계좌와 함께 현금영수증 의무발행 제도도 적용하게 되어 있다. 현금거래 비중이 높다고 보이는 전문직사업자 등에 대해서 제도적으로 탈세를 못하도록 여러 제도를 만든 것이다.

예를 들어 전문직사업자인 성형외과 의사가 환자로부터 3년 동안 약 5억 원을 차명계좌로 받았다고 하자. 그러면 현금영수증 미발행 과태료 50%와 사업용 계좌 미사용에 따른 가산세, 그리고 종합소득세 및 가산세를 물게 된다. 그렇게 되면 대략 누락한 매출 이상을 세금으로 납부하게 된다. 설상가상으로 2억 원 이상의 국세포탈 혐의로 세무조사를 받고 있다면 출입국관리법에 의해 출국금지가 되며, 5억 원 이상 누락되는 경우 검찰에 통보되어 조세범처벌법으로 구속될 수도 있다. 그러므로 이러한 협력의무를 반드시 지켜야 한다.

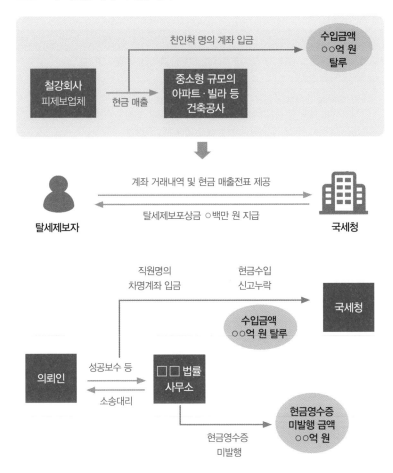

도표 7-9. 사업용 계좌 신고 대상자

▌복식부기의무자

업종구분	직전연도 수입금액
농업 및 임업, 어업, 광업, 도매업 및 소매업, 부동산 매매업, 아래에 해당되지 않는 업	3억 원 이상
제조업, 숙박 및 음식점업, 전기·가스·증기 및 수도사업, 하수·폐기물처리, 원료재생 및 환경복원업, 건설업, 운수업, 출판·영상·방송통신 및 정보 서비스업, 금융 및 보험업, 상품중개업, 욕탕업	1억 5천만 원 이상
부동산임대업, 부동산관련 서비스업, 임대업, 서비스업(전문·과학·기술·사업시설관리·사업지원·교육), 보건업 및 사회복지 서비스업, 예술·스포츠 및 여가관련 서비스업, 협회 및 단체, 수리 및 기타개인 서비스업, 가구내 고용활동	7,500만 원 이상

※ 전문직사업자는 수입금액에 관계없이 복식부기의무가 부여됨

전문직사업자의 범위

부가가치세 간이과세배제 대상 사업서비스, 변호사, 심판변론인, 변리사, 법무사, 공인회계사, 세무사, 경영지도사, 기술지도사, 감정평가사, 손해사정인, 통관업, 기술사, 건축사, 도선사, 측량사, 공인노무사, 의료·보건용역을 제공하는 자, 의사, 치과의사, 한의사, 수의사, 약사, 한약사

도표 7-10. 사업용 계좌 신고서

【서식 96】 ■ 소득세법 시행규칙 [별지 제29호의9서식] <개정 2019. 3. 20.>

사업용계좌신고(변경신고·추가신고)서

※ [   ]에는 해당되는 곳에 √표를 합니다.

접수번호	접수일자	처리기간 즉시

신고인	① 상 호		② 사업자등록번호
	③ 성 명		④ 주민등록번호
	⑤ 사업장소재지		(☎ :)

⑥ 금융기관명	⑦계좌번호	⑧예금주명	⑨구 분

「소득세법 시행령」 제208조의5제9항에 따라 사업용계좌[[   ]신고·[   ]변경신고·[   ]추가신고]를 합니다.

년   월   일

신고인

(서명 또는 인)

대리인   (주민등록번호 :   )   관   계 :

주소   전화번호 :

세 무 서 장   귀하

첨부서류	없음	수수료 없음

작 성 방 법

1. 이 서식은 「소득세법」 제160조의5에 따른 사업용계좌를 신고·변경·추가하는 경우에 사용하는 서식입니다.
2. 복식부기의무자는 복식부기의무자에 해당하는 과세기간의 개시일(1월 1일)부터 6개월 이내에 사업용계좌를 신고하여야 하며, 사업 개시와 동시에 복식부기의무자에 해당되는 사업자는 사업개시연도의 다음 과세기간 개시일로부터 6개월 이내에 신고하여야 합니다.
3. 사업용계좌를 변경하거나 추가하는 경우에는 「소득세법」 제70조 및 제70조의2에 따른 확정신고기한까지 이를 신고하여야 합니다.
4. 복식부기의무자가 복수의 사업장을 운영하는 경우, 사업장별로 각각 사업용계좌를 신고하여야 하며, 사업용계좌는 1개의 계좌로 2 이상의 사업장에 신고할 수 있으며, 사업장별로 2 이상의 계좌를 신고할 수 있습니다.
5. ⑨구분란에는 신규, 추가, 해지를 적습니다.

210mm×297mm[백상지 80g/㎡ (재활용품)]

실무에서 바로 써먹는 경리·회계 업무지식

초판 1쇄 발행 2021년 2월 1일
초판 4쇄 발행 2022년 12월 6일

지은이 | 유양훈
펴낸곳 | 원앤원북스
펴낸이 | 오운영
경영총괄 | 박종명
편집 | 최윤정 김형욱 이광민 양희준
디자인 | 윤지예 이영재
마케팅 | 문준영 이지은 박미애
등록번호 | 제2018-000146호(2018년 1월 23일)
주소 | 04091 서울시 마포구 토정로 222 한국출판콘텐츠센터 319호(신수동)
전화 | (02)719-7735   팩스 | (02)719-7736
이메일 | onobooks2018@naver.com   블로그 | blog.naver.com/onobooks2018
값 | 18,000원
ISBN 979-11-7043-168-8 03320